SOUVENIRS

D'UN

JOURNALISTE FRANÇAIS

A ROME

HENRI DES HOUX

SOUVENIRS

D'UN

JOURNALISTE FRANÇAIS

A ROME

DEUXIÈME ÉDITION

PARIS
PAUL OLLENDORFF, ÉDITEUR
28 BIS, RUE DE RICHELIEU, 28 BIS

1886
Tous droits réservés

PRÉFACE

Ceci est un livre sincère. Je ne dis pas : un livre vrai. Qui donc, sinon Dieu, connaît la vérité sur les hommes? L'histoire, même la plus impartiale et la plus éclairée, n'est qu'une conjecture.

Je rapporte ce que j'ai vu « de mes propres yeux vu » et rien autre chose. Non pas tout ce que j'ai vu, car la sincérité la plus parfaite a pour limites la convenance et la charité; mais je ne décris rien que je n'aie vu; je ne parle d'aucun homme que je n'aie connu, d'aucun fait auquel je n'aie assisté. S'il m'arrive parfois de répéter ce que j'ai ouï dire, je fais comme Hérodote, j'en avertis le lecteur.

Cette méthode de sincérité laisse bien des lacunes en mes récits : j'ai préféré les y laisser, plutôt que de les remplir avec des matériaux d'emprunt.

On y trouvera aussi la trace encore toute vive, toute chaude, des passions politiques ou religieuses que j'ai apportées à Rome, ou que j'en ai rapportées. Je ne suis venu dans la Ville sainte ni en pèlerin comme Louis Veuillot, ni en touriste comme MM. Taine, About et les autres voyageurs de profession. J'y suis allé, non pour respirer les parfums du sanctuaire ou goûter des volup-

tés esthétiques, mais pour lutter en partisan. Ainsi, les jugements sur les hommes que j'ai rencontrés au cours de mon expédition sont relatifs à moi-même, aux épreuves diverses que j'ai affrontées ou subies, aux impressions que j'ai reçues par état.

Je ne prétends donc ni à la rigidité du juge, ni à l'impartialité de l'historien.

Je ne suis qu'un témoin, et mon témoignage vaut ce que je vaux.

Mais ma conscience m'a défendu d'exagérer ou d'atténuer les impressions que j'ai reçues et gardées, agréables ou fâcheuses. Je n'ai mêlé à ces récits ni complaisance de courtisan, ni malice de pamphlétaire, et n'ai rien sacrifié ni à l'intérêt, ni à la rancune, ni à la coquetterie littéraire.

Tels qu'ils sont, en leur simplicité, j'ose croire que ces Souvenirs ne manquent ni d'importance ni d'intérêt.

Appelé à Rome pour diriger le Journal de Rome, je n'ai cessé, pendant trois ans, de sentir affluer non vers moi, mais vers notre œuvre, de tous les points du monde, les plus ardentes sympathies et les haines les plus féroces. Nos vicissitudes ont rempli tous les journaux de la terre. Les haines ne se sont pas arrêtées devant la porte d'une prison, subie pour la défense du droit intégral de l'Église. Les sympathies ne nous ont pas abandonné, alors même que notre œuvre parut réprouvée du Prince qu'elle voulait servir.

C'est autour du Journal de Rome qu'a semblé évoluer, pendant trois ans, la politique du Saint-Siège, au regard de la révolution italienne et cosmopolite, comme la politique de l'Italie au regard de l'Église. Nos procès ont démontré l'inanité des garanties souveraines reconnues par la loi des usurpations : nos polémiques ont prouvé la caducité des tentatives d'accord entre les deux rois qui résident à Rome ; notre chute, décrétée par le Pape, a établi, aux yeux de tous, les véritables sentiments de Léon XIII.

Sans qu'il y ait de notre dessein, notre œuvre s'est trouvée servir à dissiper toutes les équivoques.

Du jour où le Pape a résolu de nous ordonner la retraite, il a, par cet acte même, dévoilé ses préférences, avoué devant l'Église la direction, longtemps secrète, qu'il donnait à son Pontificat, renoncé à la réserve où, pendant sept ans, il avait affecté de se tenir entre les deux partis qui partagent l'Église.

Cette conséquence imprévue de notre entreprise a-t-elle été bonne ou fâcheuse ? — Du moins, elle éclaire l'avenir, et le prochain Conclave prononcera, en connaissance de cause, sur la politique personnelle de Léon XIII, sur ses avantages ou ses inconvénients pour le salut de l'Église.

Après Louis Veuillot, Auguste Nicolas et tant d'autres écrivains catholiques, dont les ouvrages racontent les splendeurs de Rome, je me suis abstenu de disserter sur les églises, les musées, les palais et les ruines de la Ville éternelle. Ce n'est pas que les grandes et saintes choses m'aient laissé indifférent : mais la connaissance en est devenue possible à tous, soit par tant de livres, soit par un facile voyage. Si à mes souvenirs politiques, j'en ai mêlé d'autres, c'est qu'ils se rapportent à des objets moins connus, moins faciles à connaître, ou plus instructifs sur l'état de l'Italie contemporaine.

Le présent volume ne contient, d'ailleurs, qu'une part de mes souvenirs. Il me reste à parler de mon séjour aux Carceri nuove, *de mes excursions dans le Napolitain, en Calabre, en Sicile, du monde nouveau qui gravite autour du Quirinal, des incidents relatifs à la lettre du cardinal-Pitra, du clergé français établi à Rome, des diverses ambassades que j'ai fréquentées, du voyage que j'ai fait auprès de M. le comte de Chambord, aux derniers jours de sa vie en Italie, de mes rencontres avec M. le Comte de Paris, avec M. Jules Ferry et d'autres hommes d'État, etc. etc.*

Suivant l'accueil que recevra ce livre, je publierai ou réserverai ces nouveaux souvenirs.

J'ai tâché de respecter en cet ouvrage les principes immuables de l'orthodoxie catholique, de séparer l'œuvre des hommes faillibles et périssables de l'œuvre de Dieu, toujours vivante dans la constitution immortelle de l'Église. Attaché de toutes mes forces aux doctrines dont le Pontificat romain est l'indéfectible gardien, si, par mégarde ou par ignorance, j'avais offensé quelque vérité de foi, j'adhère et souscris d'avance au jugement autorisé qui me reprendrait.

Paris, février 1886.

HENRI DES HOUX

SOUVENIRS
d'un
JOURNALISTE FRANÇAIS
A ROME

CHAPITRE PREMIER

SA SAINTETÉ LE PAPE LÉON XIII

SOMMAIRE

Ce qu'on va voir à Rome, malgré la Révolution. — La poussière de Rome. — Le flambeau qui ne s'éteint pas. — Le feu de Vesta. — La flamme du Verbe. — La lampe du Pape. — Pie IX et le comte d'Ideville. — Le dépositaire infaillible de la vérité. — Immutabilité de l'Eglise. — Léon XIII. — Joachim Pecci. — Un pèlerinage français. — La salle ducale. — Le cortège. — Le Vatican et le Sérail. — L'extérieur du Pape. — Lenteur de la parole pontificale. — Action véhémente de l'orateur. — Contraste entre la diction et le sens des paroles. — La grande audience des pèlerins italiens à Saint-Pierre. — L'apothéose de Victor-Emmanuel en mascarade. — La messe privée du Pape. — La toilette de rigueur. — Onction du Souverain-Pontife. — Le service funèbre de Pie IX. — L'anniversaire du couronnement. — Léon XIII rétablit les solennités intérieures du Vatican. — Ses promenades dans les jardins. — Solennité des Consistoires pu-

1

blics. — Majesté de Léon XIII. — Audiences particulières dont le Pape m'a honoré. — Le cérémonial usité. — Préoccupation du Pape. — Ses avances aux gouvernements. — Brochure ordonnée contre la franc-maçonnerie. — Autres ennemis découverts par le Pape. — Querelles entre morts. — Le Pape cède aux instances de l'abbé Lagrange. — M. l'abbé Maynard. — Léon XIII et Cicéron. — La nonciature en Belgique. — Souvenirs de Léopold Ier. — Léon XIII autoritaire en son gouvernement; ses préférences pour les monarchies constitutionnelles. — Ses opinions sur la presse. — Un ambassadeur trop catholique. — Les concessions arrachées. — Influence de l'internement sur la politique des Papes. — Deux périodes dans le pontificat. — Assiduité de certains évêques. — Abstention fâcheuse des autres. — Souscription pour le monument de Louis Veuillot. — « Faites vite. » — Prépondérance de l'Italianisme dans l'Eglise. — Un Pape étranger. — Impossibilité pour lui de rester à Rome. — Même impossibilité pour un Pape italien. — Graves problèmes qui s'imposent au prochain Conclave.

La Révolution s'est abattue sur Rome; elle en a bouleversé les vénérables souvenirs; elle travaille à profaner la Ville sainte, à la rendre, sinon au paganisme, du moins au culte du mal; elle y a construit des ministères grands comme des basiliques, des places et des rues sur le modèle de Turin; elle l'a remplie de soldats et d'une armée, plus nombreuse encore, de fonctionnaires de tous ordres et de tout grade. Enfin, elle y a installé un roi, une famille royale, une cour, des sénateurs, des députés. Cependant, parmi ces millions d'étrangers que le chemin de fer transporte à Rome, que l'intérêt, le plaisir, la curiosité attirent en ce centre éternel du monde civilisé, il n'en est pas un qui songe aux édifices piémontais, aux théâtres, aux fêtes civiles, aux députés, aux sénateurs, aux ministres, aux princesses, aux princes ni au roi. Le but suprême de tout voyageur à Rome, sa préoccupation constante, c'est de voir le Pape : son avidité n'est satisfaite que s'il a contemplé le prêtre, vêtu de blanc, autour duquel gravitent toutes les âmes.

Le Pape, même persécuté, même prisonnier, demeure le miracle vivant, toujours présent dans le monde. Plus sa puissance matérielle est réduite, semble anéantie, plus apparaît merveilleux, surnaturel, le spectacle de son indéfectible grandeur. Tout a changé depuis bientôt vingt siècles : aucune ville n'a subi, autant que Rome, les pillages, les incendies, les ruines. Plus profonde que les cendres et les laves du Vésuve sur Pompéï et sur Herculanum, la poussière des générations s'y est accumulée; celle des barbares s'y confond avec celle des saints, celle des gladiateurs et des sacrilèges avec celle des martyrs; l'*humus* romain est fait de tous les héroïsmes et de toutes les turpitudes; le limon, déposé par le cours des siècles, engloutit et les monuments de gloire et les monuments d'infamie; les monstres et les anges passent tour à tour dans cette ville prédestinée, plus éprouvée qu'aucune autre par les vicissitudes des siècles. Mais en tout âge, bon ou mauvais, depuis le Christ, a brillé dans Rome un flambeau qui ne s'éteint pas. Sa lumière a éclairé les temps obscurs et fait pâlir l'éclat des temps radieux : ce flambeau, c'est le Verbe du Christ, dont le Pape est le porteur.

Dès les premiers jours de Rome, on y a entretenu le culte du feu sacré. La flamme de Vesta s'est allumée au temps des vieux rois, au pied du Palatin; elle ne s'est éteinte que pour faire place à une autre flamme plus chaude et plus brillante, celle qui luit sur le tombeau des apôtres, à la Confession de Saint-Pierre, sous la divine coupole de Michel-Ange. C'est le Pape qui en a la garde; elle ne s'éteindra jamais, tant que durera notre terre, et après, elle retournera au foyer céleste dont elle est l'étincelle, lorsque le Christ reviendra parmi nous pour relever la faction de son Vicaire, et appeler au triomphe définitif son Église militante.

La nuit, si quelque passant attardé traverse la place de Saint-Pierre, il voit, au second étage du Vatican, briller une lampe. Le Pape veille; il travaille ou il prie. Cette lampe du Pape, on l'aperçoit de tous les points de Rome, à toute heure de la nuit. Le roi Humbert, du balcon de son Quirinal, la peut contempler; des hauteurs du Pincio à la villa Médicis, nos jeunes compatriotes la fixent, en leurs veilles laborieuses; aux derniers jours de ma prison, quand on m'eut enfin accordé la faveur d'une cellule plus commode, le premier objet qui, la nuit venue, éblouit mon regard, ce fut la lampe du Pape dardant vers moi, pendant les longues insomnies, ses rayons consolateurs, la lampe du prisonnier auguste qui encourageait le prisonnier infime à la patience, à l'espérance.

De même que la veilleuse du sanctuaire annonce la présence de Dieu, de même la veilleuse du Pape annonce la présence de l'Esprit-Saint, à l'ombilic de la terre.

Voir le Pape, baiser son pied sacré, courber son front sous la bénédiction apostolique, c'est une raison suffisante pour affronter les fatigues du voyage, traverser les mers.

Lorsque le comte d'Ideville, secrétaire d'ambassade,

présenta à Pie IX son jeune fils, né à Rome, le Pape dit :
« Que cet enfant n'oublie jamais ce qu'il voit en ce
moment ; il grandira et je ne serai plus ; mais toujours,
au Vatican il y aura un prêtre vêtu de blanc, qui veillera sur le salut du monde. »

Qu'importe le nom de ce prêtre? qu'importent les
vicissitudes de la politique ou de la diplomatie? qu'importent les différences des humeurs et des tempéraments? Il y a dans le Pape quelque chose qui ne
change pas, car cette chose immuable n'est pas de lui ;
elle est de Celui qui l'envoie. Il n'en a que le dépôt et
la garde, et l'Esprit-Saint l'assiste, toutes les fois que
le dépôt est menacé.

Confiée à la faiblesse humaine, la vérité divine péricliterait, sans une assistance surnaturelle. Cette assistance n'a pas manqué un seul jour. Que le Pape
s'appelle saint Grégoire le Grand ou Alexandre VI,
saint Pie V ou Clément XIV, Pie IX ou Léon XIII, la
vérité des dogmes, l'immutabilité des doctrines n'a
jamais couru hasard. Si les Papes avaient la liberté de
toucher au dépôt sacré, d'en distraire ou d'en modifier
une parcelle, depuis des siècles, l'Église catholique ne
serait plus. Elle se serait émiettée, comme le protestantisme, et le rationalisme couvrirait la terre. Mais la
liberté doctrinale des Papes ne peut se mouvoir que
dans la vérité, comme la toute-puissance de Dieu ne
s'exerce que dans la justice.

Les vertus personnelles du Souverain, son mérite,
son génie ne sont que des ornements qui s'ajoutent au
don céleste de l'infaillibilité doctrinale. Ces ornements
peuvent manquer, le don céleste ne le peut pas.

Lorsque le génie de l'homme s'harmonise avec la mission, le Pape reçoit le nom de Grand; lorsqu'il y a disproportion entre l'homme et la charge, le miracle de Dieu n'est que plus évident. En Pie IX, on ne savait où commençait la grâce spéciale de Dieu, où finissait la vertu de l'homme. En d'autres Papes, le départ a été plus facile à établir, et les Papes les plus contestés par l'histoire ont été ceux qui ont le mieux prouvé l'intervention surnaturelle dans la direction de l'Église.

Lorsque je fus appelé à l'honneur de diriger un journal à Rome, pour la défense du Saint-Siège, le Pape Léon XIII achevait la quatrième année de son pontificat.

Le portrait du Pontife régnant a été mille fois tracé par les pèlerins innombrables qui se sont succédé à Rome. L'histoire de son pontificat n'entre pas non plus dans le cadre de ces souvenirs. La presse la raconte au jour le jour; l'ensemble n'en est pas achevé, et il serait téméraire de devancer le jugement de la postérité. Depuis un an, le pontificat est d'ailleurs entré dans une phase nouvelle. La politique personnelle de Léon XIII, voilée jusque-là, à peine soupçonnée par de rares initiés, s'est affirmée avec une singulière énergie; le Pape la poursuit sans trêve et sans merci. Il n'est plus possible de douter des sentiments du Pape, de ses préférences; derrière le Pontife majestueux, derrière l'héritier des vieilles traditions de l'Église, le gardien indéfectible du dogme, qu'il est resté et qu'il ne peut pas ne pas être, l'homme s'est révélé; la personnalité, distincte de celle des prédécesseurs, s'est manifestée. Pendant six ans, le Pape régnant ne portait d'autre nom que celui adopté le jour de l'élection : c'était le Pape ; à présent, c'est un pape. Joachim Pecci apparaît dans les actes temporels et politiques de Léon XIII. La voix de l'homme s'est mêlée à celle de Dieu, sans se confondre avec elle, dans ce cri qui part chaque jour du Vatican et remplit le monde.

Quels seront les résultats de la politique personnelle, à laquelle Léon XIII Pecci attache son nom ? L'avenir le dira, et nos jugements, qu'ils se traduisent par l'hyperbole des courtisans ou par la réclamation, respectueuse mais ferme, des âmes qui tiennent pour les traditions antiques, ne pourront prévaloir sur celui de l'histoire, éclairée par les conséquences et les résultats.

Je m'abstiendrai donc ici, je ne dis pas de juger, cela va sans dire, mais même d'apprécier. Je ne rapporterai que les impressions directement reçues de mes entrevues avec le Pape Léon XIII, les souvenirs que j'ai rapportés de mes visites à sa personne auguste.

Une ou deux semaines après mon arrivée à Rome, j'étais admis avec ma famille à participer au pèlerinage français, que conduisait, en revenant de la Palestine, le R. P. Picard. Je n'avais pas encore vu le Pape, le prêtre blanc !

L'audience du pèlerinage avait lieu dans la grande salle ducale, sorte de vaste galerie qui conduit des *Loggie* du second étage, auprès des Loges de Raphaël, à la salle royale, antichambre de la chapelle Sixtine. La salle ducale est décorée de riches fresques, comme tous les appartements du Vatican et tous les palais de Rome.

Les suisses, en leur pittoresque costume, bariolé de jaune et de bleu sur fond rouge, portant sur la tête le casque à pointe recouvert de l'aigrette blanche, la hallebarde à la main, font le service d'ordre. Les camériers de cape et d'épée, tout fiers de leur collerette tuyautée, de leur pourpoint de satin noir, crevé de velours, du maillot de soie collant et de la toque à la longue plume, se promènent avec une démarche d'opéra.— On ne s'ennuie jamais à attendre le Pape. Le Vatican abonde en spectacles curieux et amusants. C'est à peu près le seul lieu du monde occidental où soit conservée la tradition quotidienne des riches costumes, des amples décorations, où la souveraineté ait conservé un extérieur pictural, des gardes, des chambellans, des cortèges, des officiers à panache, et où la cour observe un brillant cérémonial.

Un diplomate, qui a vécu à Constantinople, prétendait, sans malice, que rien n'était plus semblable au Vatican de Sa Sainteté que le Sérail de Sa Hautesse. Bien que la comparaison cloche évidemment, au moins par un côté, il est certain que la mise en scène de la Cour, l'éclat du coloris, ne constituent pas les seuls rapprochements possibles entre les deux palais. Il y a aussi au Vatican des vizirs, des janissaires, des heiduques, des révolutions et des intrigues de palais, des rivalités de favoris. Mais les cours constitutionnelles échappent-elles à ces misères des cours absolues? Au moins celles-ci offrent de plus splendides spectacles et de plus beaux costumes.

Vers midi et demi, les lourdes portières qui ferment la porte à droite du trône se soulèvent. Les gardes nobles paraissent, casque en tête, l'épée au poing; l'assistance se lève; les femmes se dressent sur la pointe des pieds. On frémit d'une attente religieuse. Les prélats camériers s'avancent deux par deux, suivis de Mgr. Macchi, maître de l'antichambre, de Mgr. Cataldi, préfet des cérémonies, en grand habit de protonotaires apostoliques; puis viennent les évêques et archevêques assistants au trône; enfin les cardinaux en petit costume de cérémonie, la robe noire, le camail et le manteau rouge, portant la barrette à la main, sans caudataires. Ils se rangent en cercle sur des tabourets autour du trône; les évêques et les prélats restent debout. Enfin, enfin, paraît le Pape; tout le monde tombe à genoux, sauf les cardinaux qui se lèvent. L'effet de ce cortège est très imposant; aux costumes violets ont succédé les costumes rouges, enfin le Pape en blanc.

Léon XIII bénit lentement d'un geste gracieux et souverain toute l'assistance. Sa bouche sourit; elle n'a pas l'expression sardonique, presque voltairienne, que lui prêtent la plupart des photographies. Au contraire, le sourire semblerait plutôt doux et paternel; l'œil est très noir et très brillant. Le visage ascétique, aux traits fortement accusés, a pris un air avenant et bienveillant.

Je crois bien que Léon XIII a dû faire quelque effort pour approprier sa figure, telle que la nature l'avait faite, au rôle auguste de la Paternité sainte. Peut-être aussi l'âme d'un Pape modifie-t-elle à la longue les linéaments extérieurs, et forme-t-elle, par une seconde nature, une physionomie majestueuse et douce. Comme saint François de Sales, né impérieux et colère, devenu, par l'habitude de se vaincre, un ange de douceur, Léon XIII a dû dompter, pendant les premières années de son pontificat, ou du moins assouplir un tempérament violent.

Le Pape semble encore assez vigoureux, malgré sa maigreur et un tremblement sénile très accusé. Ses cheveux blancs, ramassés en boucles sur les tempes, lui donnent l'apparence d'un de ces vieillards frais et proprets du siècle dernier. La soutane blanche semble n'envelopper qu'un soupçon de corps, juste assez d'humanité pour retenir une âme. Le Pape monte au trône, et renouvelle la bénédiction, tandis que les pèlerins poussent des cris enthousiastes. Il s'assied enfin, et avec lui le Sacré Collège; l'assistance se relève et reste debout.

Le P. Picard, agenouillé au pied du trône, lit son adresse d'une voix solennelle; mais on ne l'écoute guère. Chacun attend la parole du Pape.

Quand le R. Père a fini, il baise le pied et la main du Pontife; Léon XIII se lève et d'une voix forte mais un peu tremblante, avec un accent italien, il commence son discours.

Le Pape s'exprime avec une extrême lenteur; en français surtout. En italien, il improvise parfois avec quelque rapidité; mais en français, il doit faire appel à sa mémoire, d'ailleurs excellente. Tandis qu'il parle, on pourrait calligraphier son discours, au lieu de le sténographier; on aurait même le loisir d'enjoliver les majuscules et de fignoler des culs-de-lampe entre chaque paragraphe.

Cette lenteur ajoute un singulier relief aux paroles du Saint-Père. Le geste précède les mots plutôt qu'il ne les accompagne ; les bras amplifient d'avance l'expression qui va sortir; Léon XIII semble convier l'univers tout entier à recevoir sa pensée. En même temps, la tête suit le mouvement des bras, le front se plisse ou se détend, les yeux grondent ou implorent, et la bouche s'élargit en un sourire aimable ou sarcastique. L'action oratoire de Léon XIII est curieuse à étudier. Elle n'est guère classique ; mais elle prête au discours une ampleur académique, une vivacité passionnée qu'on ne retrouve plus au texte imprimé. Car, à lire les discours du Pape, on ne saurait jamais deviner l'effet qu'ils produisent. Je les ai traduits tous, soit pour le *Journal de Rome*, soit pour l'édition en français, que M. Plon a publiée et dont j'ai été chargé. Le style oratoire est noble, la composition régulière et un peu froide ; le sujet roule sur ces pensées générales, dont les Papes ne peuvent guère sortir ; rarement un élan du cœur, un éclair de personnalité s'y laissent deviner. Il est certain que Léon XIII s'étudie à ne compromettre ni lui ni personne ; son grand souci est de s'engager le moins possible. Il ne se livre pas, comme faisait Pie IX, quitte à atténuer ensuite des expressions excessives ou des abandons imprudents.

Le Père de Franciscis, sténographe de Pie IX et de Léon XIII, possède les épreuves de tous les discours de Pie IX corrigés de la main du Pape. Rien de plus curieux que de comparer la version originale avec la version amendée. Pie IX brillait dans l'improvisation. Il n'en redoutait pas les inconvénients, parce qu'il remaniait la sténographie en vue de la publicité. Ainsi le charme de sa parole toute spontanée, toute jaillissante du cœur, toute chaude dans l'effusion de l'âme, captivait tout d'abord l'auditoire ; ensuite, il se reprenait, et le politique tempérait les impétuosités de l'orateur. Léon XIII n'a pas grand'chose à corriger : ses discours ont été médités, balancés, appris d'avance. Ce sont des morceaux de souverain, non d'orateur.

Mais Léon XIII demande au débit et à la mimique les puissants effets dont il a dépouillé à dessein son discours. En ménageant la passion de ses auditeurs, il parle à leurs sens. Écoutez-le, c'est un tribun : lisez-le, c'est un sage et froid diplomate.

J'ai assisté à la grande audience qui réunit, dans la chapelle du Concile, à Saint-Pierre, plus de trente mille pèlerins italiens. Voisin de l'autel papal, j'étais placé loin du trône. Je voyais le Pape ; mais, si puissante que soit la voix du Pontife, je n'entendais pas un mot du discours. Sa gesticulation paraissait d'une extrême violence; il se démenait dans l'action la plus véhémente. Le lendemain, je croyais lire une terrible philippique : c'était une homélie melliflue, presque une idylle.

Elle était bien belle, cette audience d'octobre 1883 aux pèlerins italiens! On avait, ce jour-là, fermé au public la basilique de Saint-Pierre : on entrait, sur la présentation des cartes distribuées par le Cercle de Saint-Pierre, par la porte de la sacristie. Trente mille catholiques italiens au moins, dont la moitié venant des provinces lointaines, débordaient de la vaste chapelle du Concile jusque dans la grande nef. Aussitôt que le Pape apparut dans le lointain, la basilique retentit de clameurs immenses : Vive le Pape-Roi ! Vive Léon XIII ! Toute l'armée pontificale avait été mise sur pied, pour contenir la foule ; les suisses, les gendarmes, les gardes palatins, ces gardes nationaux de la bourgeoisie romaine dévouée au Pape et qui portent à peu près l'uniforme de nos gardes républicains à pied, formaient la haie : la garde noble, en grande tenue, entourait le Pape, le sabre au poing, ceux qui le précédaient, marchant à reculons devant lui. Saint-Pierre est si grand, que le Pape s'était fait suivre de sa chaise de damas rouge portée par les palefreniers vêtus de même étoffe ; il redoutait une défaillance.

On ne saurait imaginer manifestation plus grandiose, et la basilique n'en a jamais entendu de plus enthousiaste, aux temps mêmes de la gloire temporelle des Papes. A un moment, lorsque Léon XIII parcourait l'immense multitude et débouchait, après son discours, dans la nef, un cri retentit : « Vive le Pape-Roi ! Mort à Humbert Iᵉʳ ! » Aussitôt les gardes palatins se précipitèrent sur le téméraire et l'expulsèrent de l'église. C'était justice : les cris de mort sont un crime partout, surtout dans la maison de Dieu, surtout devant la tombe des martyrs, surtout en présence du Pontife de paix.

C'est à cette magnifique audience que le gouvernement a répondu plus tard, en organisant au tombeau de Victor-Emmanuel un prétendu pèlerinage qui ressemblait à une mascarade plutôt qu'à une apothéose.

J'ai assisté à bien d'autres audiences collectives et à bien d'autres pèlerinages. Le cérémonial reste le même, et la parole publique du Pape n'est guère fertile en incidents.

Une des émotions recherchées par les visiteurs de Rome, c'est l'assistance à la messe privée du Pontife. Suivant le nombre des familles admises, l'autel est dressé, soit dans la salle du trône, soit dans la salle plus vaste du Consistoire, celle qui fait l'angle du palais. Les dames sont astreintes au costume et à la mantille noire, les chapeaux féminins étant proscrits de la présence du Pape, ainsi que les toilettes claires. Mgr Macchi aurait trop à faire, s'il devait contrôler la convenance des habillements et surtout celle des coiffures. La coquetterie féminine n'abdique cependant aucun de ses droits; une mantille sied également bien aux cheveux noirs et aux cheveux blonds, et les bijoux bravent la proscription; de beaux brillants éblouissent dans un flot de dentelle noire. Je pourrais citer telle patricienne romaine, dont le profil classique et le teint admirable resplendissent mieux sous la sévérité de ce costume, que dans les mondains atours.

Le pape Léon XIII dit la messe avec une majestueuse onction, qui n'est pas de la lenteur. On éprouve, en l'entendant articuler toutes les paroles de l'office divin, l'impression que cet homme est plus voisin de Dieu que le reste de l'humanité, qu'il lui parle de plus près, qu'il le prie avec plus d'autorité. Tous les assistants sont admis à recevoir la sainte Communion des mains mêmes du Vicaire de la victime immolée sur l'autel. Il est difficile de retenir ses larmes, à ce moment solennel. Après qu'il a fini le sacrifice, le Pape assiste à une messe d'actions de grâces. Si les invités appartiennent au comité d'un pèlerinage, ou sont particulièrement connus du Saint-Père, un *rinfresco*, ou légère collation leur est servie, à l'issue du saint sacrifice.

Le Pape, depuis qu'il est en captivité, ne célèbre jamais en public la messe pontificale. Chaque année cependant, le 9 février, on pontifie devant Sa Sainteté un service solennel à la chapelle Sixtine, à la mémoire du pape Pie IX. Le corps diplomatique est invité, les patriciens romains, les membres de la cour pontificale, les chevaliers de l'ordre souverain de Malte occupent leur place de cour. Le Pape tient chapelle, et il donne l'absoute. En cette cérémonie, imposante surtout par la présence du Pape, on ne déploie aucune pompe. La chapelle n'est pas tendue de noir; le catafalque est figuré par une petite caisse en bois, qui s'élève à peine à un pied et demi du sol et que n'entoure aucun cierge. C'est moins qu'un enterrement de dernière classe. Le Pape, au moment de l'élévation, ôte sa mitre blanche, sa calotte, et va s'agenouiller, tête nue, devant l'autel. La messe est chantée par le cardinal-doyen. Après la communion, le Saint-Père remonte sur son trône, et il donne l'absoute debout, sans asperger, sans encenser le catafalque.

Le même cérémonial a dû être suivi récemment pour le service célébré à la mémoire du roi Alphonse XII. On dit cependant qu'il a été plus magnifique.

A l'anniversaire de son couronnement, Léon XIII déploie toutes les solennités. C'est le seul jour de l'année, où le Pape apparaisse, la tiare en tête et porté sur la *sedia gestatoria*. Rien de plus imposant que ce cortège. Après le défilé des prélats, des évêques et du sacré collège, on aperçoit dans le lointain de la salle ducale la *sedia* que portent sur leurs épaules huit palefreniers en habit cramoisi. Autour du Pape, dont la tiare étincelle, quatre suisses tiennent sur l'épaule l'épée à deux mains, emblème des quatre cantons, à qui est acquis le privilège de recruter la garde du Vatican. La tiare ne sied guère, il faut l'avouer, au visage de Léon XIII, trop mince pour une coiffure aussi majestueuse. De chaque côté de Sa Sainteté, on porte les *flabelli*, sorte de grands éventails de plume blanche, dont les théâtres à spectacle ont emprunté l'image pour le cortège des rois et des reines d'opéra.

Si imposants que soient ces cortèges pontificaux du Vatican, on doit reconnaître que les salles et les galeries du palais se prêtent mal au déploiement des pompes traditionnelles. La basilique de Saint-Pierre offre seule des proportions assez vastes pour ces triomphes de l'Église. Quand les reverrons-nous ? Mieux vaut ne les revoir jamais, si la liberté matérielle du Pape devait être acquise aux dépens de son indépendance morale !

Pie IX avait presque entièrement aboli les cérémonies solennelles, à l'intérieur du Vatican. Il estimait que la captivité du Pape condamne l'Église a un deuil absolu et interdit ces spectacles d'une magnificence d'ailleurs nécessairement restreinte aux limites d'une prison. Les consistoires mêmes étaient tenus par Pie IX, sans aucun appareil.

Léon XIII, qui avait librement accepté, en prenant la tiare, la situation que Pie IX n'avait subie que par violence, qui s'était résigné à cet internement dans une ville qu'il n'a jamais gouvernée en souverain effectif, a estimé qu'il convenait au contraire de reprendre les vieilles traditions du cérémonial, autant que le comportent les circonstances. Il a réduit l'appareil souverain aux proportions imposées par la Révolution ; mais, dans ces proportions, il prend plaisir à le rendre aussi magnifique que possible.

Les partisans de la conciliation à outrance ont insinué que cet amour de Léon XIII pour le cérémonial, ce soin jaloux qu'il prend d'affirmer sa souveraineté, alors même qu'elle est dépouillée de toute puissance réelle, impliquaient une reconnaissance tacite de la situation qui lui est faite. Cet usage, disent-ils, du peu de liberté laissée, dans l'enceinte du Vatican, de la part minime de royauté octroyée par la loi des garanties, n'est-ce pas déjà un accommodement, au moins provisoire, avec le fait accompli ? — D'autres catholiques, au contraire, voudraient que le Pape se dépouillât lui-même de sa garde d'honneur, de cet appareil d'une souveraineté qui ne répond plus à la réalité, qu'il restreignît sa maison au strict nécessaire, qu'il ne gardât que le nombre de gendarmes indispensable pour l'ordre intérieur d'un vaste palais. Ils jugent que le Pape serait plus grand encore et plus majestueux dans une simplicité, dans un dénuement apparent à tous les yeux, et ils trouveraient plus de véritable magnanimité dans cette protestation muette de deuil et de déchéance, répondant aux circonstances. Le Vatican changé en couvent, le Pape y vivant comme un moine, tel leur semblerait la meilleure manière d'affirmer la violence faite au Saint-Siège, et la plus véhémente protestation contre une indigne captivité.

Nous nous garderons de prononcer. Léon XIII a préféré s'entourer de la pompe la plus magnifique. Chaque jour, il fait en voiture sa promenade dans ses jardins, et des gardes nobles à cheval l'escortent, ses camériers lui font cortège, comme s'il parcourait les rues de Rome. La cérémonie du couronnement, renouvelée chaque année, avec l'appareil souverain, lui plaît singulièrement. Il a rehaussé aussi l'éclat des consistoires publics, qui se tiennent dans la salle royale ; les chapelains chantres de la Sixtine y font entendre leurs plus beaux motets ; le Pape y est porté sur la *sedia*, et quand il passe devant la tribune diplomatique, il adresse son plus gracieux sourire aux ambassadeurs qui viennent affirmer dans sa cour resplendissante le caractère royal et universel du souverain, dont la majesté résiste à l'usurpation.

Mgr Cataldi est le grand organisateur de ces fêtes intérieures de la captivité. Dès le premier jour du pontificat, il est entré dans les vues de son maître, et il dispose toutes ces belles cérémonies avec un ordre et un luxe qui dilatent l'âme de Léon XIII.

Il est certain que le Pape se complaît dans l'appareil royal, que les costumes, les gardes, les cortèges lui semblent rehausser sa dignité. Il y figure d'ailleurs à merveille, et ses gestes paraissent grandioses. Son corps frêle supporte, sans plier, le poids des ornements ; sans défaillir, la longueur de ces représentations, et ces hommages le réjouissent, ou du moins le consolent.

Léon XIII a daigné maintes fois m'honorer de longues audiences particulières. Je n'ai d'ailleurs jamais abusé de son extrême complaisance à m'accorder la faveur si enviée de ses entretiens. Quelque affaire imposante ou délicate a toujours motivé mes demandes. La première fois que je franchis le seuil de l'appartement pontifical, j'étais présenté par le R. P. de Franciscis comme le traducteur des discours du Saint-Père. Sa Sainteté daigna féliciter le R. Père de son choix, et dit même gracieusement qu'Elle était plus favorisée que Pie IX, car Elle se plut à parler en termes élogieux de mon style français. Léon XIII voulut bien aussi encourager le *Journal de Rome*, m'en exprimer sa haute satisfaction. Pour la première fois, le Saint-Père m'affirma qu'il n'était pour rien dans la fondation du *Moniteur de Rome*, que les deux journaux lui étaient également chers, qu'il lui plaisait de les voir se développer l'un à côté de l'autre, car, disait Sa Sainteté, « je suis attaqué par tant de journaux ennemis, que je n'en aurai jamais assez pour me défendre. Je voudrais qu'il y eut à Rome quatorze journaux français, vingt journaux allemands et douze journaux anglais catholiques. » Le Pape voulut bien me parler de la *Civilisation* que j'avais dirigée à Paris, de ma famille, de mes petits enfants qu'il bénit spécialement. Cette première entrevue fut une simple présentation de courte durée. Léon XIII y parut comme un souverain aimable et paternel.

Voici le cérémonial exact des audiences particulières. Un billet envoyé par Mgr Macchi désigne le jour et l'heure de l'audience et indique la toilette de rigueur, habit noir et décorations, et invite le porteur à s'abstenir de remettre au Pape les suppliques relevant de la chancellerie ou des congrégations. Le plus souvent, les audiences se donnent à midi.

On est introduit dans la salle du trône, qui sert de salle d'attente. Lorsque le coup de canon du fort Saint-Ange annonce midi, les gardes nobles et les camériers de cape et d'épée prennent le service et montent la garde des appartements. Les camériers participants accueillent l'invité et l'entretiennent familièrement. J'ai gardé un souvenir particulier de la bonne grâce, de l'esprit charmant, de la haute intelligence de Mgr Marini. D'ordinaire, le Pape reçoit avant midi des cardinaux, des évêques, des ambassadeurs. Lorsque le Pape est libre, Mgr Macchi vient chercher le visiteur, ouvre la porte et l'annonce. Le Pape est assis sur un grand fauteuil, il fait un signe de la main; on tombe à genoux une première fois; au milieu de la pièce, autre génuflexion; enfin, troisième génuflexion devant le Pape, qui tend à baiser sa pantoufle, ornée d'une large croix d'or, puis l'anneau de sa main droite, un superbe saphir.

Il m'est arrivé une fois d'être empêché pour baiser le pied du Saint-Père. Au moment où je m'approchais, Léon XIII se leva, et, sous peine de le suivre dans une posture gênante pour la promenade, je dus renoncer à la faveur d'approcher mes lèvres de sa mule. Après les génuflexions, le Pape relève l'interlocuteur, et il prend le premier la parole. Presque toujours, il reste debout lui-même, appuyé sur une grande console, seul meuble du cabinet où il donne audience. Les cardinaux gardent le privilège de s'asseoir sur les deux tabourets placés de chaque côté du fauteuil pontifical. Léon XIII aime à prolonger ces entretiens particuliers, dont il se montre pourtant fort avare. Il n'est pas rare que les audiences privées dépassent la durée d'une heure. Le Saint-Père parle beaucoup et longuement ; il s'écoute dans sa parole, qui parfois s'anime et atteint une pittoresque éloquence qu'il s'interdit en ses discours publics. Quand il fait le geste de congédier le visiteur, on tombe à genoux ; tandis qu'on recommence le baisement du pied et de la main, il prononce la formule de la bénédiction apostolique. Il arrive parfois que le Saint-Père recommence alors une conversation nouvelle, tandis qu'on demeure à genoux.

Il faut sortir à reculons, en renouvelant les trois génuflexions.

Les voitures de maître à deux chevaux ont seules entrée dans la cour Saint-Damase, au pied de l'escalier pontifical. Je ne sais comment ferait un catholique, admis à une audience particulière, qui se serait dépouillé de tous ses biens pour des œuvres pies ou même pour le Denier de saint Pierre. Il devrait entrer par la porte de bronze et faire à pied tout un voyage à travers le Vatican.

Dans les longues conversations dont m'a honoré Léon XIII et dont j'ai rapporté ailleurs quelques-unes, le Pape a daigné aborder un assez grand nombre de sujets, et les développer amplement. Je crois bien qu'il a passé en revue avec moi la plupart des questions qui l'intéressent, et, sans redire le détail des entretiens, dont plusieurs étaient confidentiels, j'ai pu me former une idée de l'esprit et de l'intelligence spéciale de ce Pontife.

Sa grande préoccupation semble être celle qui anima le pontificat de Clément XIV : rendre l'Eglise complaisante à tous les gouvernements, quels qu'ils soient ; obtenir des rois ou des républiques, à l'aide d'avances ou de services rendus, tous les avantages possibles pour l'Église, persuader aux chefs des peuples que le Saint-Siège peut leur concilier l'affection des multitudes, les aider puissamment dans leurs difficultés intérieures, concourir avec eux à l'apaisement des passions révolutionnaires qui menacent tous les Etats monarchiques ou non.

Pie IX, au contraire, semblait s'adresser plutôt à l'affection, au zèle, au dévouement, à l'élan des peuples catholiques, et faire moins de fonds sur la loyauté ou le bon vouloir des gouvernements, esclaves pour la plupart de la révolution.

Pour Léon XIII, la diplomatie est la maîtresse science, l'art suprême ; et, si les ambassadeurs sont contents, il croit l'Église sauvée.

J'ai vu Léon XIII peu de temps après l'Encyclique *Humanum genus*. Il était complètement entré dans les vues de l'excellent Mgr Fava, évêque de Grenoble, et il accusait les francs-maçons de toutes les difficultés que traverse l'Église. Il daigna même me demander quatre articles contre la franc-maçonnerie dans le *Journal de Rome*, articles destinés à être publiés en brochure et répandus à profusion dans toute la France. Il résumait son opinion en ces termes : Faire de l'affiliation à une société secrète ou loge maçonnique, un motif absolu d'exclusion de toute assemblée élective.

Au cri de guerre : Le cléricalisme, voilà l'ennemi ! il proposait aux catholiques de répondre par cet autre cri : Guerre aux francs-maçons !

Depuis, Léon XIII a un peu négligé la guerre à la franc-maçonnerie, et on dit qu'aujourd'hui l'ennemi qu'il juge le plus dangereux pour le Saint-Siège, c'est celui qu'il nomme lui-même l'intransigeant catholique. Lorsque j'ai eu l'honneur d'approcher Sa Sainteté, elle ne semblait pas avoir encore entrevu ce péril.

Au contraire, Léon XIII paraissait disposé à nier toute distinction doctrinale ou politique entre les catholiques des deux camps rivaux. Il croyait que leurs disputes reposaient sur des malentendus de mots ; il niait le libéralisme catholique ou semi-libéralisme ; il prétendait du moins que ces appellations ne répondaient plus à aucune réalité, et que le libéralisme catholique était devenu aussi suranné que le jansénisme. « Ce sont des querelles entre des morts qu'on veut ressusciter pour les faire battre et jeter le trouble parmi les survivants. »

Le Saint-Père me dit en confidence combien peu d'encouragements il avait donnés à l'entreprise de M. l'abbé Lagrange. Le dernier volume de la Vie de Mgr Dupanloup avait même été complètement interdit. Le Pape n'a consenti à en permettre enfin la publication que par des égards purement commerciaux. « Des évêques français, disait Léon XIII, sont venus me solliciter, au nom de l'abbé Lagrange. Ils m'ont représenté des traités passés avec des éditeurs, l'intérêt de la vente, le grand avantage qu'en devait tirer l'auteur. J'ai fini par céder... » Quelques jours après, le Pape faisait mieux; il couvrait de sa protection le livre si longtemps regardé comme suspect; et, plus heureux que les religieux français expulsés, l'abbé Lagrange obtenait du Pape une sauvegarde solennelle! Quant au chanoine Maynard, on ne lui faisait aucune grâce, non plus qu'à l'*Univers*.

Par certains côtés Léon XIII ressemble à Cicéron. Comme lui, il se pique de poésie latine. Enfin Il parle aussi volontiers de sa nonciature en Belgique, que Cicéron parlait de son consulat. Ce fut le beau temps de sa vie, celui où il vit et connut le monde extérieur, avant les longues années de l'internement à Pérouse et au Vatican. On ne peut douter que l'école constitutionnelle du roi Léopold Ier et celle du roi Louis-Philippe n'aient alors exercé sur son esprit une séduction profonde et durable. Autoritaire, absolutiste même, en son propre gouvernement, il admire, il aime les monarchies les plus tempérées. Aussi, n'a-t-il jamais semblé goûter beaucoup la politique de M. le comte de Chambord. A la mort de ce prince, on ne dit pas que le Pape ait fait dire le moindre service dans une chapelle du Vatican; au contraire, il a rendu des hommages solennels à la mémoire du roi constitutionnel Alphonse XII. Il parle avec quelque inquiétude des Miguelistes, en Portugal; des Carlistes, en Espagne; et il ne s'est tout à fait réconcilié avec les royalistes français, qu'après la mort du comte de Chambord.

Jusque-là, il en croyait ceux qui accusaient les légitimistes de confondre l'intérêt de leur parti dans celui de l'Eglise, ou même de vouloir faire servir l'Eglise à des menées compromettantes et d'ordre inférieur. La monarchie française lui inspire moins de peur, depuis qu'il est assuré qu'elle sera taillée sur le modèle de la monarchie de 1830, et que la grâce de Dieu y sera tempérée par la volonté du peuple.

Léon XIII aime beaucoup la presse. Je dois dire qu'il la connaît peu. Je relate ici ingénument mes impressions personnelles, justes ou erronées. Le Pape est persuadé que le nombre des journaux d'une même opinion constitue une force pour un parti, alors même que ces journaux s'adressent à une clientèle restreinte et se nuisent par la concurrence. Il semble enfin imposer à la presse catholique des conditions irréalisables. Tantôt, il lui dénie toute autorité, toute compétence, tout droit d'apprécier les choses de l'Eglise ; tantôt, au contraire, il lui assigne un rang privilégié dans la hiérarchie ecclésiastique. Il ne veut pas croire que la presse ait besoin d'un peu de liberté et d'indépendance. Son idéal, pour les journaux catholiques, serait le régime de la censure préventive remise aux évêques de chaque diocèse. En même temps, il interdit aux journalistes tous les sujets qui peuvent attirer le public, même la polémique relative aux questions religieuses ; et il aspire à réaliser l'union dans le silence, l'accord dans l'ignorance voulue des points controversables.

N'en déplaise au *Français* et à la *Défense* qui s'ingénient à flatter certaines antipathies instinctives de l'ancien évêque de Pérouse, je crois que le *Monde* répondrait mieux à l'idéal de Léon XIII, si, depuis que le comte de Chambord n'est plus, ce journal n'avait donné une place jugée excessive à la politique de M. le comte de Paris ou de Mgr d'Hulst. Il ne faut pas se brouiller tout à fait avec la République.

Pour les choses religieuses, un journal catholique, suivant le cœur de Léon XIII, doit se borner à enregistrer les décisions officielles du Pape ou des évêques, et s'abstenir de toute opinion, à plus forte raison, de toute controverse religieuse.

Léon XIII n'admet pas la presse comme un mal nécessaire, avec lequel il faut s'accommoder, heureux si, dans l'usage de cette périlleuse institution, on trouve parfois des remèdes à côté du mal et d'une nature analogue. Il juge la presse comme une institution bonne en elle-même, et il la veut incorporer dans l'Eglise. Il ne croit pas qu'un journaliste catholique doive combattre librement, à sa guise, avec son tempérament spécial, l'erreur partout où il la découvre, ou croit la découvrir. A force de le mettre en garde contre toute témérité, il l'immobilise ; pour prévenir un incendie possible, il éteint le feu. Il ne s'estime pas satisfait s'il se rencontre de trop rares journalistes, disposés par leur conviction à défendre l'Eglise sur le terrain où elle est attaquée, avec les armes dont on se sert contre elle ; il ne lui plaît pas qu'ils livrent ces combats, comme ils l'entendent avec leur esprit laïc, au risque même de s'égarer et de se tromper, sans compromettre en rien l'Eglise dont ils ne sont, après tout, que les francs-tireurs, les troupes auxiliaires, les enfants perdus, si l'on veut. Léon XIII voudrait les enrégimenter en milice régulière, que dis-je ? en tiers-ordre, de sorte que leurs écrits engagent l'Eglise tout entière et la responsabilité des ordinaires.

Cette conception du journalisme n'a semblé jusqu'ici profiter ni à l'influence ni à la diffusion de la presse catholique. Mais la presse périodique relève d'un art spécial, auquel l'Eglise semble devoir répugner toujours, même et surtout quand elle entend s'en occuper. Raison de plus peut-être pour laisser la presse catholique se développer librement en dehors de la hiérarchie de l'Église. Il me paraît à moi, que les écrivains catholiques forment une troupe de volontaires, qui ont besoin d'encouragement plus que de discipline.

La discipline de la presse n'a d'ailleurs servi, sous Léon XIII, qu'à la protection des catholiques libéraux.

Le Pape aime les diplomates qui défendent bien les intérêts de leur gouvernement, et ne craignent pas de lui forcer la main, parfois un peu vivement. Il lui semble qu'ainsi sa responsabilité reste mieux à couvert en certains actes qu'il ne voudrait avoir l'air de concéder qu'à une sorte de violence morale. Je l'ai entendu parler avec quelque ironie de la faiblesse d'un ambassadeur, d'ailleurs excellent catholique, qui, dans une affaire grave, avait eu recours auprès du Saint-Père à la persuasion, au lieu de lui intimer des *ultimatums*. « Il est trop timide, disait-il ; puis il me parle comme catholique, alors qu'il représente un gouvernement qui l'est fort peu. » Il paraît à Léon XIII que la diplomatie, art auquel il attache une extrême importance, l'art où excelle proprement le génie italien confondu depuis trois siècles avec celui de l'Église, doit s'exercer à concilier des intérêts contraires, dont la diversité soit nettement tranchée; et pour le Pape, le fin du fin dans la diplomatie pontificale, c'est d'aller tout droit au maximum des concessions. Il exige seulement qu'on les lui arrache.

En ses entretiens, Léon XIII prête peu d'attention aux objections de l'interlocuteur. Ses idées sont toutes faites et de longue date : il les croit excellentes ; il s'est instruit lui-même, dans le silence du cabinet et sans contradiction, des sujets qu'il traite, et je ne crois pas facile de modifier sa manière de voir. Du moins, le secret de la méthode appartient à ses familiers, et l'on dit qu'ils sont passés maîtres dans la théorie et dans la pratique de faire fléchir un maître réputé inflexible. D'ailleurs, le Pape s'est étudié à montrer à tous une bienveillance paternelle, à dissimuler ses préventions, pourtant opiniâtres, sous l'apparence d'un amour souverain de la justice, et à charmer l'auditeur par une courtoisie royale. Il s'attache à donner par sa bonne grâce, du prix aux moindres cadeaux. C'est ainsi qu'il a pris la peine de me faire admirer en détail les exemplaires de son Encyclique *Nobilissima*, dont il daignait me faire présent. Le moindre mot de son auguste main inscrit sur l'un de ces livres, m'eût été plus précieux que les merveilles typographiques de son imprimeur.

Il y a sept ans que Léon XIII vit ainsi, enfermé dans le Vatican, entouré de quelques amis qui l'ont suivi de Pérouse à Rome, et qui communiquent, en son lieu et place, avec le monde extérieur.

Un tel régime n'a-t-il pu être sans influence sur son

esprit et sur la direction du Pontificat? C'est là un grave problème que je tremble d'aborder. Cependant, si ces souvenirs ont quelque intérêt, n'est-ce pas celui qu'ils puisent dans la sincérité des jugements personnels portés par un Français qui a longtemps vécu au milieu des Italiens, qui connaît Rome mieux que les pèlerins ou les voyageurs, et qui en est sorti assez à temps pour ne pas s'être tout à fait identifié aux Romains?

Personne ne conteste qu'il y ait à distinguer deux périodes dans le Pontificat de Léon XIII. L'homme n'a pas changé; je suis sûr que Léon XIII a toujours secrètement incliné vers la politique qu'il a résolument abordée depuis un an. Mais, depuis sept ans, le Sacré Collège a été renouvelé en grande partie : Léon XIII n'a plus à compter avec une majorité de cardinaux créés par Pie IX; il peut donc oser plus hardiment. Puis, après sept ans de règne, un système de flatterie puissament organisé, a démesurément accru sa confiance en lui-même. Il a vu toutes les volontés se plier devant la sienne; il a cru les intelligences capables d'un égale souplesse; et il a pris pour autant d'adhésions les actes d'une obéissance résignée. Sensible à la gloire, il a écouté avec ravissement les éloges qui lui venaient de la presse, même ennemie. Il a estimé que l'approbation donnée au Pape par M. Jules Ferry, par M. de Bismarck et d'autres potentats, qui passaient jusque-là pour irréconciliables à l'Église, constituait un succès pour sa politique et marquait une politesse de la Révolution faite au Saint-Siège. Malheureusement, on voit bien les gages donnés par la Papauté à ses ennemis : on attend encore la réciprocité.

Il faut reconnaître aussi que certains évêques et beaucoup de catholiques très considérables s'abstiennent d'aller à Rome. Ils ont peur d'y être mal accueillis, connaissant les préférences secrètes ou avouées de Léon XIII pour une école fameuse qui n'est pas la leur. Il s'ensuit que ce sont toujours les mêmes évêques, toujours les mêmes catholiques qui viennent informer Léon XIII. Le Pape, alors, n'entend qu'un son, et il prend pour la voix du peuple chrétien ce qui n'est que la flatterie d'un petit nombre de courtisans assidus. A la longue, l'insistance toujours renouvelée de ces mêmes personnages l'a déterminé à rejeter loin de lui des précautions jugées nécessaires au début du Pontificat.

Un fait bien significatif marque cette indéniable évolution du Souverain Pontife.

Le *Journal de Rome* avait organisé une souscription pour élever un monument en l'honneur de Louis-Veuillot. Un plein succès avait répondu à notre initiative. Le monument est achevé. Au mois de mai de cette année, le cardinal-vicaire avait indiqué l'emplacement dans l'église de *Sant' Andrea delle Fratte*, paroisse de Louis Veuillot à Rome. Il avait aussi approuvé la très belle inscription composée par le maître des épigraphistes, le R. P. Angelini.

Nous avions convié la famille de Louis Veuillot à assister à l'inauguration solennelle du monument. Un cardinal devait donner l'absoute au service funèbre. Tout était prêt, le jour de la cérémonie fixé.

Au dernier moment, un empêchement fit ajourner le voyage de M. Eugène Veuillot. Le cardinal-vicaire, informé du retard, répondit : « Faites vite cependant, tandis que c'est encore possible, car bientôt je ne réponds plus de l'autorisation. » Personne ne voulut alors approfondir le sens de ces paroles. On remit l'inauguration au mois de novembre... Quand redeviendra-t-elle possible ? Le monument languit inutile chez le statuaire. Quand sera-t-il permis de rendre un hommage public à Rome à l'un des plus grands citoyens dont s'honore la Rome universelle ? Entre le mois de mai et le mois de novembre de cette année, il y a eu quelque chose de changé dans le gouvernement de l'Église, et l'évolution dans la politique de Léon XIII pouvait être prévue. Elle est donc réelle.

J'ai dit qu'au fond les sentiments du Pape n'ont pas varié. J'en ai pour preuve les confidences que j'avais reçues de ses amis avant son élévation, l'attitude hardie prise par les conciliateurs de tout genre, aux premiers jours du Pontificat. Mais les six premières années du règne avaient déconcerté des espérances impatientes. Les favoris de Léon XIII avouaient leur déception. Ce n'était pas le Pape qu'ils attendaient, qu'ils poussaient, qu'ils revendiquaient, qu'on leur avait promis. Aujourd'hui, ils se déclarent pleinement satisfaits, et ils manquent même de modération dans la victoire.

Mais un autre Pape italien aurait-il pu résister indéfiniment aux effets désastreux de la captivité ? Je ne le crois pas.

Le Vatican est un îlot italien, au milieu d'un océan italien, de ce que l'*Unità Cattolica* appelle *Mare ma-*

gnum italianissimo. Les flots de cet océan battent sans cesse le rivage et parviennent à l'entamer.

Depuis plus de trois siècles, le gouvernement de l'Église est dévolu à la race italienne. L'immense majorité du Sacré Collège est italienne; les prélats de la maison pontificale sont italiens : tous les nonces sont italiens. On a considéré comme une usurpation sur les droits de la race privilégiée, l'envoi de Mgr Czacki, comme nonce à Paris. Pourtant Mgr Czacki appartient à cette nation si facilement assimilable de la Pologne, et un Polonais italianisé est un Italien et demi.

Or, entre les Italiens du Vatican et ceux du Quirinal, il peut y avoir différence d'opinion, il y a similitude absolue de tempérament, d'éducation. Les ministres et les magistrats italiens ont des manières d'évêques. Tout Italien naît enfant de chœur, grandit sacristain, meurt prélat. Il est homme d'Église par le sang, par les mœurs. — De même tout homme d'Église italien, par suite des anciennes traditions de la Cour pontificale, peut faire aussi bien un magistrat, un ministre, un homme d'État. Nulle part les attributions de deux pouvoirs n'ont été aussi longtemps confondues et identifiées. Ajoutez à cela des aspirations égales pour la grandeur de la patrie commune.

Comment éviter qu'il ne s'établisse à la longue une étroite concordance de vue, une certaine harmonie entre les prisonniers du Vatican et leurs geôliers? N'oublions pas aussi que prisonniers et geôliers sont presque toujours parents.

Il n'est pas de sénateur, de préfet, de haut fonctionnaire italien qui n'ait un frère, un oncle, un cousin pourvu de dignités ecclésiastiques. Le cardinal Capecelatro est frère du directeur des Postes du roi Humbert, M. Bacelli, l'ancien ministre de l'instruction publique et des cultes, un radical déclaré, a pour frère un camérier participant de Léon XIII, prélat très actif, très remuant, très diplomate, très influent. Le savant dom Tosti émarge au budget du Vatican comme vice-archiviste, à celui du Quirinal comme curateur de l'abbaye du Mont-Cassin. Enfin le Pape lui-même marie son neveu à la nièce du premier chambellan de la reine Marguerite. Ces exemples sont innombrables.

Donc des intelligences perpétuelles unissent les assiégés et les assiégeants, et la guerre ne devient jamais bien meurtrière. D'ailleurs le Pape est le seul hôte du Vatican qui n'en sorte jamais. Tout son entourage communique librement avec l'extérieur. On rencontre des prélats partout : les belligérants dînent, traitent ensemble en tout lieu, à toute heure.

Léon XIII dépense beaucoup d'argent pour les écoles libres de Rome. Le catéchisme y est mieux enseigné, mais l'éducation civique ressemble à celle des écoles officielles. Je sais à Rome un collège ecclésiastique où l'on enseigne aux enfants (je le tiens de l'un d'eux) qu'il faut aimer par-dessus tout, Dieu, *le Pape et le roi*. Ce collège élève des fils de garibaldiens, et les pères sont naturellement enchantés de l'éducation distribuée à leurs enfants.

L'épreuve de l'usurpation italienne infligée à l'Église n'a-t-elle pas été une leçon permise par Dieu pour rappeler au peuple chrétien que son Église est universelle, que le gouvernement n'en revient pas de droit, comme un monopole, à une seule race, et que le choix fait par la Providence de la ville de Rome, comme siège de son vicaire, n'impliquait pas une reconstitution de l'empire de l'Italie sur le reste du monde? Car, c'est bien ainsi que faisaient les Romains du paganisme : l'Italie était la reine du monde; au dehors, des provinces et des colonies de rapport, régies et exploitées par des proconsuls.

La lettre du cardinal Jacobini au *Siglo futuro* a érigé les nonciatures en proconsulats italiens.

Léon XIII, en restant à Rome, est entré de plain pied dans la situation subie par Pie IX. Après huit ans de pontificat, on ne peut nier qu'une sorte d'habitude n'ait fortifié l'autorité de la loi des garanties. On s'accoutume à vivre ainsi côte à côte. Les protestations du Pape ne s'adressent guère qu'à des méfaits particuliers, secondaires, comme des retards apportés à l'*exequatur* des évêques, l'incamération de tel ou tel domaine, l'usurpation des attributions judiciaires, etc. Les revendications du domaine de l'Église deviennent de plus en plus platoniques, et l'Italie a cessé de s'en formaliser. On les enregistre avec un ironique dédain, et l'effet ne s'en fait plus sentir qu'à l'extérieur (1).

Que le successeur de Léon XIII, Italien comme lui,

---

(1) En son dernier discours aux cardinaux, aux fêtes de Noël, Léon XIII a élevé la voix plus que de coutume contre l'Italie. Il a senti le besoin de protester contre les rumeurs de conciliation qu'autorisaient ses derniers actes. Il a voulu rassurer l'univers catholique, un peu épouvanté. Mais l'intention spéciale de sa protestation apparaît trop clairement. Puis on se demande si la vivacité inusitée de cette revendication générale et platonique n'est pas destinée à masquer des actes réels, tels que ceux recommandés par

accepte la même situation, qu'il suive la même politique, et les spoliations de 1870 deviennent, même légalement, prescrites.

L'Église universelle peut-elle admettre cette prescription? Cela est impossible, et jamais Pape ne signera la loi des garanties. Mais, sans la signer, on peut s'en accommoder, s'habituer à la déchéance qu'elle consacre, la déclarer intolérable, et la tolérer pourtant.

Un Pape étranger à l'Italie, Allemand, Anglais ou Français, s'il acceptait la prison du Vatican, par ce fait même qu'il appartient à une race différente, qu'il apporterait à la conduite des affaires un génie différent du génie italien, aurait plus de facilité pour résister au flot de l'invasion italienne. Mais un Pape non Italien pourrait-il se résigner à vivre comme a fait Léon XIII? Sa situation ne serait-elle pas impossible à Rome? Les Italiens lui en permettraient-ils le séjour? Cela est plus que douteux, et l'état de choses actuel ne pourrait se perpétuer, sans consacrer plus que jamais le monopole du pontificat romain au profit de la race italienne, au détriment de l'Église universelle.

Si le successeur de Léon XIII appartient encore à la même nation, s'il ne veut pas, même malgré lui, accepter le fait de l'usurpation révolutionnaire, il est de toute nécessité qu'il quitte le Vatican, et cherche à l'étranger une hospitalité provisoire. La République italienne ne tardera pas à lui faciliter le retour.

les cardinaux Schiaffino et Capecelatro, par exemple une acceptation d'une rente spéciale accordée à la Propagande par le gouvernement, pour favoriser la prépondérance des missions italiennes et l'expansion de la politique italienne dans les pays lointains.

A cet égard, le pontificat de Léon XIII a donné aux cardinaux des leçons impérieuses. Il a tracé le devoir du prochain Conclave, devoir difficile et redoutable, problèmes terribles posés devant le sénat de l'Église.

Mais le Saint-Esprit préside aux conseils du Sacré Collège réuni en Conclave. Jésus-Christ n'abandonne pas son Église, et il lui a promis le triomphe sur tous ses ennemis, même sur ceux qui naissent de son propre sein.

CHAPITRE DEUXIÈME

LA COUR DU VATICAN. — LA FAMILLE PONTIFICALE

SOMMAIRE

M. Louis Teste et le monde du Vatican. — Ma situation pénible. — Mgr Cataldi. — Le consulat du Vatican. — Un répertoire vivant. — La bibliothèque d'Alexandrie. — Singulier examen de conscience. — Le cérémonier incomparable. — Lettres inédites du cardinal Joachim Pecci. — Le marquis Evans. — L'argent et les diners. — Mgr Louis Macchi. — Un contraste. — L'eau bénite de Cour. — Les pauvres curés français. — Une messe pontificale manquée. — Mgr Theodoli. — Un patricien romain. — La marquise Theodoli. — Un futur cardinal. — Eloignement du patriciat romain pour le sacerdoce. — Les princes assistants au trône pontifical. — Le prince Colonna. — Le prince Orsini. — Querelles de préséance. — Le prince Massimo, maître des postes de S. S. — Une sœur du comte de Chambord.

Notre confrère, M. Louis Teste a déjà familiarisé les lecteurs français avec la cour de Léon XIII. Sa *Préface au Conclave*, son intéressant ouvrage sur *Léon XIII et le Vatican*, publié au début du Pontificat, ont vulgarisé les hommes et les choses de ce monde spécial.

Je ne retrace ici que mes impressions personnelles,

et ne fais appel qu'à ma mémoire. Je parle seulement de ceux que j'ai vus et connus, et n'apporte au public que la sincérité d'un observateur, distrait d'ailleurs par mille affaires graves, et engagé, malgré lui, dans *un parti*.

Ce n'est pas ma faute si, dès mon arrivée, je me suis trouvé en défaveur auprès de plusieurs hauts personnages de l'entourage intime du Souverain Pontife. Je contrariais, sans le vouloir, presque sans le savoir, les intérêts politiques et privés d'une coterie toute-puissante. Mon seul crime était d'être là, de prêter, par mes relations françaises et internationales, par mon passé, par mon enthousiasme naïf, un certain relief à une œuvre condamnée d'avance, que je n'avais pas créée, mais que je soutenais sans arrière-pensée, parce que la garde m'en était confiée et que je la jugeais bonne.

Je tombais donc innocemment de tout mon poids dans un réseau d'intrigues, et, par surcroît, j'étais astreint à des relations de courtoisie obligées avec ceux qui en tenaient les fils. J'ai donc jugé les hommes du point de vue où j'étais placé. Je n'ai aucune prétention de porter des jugements absolus. Je ne suis qu'un témoin intéressé ; et j'apporte ici de simples documents à une histoire, qui sera faite un jour. Ces documents sont fort incomplets : je trace ici le portrait des seuls prélats que j'ai plus particulièrement connus.

La famille pontificale comprend tous les prélats attachés réellement ou nominalement à la personne du Pape, faisant fonction d'officiers de sa maison, ayant rang dans sa Cour.

Dès mon arrivée, j'entrai en relations intimes avec Mgr le préfet des cérémonies apostoliques, Mgr Cataldi, le plus accessible, le plus français des prélats de la Cour de Léon XIII.

Mgr Antonio Cataldi est le seul des prélats de l'entourage immédiat, qui connaisse réellement l'étranger, le seul qui ait fructueusement voyagé, le seul aussi qui garde une prédilection pour la France. Tous les diplomates, tous les évêques du monde, tous les catholiques au courant des affaires, ont vu ce gros et excellent homme, à la mine joviale et fine, au rire fréquent, dont la bonhomie ne ment pas, qualité rare dans la prélature italienne.

Il n'est pas un *forestiere* qui ne rende tout d'abord visite à Mgr Cataldi. Son appartement de la via Nazionale est le vrai consulat du Vatican. C'est là que tout catholique un peu remarquable, des deux sexes, vient faire viser son passeport moral, sa lettre d'introduction officieuse. Aussi, les salons, les antichambres du prélat sont-ils encombrés d'une multitude de bibelots, d'une origine évidemment féminine.

La mémoire de Mgr Cataldi est prodigieuse. C'est un répertoire vivant d'anecdotes, mais un répertoire qui se feuillette lui-même ; je dirais que c'est un puits d'érudition et de souvenirs, si l'eau des puits n'était dormante ; une rivière, un fleuve toujours abondant, parfois débordant, donne une idée plus fidèle de la mémoire loquace de Mgr Cataldi. Si j'écrivais les souvenirs de Mgr Cataldi et non les miens, ce volume deviendrait bibliothèque. Quand Mgr Cataldi ne sera plus, dans bien longtemps j'espère, sa perte sera un désastre comme l'incendie d'Alexandrie... le premier s'entend ; pas celui des Anglais.

Mgr Cataldi, avec tant d'anecdotes, est bienveillant pour tous ou presque tous. Ses amitiés, ses préférences le rattacheraient plutôt au parti de l'intransigeance ; mais il n'a guère d'ennemis même parmi les libéraux, gens pourtant jaloux et exclusifs.

— Chaque soir, me disait Mgr Cataldi en sortant de table, je fais mon examen de conscience. Je me dis : « Pauvre Antonio, combien de sottises as-tu faites aujourd'hui ? Au moins, tu n'as fait de mal à personne. »

Combien de prélats, dans la sincérité de leur âme, pourraient se rendre le second de ces témoignages ?

Léon XIII aime Mgr Cataldi, dont la situation à la Cour est inébranlable pour bien des motifs : d'abord, c'est un liturgiste et un cérémonier incomparable. Il possède tous les précédents et toutes les traditions. Lui seul, peut-être, était capable de régler la situation du cardinal de Hohenlohe, lorsqu'il se démit de l'évêché suburbicaire d'Albano et rentra dans l'ordre des cardinaux-prêtres. Lui seul comprend quelque chose à la querelle de préséance ouverte entre les deux princes assistants au trône pontifical d'une part, et le grand maître souverain de l'Ordre de Malte, d'autre part. Puis, une autre raison non moins grave, c'est que Mgr Cataldi a été l'intime ami du cardinal Pecci, évêque de Pérouse, qu'il a gardé plus de deux cents lettres confidentielles écrites par le futur Pape et que ce trésor est le plus précieux des talismans. A ce titre, on peut classer Mgr Cataldi parmi les semi-Pérugins.

Mais il ne partage ni l'influence politique, ni les préjugés des Pérugins proprement dits.

Ses bons offices s'étendent de préférence à la collation des titres et décorations. C'est à sa protection que le célèbre chirurgien dentaire, M. Evans, doit son marquisat romain.

La charge de Mgr Cataldi est d'ailleurs féconde en aubaines. Aucune grande cérémonie ecclésiastique ne s'accomplit sans lui, et il n'en est pas qui ne soit suivie d'un goûter ou d'un dîner; ce qui faisait dire à un pauvre *scagnozzo*, ou diseur de messes tardives, mon voisin à une *fonction* : « *Vegga questo Cataldi; è piu felice del Papa; ha tutto insieme, quattrini e pranzi.* — Voyez ce Cataldi : il est plus heureux que le Pape; il a tout à la fois, l'argent et les dîners. » — Il est en effet le convive par excellence, malgré sa goutte, qu'il traite par l'homéopathie. Il ne changerait pas volontiers ses bas violets contre des bas rouges. A tout le moins, le jour où il entrerait au Sacré Collège, il dirait qu'il entre aux Invalides.

La musique de Sainte-Marie-Majeure, dont il est le chanoine-directeur, occupe beaucoup les loisirs de cet excellent homme. Il garde la prétention, un peu contestée, avouons-le, de procurer à sa chère basilique la meilleure maîtrise de Rome. Lorsqu'il prit possession de cet emploi. Mgr Cataldi rit beaucoup de l'ingénuité d'un grand musicien de ses amis, qui lui avait envoyé d'excellents préceptes pour le maniement du bâton de chef d'orchestre !

En somme, connaître Mgr Cataldi, avec les petites faiblesses dont il est le premier à plaisanter, c'est l'aimer, et on ne saurait trouver à Rome d'ami plus fidèle, plus sûr et plus serviable.

Mgr Cataldi est un externe de la Cour vaticane; il n'a jamais accepté au palais apostolique l'appartement auquel il a droit. Il préfère sa liberté à la chaine dorée que porte allègrement Mgr Louis Macchi, grand maître de l'antichambre sous Léon XIII, comme il l'était sous Pie IX, en attendant (il attend beaucoup) qu'il succède au futur cardinal Theodoli dans la charge de majordome.

Mgr Louis Macchi fait, à côté du Pape, dans les cérémonies, le pendant et le contraste de Mgr Cataldi. Il est aussi fluet que Mgr Cataldi est imposant; son grand nez très aristocratique masque presque tout son visage, tandis que ce sont les joues qui envahissent et débordent le nez exigu de Mgr Cataldi. Rien d'ailleurs de plus distingué en sa tournure que Mgr Macchi, d'une noble famille, neveu d'un ancien nonce à Paris, devenu cardinal.

Mgr Macchi occupe au Vatican le très bel appartement situé à l'entresol, — quel entresol! — du grand escalier de marbre, construit par Pie IX, et qui mène les piétons à la cour de Saint-Damase. Son antichambre est toujours remplie de gracieuses pèlerines, avides de voir d'abord Mgr Macchi, ensuite le Pape. A la porte de toutes les cours, comme à celles des églises, il y a un donneur d'eau bénite. Le Vatican est à la fois une cour et une église; l'eau bénite distribuée par Mgr Macchi est de qualité supérieure : elle est double. Mais combien de désespoirs asperge-t-elle sans les consoler? Il n'est pas permis à tous d'aborder Léon XIII.

J'ai connu de pauvres curés français, qui, au terme de leur carrière, avaient économisé la petite somme nécessaire au voyage *ad limina*. L'exiguïté du viatique abrégeait le séjour. Au moins, en retournant au village, ils voulaient dire qu'ils avaient vu le Pape, qu'ils avaient baisé le bas de sa robe blanche, reçu directement cette bénédiction apostolique, patrimoine de tous les fidèles. De quelles ardentes prières Mgr Macchi n'a-t-il pas été le confident impuissant? Souvent le pauvre curé s'en retourne comme il est venu, faute d'avoir pu attendre l'audience collective du Pape toujours retardée. On s'en prend alors à Mgr Macchi; ce n'est pas sa faute. Si les dames passent pour avoir sur Mgr Macchi plus d'empire que les pauvres curés, elles le doivent, moins aux égards de Mgr Macchi pour leur sexe, qu'à l'indomptable ténacité dont le ciel les a douées. Mgr Macchi passe sa vie entre le sourire et le rugissement des dévotes; on le prend d'assaut, on l'enlève, on le câline, on l'accable de douceurs, de présents, de souvenirs, puis tout à coup, si Léon XIII est récalcitrant à l'audience implorée, si le consistoire est retardé, que sais-je? voilà Mgr Macchi en proie aux Ménades !

A Pâques dernier, Mgr le grand maître de l'antichambre passa une rude matinée. Le Pape avait invité un très grand nombre de pèlerins et de pèlerines à l'honneur d'assister à sa messe et de recevoir la communion des mains pontificales. Naturellement les femmes, toujours avides des spectacles extraordinaires, occupaient les trois quarts de la salle du Consistoire disposée en chapelle pour cette solennité. Tout à coup le bruit se répand que le Pape est malade et que la messe sera dite par le cardinal Jacobini ! Et en effet, c'est le secrétaire d'État qui entre, qui dit la messe. La messe d'un cardinal ! Mais on en peut avoir à Paris, à Lyon, jusqu'en Australie, des messes de cardinaux ! C'est bien la peine de venir à Rome et au Vatican, pour entendre une messe de cardinal ! Encore le cardinal Jacobini manque-t-il de prestance et d'onction. Je crains fort qu'il ne se soit commis au cours de cette messe quelques péchés, assurément véniels ; mais le cardinal Jacobini et Mgr Macchi ont été certainement ce jour-là, envoyés à tous les diables par de très pieuses dames !

Mgr Macchi supporte avec une égale vertu les douceurs excessives et les rigoureux inconvénients de sa charge. Assidu aux offices de Saint-Pierre dont il est chanoine, on y remarque sa piété vraiment édifiante. Homme de cour par état, ce très éminent prélat passe pour négliger l'art de flatter le maître. Il n'est pas très avancé dans la faveur du souverain, qui le laisse vieillir en une place, semblable à beaucoup d'autres, enviable à la condition qu'on n'y vieillisse pas.

Mgr Theodoli, majordome de Sa Sainteté, a succédé au cardinal Ricci-Parraciani dans cette imposante fonction, qui unit le ministère de l'intérieur à celui des finances. Le prélat appartient à la vieille et illustre famille du patriciat romain, dont le palais au Corso fait face à celui du duc Salviati, et qui est restée fidèle quand même au Saint-Siège et au Pape-Roi. La marquise Theodoli, belle-sœur du majordome de Léon XIII, suffirait à elle seule pour assurer la suprématie du monde noir sur le blanc ; c'est la reine de toute la société romaine par la beauté, la grâce, l'esprit, la piété et la charité !

Mgr Theodoli, lui, n'est pas très beau, mais il est très bon. Ses vertus, la droiture rigide de son âme, l'inébranlable fermeté de ses convictions lui concilient tous les respects, même en retardant sa carrière. Cependant, il est impossible que son élévation à la pourpre soit longtemps ajournée, car depuis la mort du cardinal Chigi, le vieux patriciat romain n'a plus d'illustre représentant au Sacré Collège. Les grandes familles romaines, même celles qui sont fidèles au Pape, s'écartent de l'Église. Les Borghèse, les Aldobrandini, les Doria, etc., ont cessé de réserver leurs cadets aux honneurs du sacerdoce. Mgr Theodoli et le R. P. Massimo, de la Compagnie de Jésus, frère du prince, voilà les seuls patriciens romains que Léon XIII puisse appeler au Sacré Collège.

Il ne faut pas omettre les deux princes assistants au trône, ainsi nommés sans doute parce que l'un n'assiste jamais et que l'autre assiste aussi rarement que possible.

Un antique privilège concède aux chefs des familles Orsini et Colonna le droit exclusif de représenter le patriciat romain aux côtés du Pape, souverain légitime de Rome.

On sait les longues guerres que les papes ont dû soutenir contre ces hauts barons du Saint-Siège, féroces dans leurs rivalités, implacables dans leurs ambitions. La papauté a réconcilié leurs descendants dans une charge héréditaire de premiers chambellans.

Mais elle n'avait pu prévoir l'invasion italienne et le partage du patriciat romain en *blancs* et en *noirs*, c'est-à-dire en tenants du Quirinal et en tenants du Vatican.

Le prince Colonna, assistant au trône pontifical, fut un des premiers qui présentèrent leurs hommages au pouvoir usurpateur. Son fils, le prince Marc-Antoine, a brigué et obtenu la députation au Monte-Citorio. Il garde néanmoins son privilège d'assistant; mais il n'en use pas.

Le prince Orsini est demeuré plus fidèle. Mais il semble trop dédaigner l'honneur d'être le seul laïc admis aux côtés du Pape dans les cérémonies. On dit qu'une contestation de préséance avec le grand maitre souverain de l'ordre de Malte est la cause de son absence accoutumée. Qui doit avoir le pas? Est-ce le prince assistant, qui se réclame d'anciennes constitutions? Est-ce le premier dignitaire d'un ordre souverain de chevalerie, auquel le Vatican reconnaît encore une dignité royale? J'ai dit que Mgr Cataldi comprenait quelque chose à cette querelle, éternellement pendante devant la Congrégation du cérémonial. Je n'en suis pas très sûr ; car Mgr Cataldi me l'a expliquée, et son explication a laissé un point d'interrogation en mon esprit. Ce qui est sûr, c'est que le prince Orsini se montre rarement à sa place, aux côtés du Pape.

L'année dernière, le prince Orsini, bien que séparé de la princesse, a donné pour la première fois un grand bal dans son grandiose palais, qui remplit les ruines du théâtre de Marcellus, au pied du Capitole, dans l'antique Velabre. Le monde blanc s'est mêlé ostensiblement chez le prince assistant au monde noir. Le prince portait le grand cordon de Pie IX ; mais la plupart de ses invités avaient bravement arboré les insignes des saints Maurice et Lazare et de la Couronne d'Italie. On a dansé, comme si les papes étaient encore souverains de Rome.

Au reste, le patriciat romain n'a jamais brillé par la fidélité. Toutes les invasions, toutes les usurpations, surtout celle de Napoléon, y ont trouvé des courtisans. On compte aujourd'hui les patriciens qui répudient toute attache avec la nouvelle cour.

Les princes assistants devaient au moins donner l'exemple. On ne peut regarder sans mélancolie leur place vide sur ce trône dont ils devaient être les colonnes !

D'autres princes ont aussi des charges à la cour pontificale, par exemple le prince Massimo, qui garde avec un soin jaloux sa fonction de maître des postes de Sa Sainteté. Cette fonction explique le luxe de ses équipages et de sa livrée. Fidèle du moins à la papauté, malgré sa parenté avec la famille de Savoie, le prince Camille Massimo porte avec quelque peine le fardeau de l'antique grandeur de sa race, et le souvenir de la fortune de ses aïeux. La princesse est la fille de la duchesse de Berri, la sœur utérine de M. le comte de Chambord, germaine du duc della Grazia, comte Lucchesi Palli. Elle vit comme une sainte ; femme et mère accomplie, elle impose à tous la sympathie et le respect. Dieu ne lui a pas accordé sur cette terre les récompenses dues à sa haute vertu et à son admirable piété. Le sang des Bourbons qui coule en ses veines est un sang de martyrs.

CHAPITRE TROISIÈME

LA COUR DU VATICAN. — LE SECRÉTAIRE D'ÉTAT

SOMMAIRE

Deux rameaux concurrents. — La secrétairerie d'Etat et la secrétairerie de Sa Sainteté. — Le jeu des « cartes géographiques ». — L'étage des Loges de Raphaël. — Le cardinal Jacobini. — Son physique. — Un parfait diplomate. — Le traitement d'un ministre d'État. — Le vin des frères Jacobini. — Les dimanches de Genzano. — Nonciature de Vienne. — Un protestant diplomate et théologien. — Le R. P. Pappalettere. — Un ministre complaisant. — La lettre au *Siglo futuro*. — Un ami fidèle. — Prétendue surdité. — Le meilleur secrétaire d'État que puisse avoir Léon XIII. — Mgr Galimberti. — Une grosse rente. — Un *factotum* du cardinal Franchi. — Accusation contre les Jésuites. — Une réserve nécessaire. — Carrière tardive. — Un Pérugin d'adoption. — Les deux écoles pérugines. — Un mystérieux dossier. — Le cardinal Chigi et Mgr Galimberti. — Mgr Mocenni. — Un bourru bienfaisant. — Un sage conseiller. — Le correspondant du « Reichsbote ». — Des temps meilleurs. — Un Italien loyal — « C'est trop fier! » — La secrétairerie d'État extérieure. — Le cardinal Czacki. — Une maladie capricieuse. — Les prières de M. Grévy. — Les dîners diplomatiques du cardinal. — M. de Freycinet victime de la diplomatie de Mgr Czacki. — L'histoire du chapeau. — Singulière confession d'un nonce. — Les élèves journalistes et diplomates du cardinal.

Mgr Guthlin. — Mgr Ferrata. — Les affaires de Suisse. — Le chemin de Paris. — Entrée peu triomphale en Belgique. — Il *Cardinale Miro.*

En dehors des fonctions d'ordre purement intérieur, familial, remplies par Mgr Cataldi, Mgr Macchi, le maître des sacrés palais, l'aumônier de Sa Sainteté, etc., les dignitaires du Vatican se répartissent entre la secrétairerie d'État et le secrétariat de Sa Sainteté. Ces deux grands rameaux de l'administration pontificale, qui couvrent toute la terre chrétienne de leur ombre, ne végètent pas, à leur origine, au sortir du trône commun, en parfaite harmonie. C'est à qui des deux absorbera la substance de l'autre, et poussera dans la direction du voisin un feuillage perfide qui lui intercepte sa meilleure part de soleil ou de rosée.

La secrétairerie d'État, en cette concurrence, n'a pas toujours l'avantage, il s'en faut de beaucoup. Cependant l'arrivée de Mgr Galimberti au secrétariat des affaires ecclésiastiques extraordinaires apporte un atout considérable dans le jeu des « cartes géographiques ». Car la secrétairerie d'État et ses dépendances occupent les régions supérieures des bâtiments donnant sur la cour Saint-Damase, et les *Loggie* de cet *ultimo piano* sont décorées des fameuses fresques géographiques qui représentent la terre connue au temps du Pape Alexandre VIII. Le secrétariat est logé au *piano nobile,* au second étage où réside le Pape.

Aussi est-il d'usage à la secrétairerie d'État de répondre à toute réclamation importune : « Cela ne nous regarde pas; ce dont vous vous plaignez a été fait *en bas !* » En bas, c'est-à-dire au secrétariat privé, à l'étage des loges de Raphaël ; en bas, c'est Mgr Boccali ! Saluez ; car Mgr Boccali, c'est l'Éminence violette, « l'Auditeur du Très-Saint », *Uditore del Santissimo,* c'est celui qui peut tout et sans lequel on ne peut rien ; c'est celui qui passe pour gouverner Celui qui gouverne l'Église ! Mais un tel personnage, le chef des Pérugins, mérite, avec ses satellites, l'honneur d'un chapitre spécial.

Le cardinal Ludovic Jacobini, comme chacun sait, a succédé au cardinal Nina dans la charge de secrétaire d'État de Sa Sainteté, à la suite des malentendus belges.

C'est un petit et gros homme, qui n'a rien d'ascétique ; sa figure plairait au peintre Vibert : on dirait qu'elle a servi de modèle à ces moines que la propagande anticléricale multiplie à la vitrine des marchands d'estampes. Le cardinal Jacobini s'exprime avec quelque peine en français ; en italien, au contraire, sa langue est très alerte. Type du parfait diplomate, il parle beaucoup pour dire le moins possible et pour déguiser une indifférence totale, qui aboutit à l'inertie. Les dossiers s'acccumulent sur sa table et il les traite tous avec un souverain dédain. Il promet toujours, et sa négligence devenue proverbiale sert de passeport et d'excuse à ses refus. Les ambassadeurs l'aiment tel qu'il est, parce qu'il est vraiment aimable. Mais on sait que les affaires sérieuses ne se traitent pas avec lui.

Au fond, le cardinal Jacobini n'a qu'une politique : esquiver la colère du maître, et retarder la disgrâce. Ce n'est pas que la charge de secrétaire d'État lui rapporte beaucoup d'argent. Au traitement d'un cardinal elle n'ajoute que cinq cents francs par mois, outre un royal appartement.

Or, le cardinal Jacobini jouit d'une fort jolie fortune. Il est propriétaire à Genzano, avec ses frères, de vignobles renommés, et le vin des frères Jacobini mérite sa réputation. L'étranger est un peu surpris de voir dans Rome plusieurs débits de détail, disons le mot, plusieurs cabarets, ornés d'une enseigne aux vives couleurs que surmonte l'écusson de l'Éminentissime cardinal Jacobini, secrétaire d'État. C'est là que les frères Jacobini écoulent, au profit des gosiers altérés, le jus de leur vigne; c'est de là que l'éminent cardinal tire le plus clair de ses revenus. En perçoit-il la rente au Vatican? Oblige-t-il les débitants à faire le voyage de Genzano pour lui rendre leurs comptes? Je ne sais. Ce qu'il y a de sûr, c'est que le cardinal, pour rien au monde, n'omettrait de goûter à Genzano le repos du dimanche, du samedi soir au lundi matin, à l'exemple des maris parisiens, fidèles une fois par semaine à l'épouse en villégiature. L'Ém^{nce} Jacobini vient de recevoir la Toison d'Or. L'origine galante de cet ordre n'est pas faite pour effaroucher le successeur d'Antonelli.

La nonciature de Vienne a valu au cardinal les honneurs de la grande chancellerie d'un Pape réputé diplomate. Léon XIII s'est figuré que l'ancien nonce de Vienne achèverait sans peine les négociations ouvertes avec M. de Bismarck. Mais il s'est trouvé que M. le baron de Schlœzer, ministre de Prusse et protestant, surpassait le secrétaire d'État, je ne dis pas seulement en science diplomatique, tout le monde l'eût deviné mais un peu aussi en science théologique! Les négociations marchaient donc, beaucoup moins bien que le débit de vins de la place S. Ignace, où M. de Schlœzer, en diplomate consommé, qui sait faire sa cour sur tous les terrains, ne craint pas d'aller parfois démocratiquement déguster le vin cardinalice. Les négociations entre le cardinal et M. de Schlœzer, après quelques entretiens, se sont bornées bientôt aux audiences officielles du mardi et du vendredi, auxquelles s'ajoutaient périodiquement les fins dîners de la secrétairerie d'État, où le nectar de Genzano n'est pas ménagé. Cependant, un beau jour, M. de Schlœzer s'impatienta, et il demanda au Pape de mettre en face de lui un adversaire plus théologien que le cardinal Jacobini. Le Pape désigna un Père Bénédictin nommé Pappalettere, qui mourut sans aboutir; le cardinal Laurenzi lui succéda. Mais l'Ém^{nce} Jacobini se console de n'avoir plus de vis-à-vis prussien en son insouciant quadrille diplomatique; car ses suppléants n'ont pas mieux appris que lui l'art d'emboîter le pas au ministre allemand.

Le cardinal Jacobini a une vertu : c'est la complaisance à toute épreuve. Il signe tous les documents, sans sourciller; il endosse galamment les plus grosses responsabilités; le souci de la postérité, ni de la responsabilité morale, ne trouble son sommeil. Léon XIII a attaché le nom de son ministre à l'un des documents les plus significatifs de son règne, la lettre au *Siglo futuro*. Il est vrai que le marquis de Molins, ambassadeur d'Espagne, le plus lourd des diplomates, avait pesé de tout son poids sur la secrétairerie d'État pour en tirer cette pièce curieuse.

M. le comte Lefebvre de Béhaine, notre très éminent ambassadeur de France, manifeste une admiration sans réserve pour le cardinal secrétaire d'État. Est-ce le comble de la diplomatie?

Au fond, le cardinal Jacobini ne gêne personne. Comme il ne fait rien, il serait bien injuste de lui attribuer rien de ce qui se fait. C'est « en bas » que se perpétrent les coups d'éclat, ceux même qui sont signés Jacobini.

Le cardinal ne s'émeut et ne sort de sa bonne humeur qu'en deux circonstances : 1° Lorsqu'on attaque son âme damnée, dont il a fait son auxiliaire, Mgr Galimberti; 2° Lorsque le cardinal Czacki fait dire dans le *Figaro* ou dans le *Journal de Bruxelles* que le secrétaire d'État devient sourd et va prendre sa retraite pour cause d'infirmité. Le cardinal Jacobini a beau se piquer d'avoir l'ouïe fine, il ne veut pas entendre de cette oreille-là! Lorsqu'il prend en flagrant délit un des secrétaires, un des intimes du cardinal Czaki, il lui donne vertement sur les doigts.

Mes relations personnelles avec le cardinal ont toujours été des plus chaleureuses. Personne, si ce n'est le cardinal Lavigerie, ne m'a pressé avec plus d'effusion sur son cœur, ne m'a plus benoitement enguirlandé. Personne non plus n'a mené avec plus de suite la campagne, non pas contre le *Journal de Rome* ni contre moi, mais en faveur de son ami Galimberti. Le cardinal n'a pas de haine; il n'a que des amitiés; mais il apporte dans ses amitiés aussi peu de scrupule que les autres dans leurs haines. En somme, le cardinal Jacobini estime que le meilleur moyen de rester en place, c'est de ne pas bouger. Il en use. Il dure, et c'est le meilleur secrétaire d'État que Léon XII puisse garder. Les plus dignes n'accepteraient pas.

Que ne peut-on dire de Mgr Galimberti? Ah! le cardinal n'a rien à apprendre des histoires de Bologne, ni des autres anecdotes qui circulent sur le compte de son ami? Aux premiers mots qu'on lui en rapporte, il arrête l'interlocuteur : — « J'en sais plus long que vous; vous ne savez pas tout! » et il rit de son gros rire. Mais n'importe; Mgr Galimberti est son homme. Avant de le nommer pro-secrétaire des affaires ecclésiastiques ordinaires, c'est la protection du cardinal qui l'avait fait pourvoir de cette rente magnifique, plus de 150,000 francs, servie au directeur du *Moniteur de Rome*. Les mauvaises langues prétendent que le *Moniteur de Rome* aurait eu surtout pour objet de pourvoir d'un petit canonicat laïc les jeunes comtes Cimarra, neveux du cardinal. Soit, mais le besoin du canonicat n'expliquerait pas assez l'énormité de la subvention du *Moniteur*. C'est bien Mgr Galimberti qu'on récompense de services présents ou passés demeurés inconnus.

J'ai connu Mgr Galimberti, à un premier voyage à Rome. Il envoyait, sous le couvert du comte Conestabile, de longues et fréquentes correspondances à la *Défense*. Il était déjà le factotum du cardinal Franchi, comme il est devenu celui du cardinal Jacobini. Son étoile eut un moment d'éclipse, au temps du cardinal Nina. C'est alors que je dînai en son petit appartement de la via San Claudio, avec le comte Conestabile. Pour un prélat sans patrimoine, sans naissance, pourvu alors d'un simple canonicat à Saint-Jean-de-Latran, augmenté d'une place de 600 francs par an à la Propagande, le dîner était bon. J'entendais mal l'italien alors, et ne le parlais pas du tout. Mgr Galimberti ignore les premiers éléments du français. Le comte Conestabile servait d'interprète. La conversation roula sur la mort du cardinal Franchi ; à ce propos, il fut question des jésuites !... Le comte Conestabile se fit plus tard l'écho de ces insinuations, dignes de feu M. Raspail, dans une correspondance du *Figaro*. Mgr Galimberti se montrait alors chaud partisan de la réconciliation entre le Vatican et le Quirinal. Il parlait en vrai patriote, et sa famille est une des premières du peuple qui, à Rome, aient arboré le drapeau piémontais. A-t-il changé, depuis que nous sommes brouillés? Je n'ai aucune raison de le croire.

Pendant mes trois années de séjour à Rome, je me suis trouvé en conflit permanent et direct avec Mgr Galimberti. Par les correspondants de journaux qui rédigeaient sa feuille et qu'il payait fort bien, il dirigea contre moi, dans une partie de la presse européenne, la guerre acharnée où je succombai, au moment où je voulus me défendre. Tout jugement que je porterais contre lui serait donc suspect de partialité. Je m'abstiens.

Voilà Mgr Galimberti, non pas arrivé à ses fins, mais à son commencement. Il est entré un peu trop tard dans la grande carrière. Si le pontificat se prolonge, il réparera le temps perdu; mais je crains bien que son char, si bien lancé, ne se heurte au premier obstacle. Un Pape aura toujours quelque répugnance à lui donner une place qui exige le caractère épiscopal. Il faudrait le créer cardinal d'emblée. C'est difficile. Au fond, sa carrière est d'aventure. Mgr Galimberti a essayé d'arriver à la pourpre par la presse. Mgr Schiaffino y est arrivé malgré la presse. Le précédent n'est guère encourageant.

La force de Mgr Galimberti, c'est qu'il est le protégé du cardinal Jacobini, et en même temps, qu'il s'est affilié aux Pérugins. Il n'est pas de Pérouse, mais il est digne d'en être, et le Pérugin Conestabile lui a donné la clef du cénacle. C'est un grand service qu'il a rendu à Mgr Galimberti. Malheureusement, l'école de la politique pérugine n'est pas destinée à vivre aussi longtemps que l'école de peinture du même nom, et je doute qu'elle profite à ses survivants. Mais alors, Mgr Galimberti retournera son habit; il ne manquera jamais de protecteurs, car il sait choisir les bons.

C'est un malheur pour Mgr Galimberti que le cardinal Parocchi ait été archevêque de Bologne, et qu'il ait dû transmettre, en qualité d'Ordinaire, un mystérieux dossier au Saint-Office, dossier dont on n'a jamais plus entendu parler. Les oubliettes du Saint-Office, les voilà!

Quand le *Moniteur de Rome* fut fondé, le cardinal Chigi était archiprêtre de la basilique Laterane. Il ne voulut jamais recevoir l'œuvre de son chanoine et la renvoya avec dédain. Je passe sous silence les paroles qui accompagnèrent le refus, et que l'éminent cardinal m'a redites. Paix à sa tombe glorieuse!

Tout autre est le digne substitut de la secrétairerie

d'État, Mgr Mario Mocenni, archevêque d'Heliopolis. C'est la franchise et la loyauté mêmes. D'aspect un peu bourru, Mgr Mocenni a quelque ressemblance avec ces grands dogues anglais, forts et bons, fidèles au devoir et dont les dents ne mordent que les malfaiteurs.

Je ne puis, sans émotion, me rappeler les bons offices rendus à moi par cet excellent prélat, que le Saint-Père avait daigné préposer à la surveillance spéciale du *Journal de Rome*. Je me vois encore, aux jours de grande crise, à côté de lui, en cette galerie des cartes géographiques, où il aimait à prendre le frais du soir, en fumant un cigare toscan coupé en deux. Nous l'arpentions tous deux à grands pas ; sa parole rude et saine me réconfortait dans le doute et dans la peine. Il parlait des hommes et des choses avec une brutalité à la fois grave et comique. Parfois son visage s'illuminait d'un si bon sourire, et ses yeux lançaient de rapides éclairs sous ses lunettes d'or! D'un mot, il levait le doute et tranchait la difficulté ; une demi-minute de réflexion le menait tout droit au meilleur conseil à donner, au meilleur parti à prendre.

C'est à Munich que Mgr Mocenni fit l'apprentissage de la diplomatie. C'est lui en fait, et non l'internonce de Munich, ni le nonce de Vienne, qui, le premier, débrouilla l'écheveau de difficultés mêlé par le *Culturkampf*. Envoyé internonce au Brésil, il en revint à la fin de 1882 pour seconder le cardinal Jacobini à la secrétairerie d'État.

Les affaires allemandes ont gardé sa prédilection.

On m'a attribué, bien à tort, une brillante campagne de correspondances dans le *Reichsbote*, organe de la droite prussienne. Je ne suis pas capable de tels chefs-d'œuvre, dont le *Français* et la *Germania* m'ont voulu faire un crime. L'auteur en est Mgr Mocenni; j'ai en mains les originaux en italien de ces correspondances, et c'est ainsi que je les ai pu traduire pour le *Journal de Rome*, au fur et à mesure qu'elles étaient publiées dans le journal allemand. Au fort de la polémique avec le *Français* et la *Germania*, je me suis contenté de nier toute collaboration au *Reichsbote*, ne voulant pas découvrir mon protecteur. Aujourd'hui, il est juste que Mgr Mocenni ait l'honneur de ces travaux admirables, qui, pendant un congé du baron de Schlœzer, tinrent lieu de négociations, et auraient fait beaucoup pour assurer une solution équitable au conflit germano-romain, si M. de Bismarck avait voulu sincèrement une entente loyale avec le Saint-Siège.

Quand, après la disgrâce, je pris congé de Mgr Mocenni, il me donna rendez-vous « en des temps meilleurs. » « Vous m'avez un peu compromis, ajouta-t-il. Le Pape me grondait parfois en disant : Votre *Journal de Rome!* Je n'étais pourtant pas responsable de vos écrits; mais je vous rends cette justice que vous n'avez jamais désobéi aux ordres que je vous ai transmis. »

Il me disait encore : « Le Pape voulait que je prisse aussi la surveillance du *Moniteur*. Je ne l'ai pas voulu. Je n'ai rencontré Mgr Galimberti que dans la salle d'attente du cardinal secrétaire d'État, et il n'a pas besoin de moi pour communiquer avec le cardinal. Quant aux Suisses, aux Persans, qui rédigent sa feuille, je ne veux pas avoir affaire à eux. Au contraire, j'ai plaisir à causer avec un bon Français comme vous! Le *Moniteur* désobéit toujours et impunément. Je n'aime pas à donner des ordres inutiles. »

Nul n'occupera plus dignement que Mgr Mocenni une grande nonciature, surtout dans les pays allemands qu'il connaît à merveille. C'est un bon, loyal et noble serviteur de l'Eglise, dont l'intelligence est singulièrement lucide. La rudesse de ses manières ajoute à la confiance qu'il inspire et qu'il justifie.

Un religieux français me demandait un jour : « Avez-vous jamais eu de longues relations suivies et amicales avec un Italien, sans concevoir à la longue quelque motif de doute ou de méfiance? » J'ai répondu sans hésiter : « Oui, avec Mgr Mocenni. » « Je ne le connais pas, insista le religieux, mais attendez. » J'ai attendu et, plus que jamais, à une pareille demande, je répondrais : « Oui! »

Dieu me garde de penser que Mgr Mocenni soit le seul Italien à qui on puisse rendre un tel hommage! Mais c'est son nom qui m'est venu le premier aux lèvres.

On avait chargé ce même religieux français d'un important travail. Il s'agissait de prévenir, par une déclaration nouvelle, des velléités de persécution renaissante contre les Ordres français. Le cardinal secrétaire d'Etat, à qui le projet fut soumis, le rejeta en ces termes : « C'est trop fier! » Mgr Mocenni n'eût jamais fait cette objection.

Il y a une secrétairerie d'Etat extérieure, dont il faut dire un mot. Ce n'est pas celle du Pape, c'est celle du cardinal Czacki.

Le *Figaro* et le *Journal de Bruxelles* sont les organes préférés de l'ancien nonce à Paris. Ils insèrent, l'un et l'autre, des articles signés de pseudonymes divers; mais les *Fidelis* de Bruxelles et les *Canonicus* de Paris sont frères germains. Ils s'entendent pour faire valoir les titres de l'incomparable diplomate, déplorer cette mauvaise santé qui l'empêche d'habiter l'appartement au-dessus du Pape. Ils s'accordent à déclarer que le cardinal Czacki est un grand homme, le plus grand dont l'Eglise puisse s'enorgueillir aujourd'hui.

Le cardinal souffre d'une affection vraiment capricieuse. Lorsqu'il dut recevoir le Chapeau, au consistoire d'été, en 1883, l'ingénieux Mgr Cataldi dut inventer un petit appareil qui permit au nouveau cardinal de simuler les génuflexions. Quand Mgr Czacki apparut au consistoire, soutenu par des valets de pied, à demi mort, le spectacle fut dramatique; tous les cœurs se serrèrent. Il dut en être ainsi quand le nonce de Paris, prenant congé de M. Grévy et, recevant le grand-cordon de la Légion d'honneur, fit allusion au peu de jours qui lui restaient à vivre et exprima sa confiance dans les prières du Président de la République, pour l'assister à son heure dernière.

Trois ou quatre jours après le consistoire, j'avais encore l'âme attristée du piteux état où j'avais vu le cardinal Czacki, quand je rencontrai sur la Via Appia, fort déserte à cette heure, un cardinal qui se promenait allègrement derrière son carrosse, en lisant un volume, son bréviaire sans doute. Je n'en pus croire mes yeux: c'était le cardinal Czacki lui-même! Assurément, les prières de M. Grévy avaient opéré un miracle.

Cette maladie a toujours empêché Mgr Czacki de dire la messe en public et d'assister aux offices. A Paris, il était réduit à servir l'Eglise à table ou aux soirées de MM. Andrieux, Constans et Cazot. A Rome, c'est encore à dîner que s'exerce de préférence le zèle apostolique du savant diplomate.

Un cardinal qui donne à dîner est une rareté : les Italiens ont peu de goût pour l'état d'amphitryon. Le cardinal Czacki est Polonais. Il n'est si mince secrétaire d'ambassade qui ne se glorifie d'être admis aux symposiaques diplomatiques du palais Balestra.

Tous les ambassadeurs et ministres sont accrédités de droit à la table du cardinal Czacki, et c'est ainsi qu'il exerce une réelle influence sur la politique générale.

Le cardinal fait de la diplomatie, pour son propre compte, de la diplomatie d'amateur ; il fait de la diplomatie comme le juge Perrin Dandin faisait de la justice, par manie. Car il n'a aucun mandat de Léon XIII, qui, malgré tout, ne l'aime guère. Il ne lui pardonne pas d'avoir « débiné les trucs » du péruginisme, trois ans trop tôt, à Paris. Le cardinal Czacki escompte donc la peau de l'ours, c'est-à-dire celle du secrétariat d'État ou... Il a de commun avec Sixte-Quint les béquilles.

Le chapeau du cardinal n'a pas été arraché sans peine aux hésitations de Léon XIII. Madame de Girardin a écrit : « Le chapeau d'un horloger » ; Aristote, suivant Molière, aurait écrit un chapitre inédit : « Des chapeaux. » Il y aurait un roman à faire sur le chapeau du cardinal Czacki. Léon XIII, ému des clameurs catholiques, voulait rappeler Mgr Czacki à Rome, en congé illimité, pour cause de santé. Mgr Czacki avait accepté et donné trop de dîners à Paris, dans le monde officiel, pour se contenter des honneurs stériles d'une retraite sans pourpre. D'autre part, il avait accordé trop de gages à la République, il avait assisté impassible à trop de crochetages, complimenté trop de victoires à la Frigolet, pour que la République ne lui dût pas une indemnité.

Le gouvernement de M. Grévy, qui avait décerné au nonce l'honneur insolite du grand cordon de la Légion d'honneur, entreprit de le couvrir de pourpre des pieds et la tête, et exigea du Pape le complément du costume. La négociation fut laborieuse. Le très distingué comte de Monbel, premier secrétaire intérimaire de l'ambassade, chargé d'affaires après le rappel de M. Deprez, y gagna ses galons de conseiller d'ambassade. La République ne peut plus faire nommer de cardinaux français ; mais elle a enlevé de vive force le chapeau d'un cardinal polonais. C'est un triomphe et elle peut dormir sur ses lauriers.

Mais le Pape, qui a cédé le chapeau, se tient encore sur la réserve. Il flaire dans le cardinal Czacki un esprit indépendant. Surtout, il ne lui pardonne pas d'avoir découvert trop tôt sa politique personnelle devant les catholiques français.

Au temps où Mgr Czacki habitait l'avenue Bosquet, à Paris, il avait coutume de se défendre, en compromettant son maître. Allant au-devant des observations de l'auditeur, il montrait de larges dossiers, en disant : « Voilà mes instructions. C'est le Pape qui agit en moi ;

c'est le Pape qui se rend en ma personne aux soirées de MM. Andrieux, Constans et Cazot. C'est le Pape qui bénit les vainqueurs de Frigolet. Le Pape c'est moi. » Léon XIII n'aimait pas alors à être compromis. A présent, il n'a plus rien à compromettre.

J'ai vu à Paris une seule fois Mgr Czacki. Je lui étais présenté par un ancien député de mes amis, qu'il avait sans doute confondu avec son frère, alors républicain, toujours orléaniste. Le nonce nous tint à peu près ce langage :

« M. Waddington est le plus grand ministre des affaires étrangères que la France ait jamais eu...

Mouvement de stupeur.

« Il a défendu à merveille les intérêts des Écoles d'Orient devant le Congrès de Berlin.

— Mais, interrompis-je, et les écoles de France? Et l'article 7?

— Oh! l'article 7, que nous importe? Les catholiques français sont si généreux!

— ??

— Puis il vaut mieux que la France ait pour ministres des protestants.

— ???

— Ils savent mieux se faire écouter des puissances hérétiques.

— !!!

Nous quittâmes sur ce mot le nonce du Pape. Il se croyait assurément en face de son intime ami, M. de Blowitz.

Cette diplomatie est bien celle de Léon XIII. Mais l'élève a dépassé le maître.

Le cardinal la continue à Rome, mais sans mandat, à ses risques et périls.

J'ai été accusé jadis d'hostilité contre le cardinal Czacki. C'est un reproche injuste. Je n'ai jamais mis en doute ni la pureté de ses intentions, ni l'ardeur de son zèle, ni l'étendue de son savoir. L'erreur de Mgr Czacki, en sa nonciature, a consisté à considérer les hommes de la République française comme des hommes d'État accessibles aux coquetteries diplomatiques, ou encore aux raisonnements de l'intérêt bien entendu. Les moyens qu'il employait eussent été fort légitimes et n'eussent rien coûté à la dignité d'un nonce, s'il n'avait eu affaire aux esclaves des sectes, à des gens qui ne jouissaient même pas de leur libre arbitre. Mgr Czacki n'a réussi alors qu'à faire expulser du ministère M. de Freycinet, le plus spirituel des républicains et le mieux intentionné à l'égard de l'Église ; et cette expulsion préalable n'a pas prévenu celle des Ordres religieux ; au contraire, elle l'a préparée.

A Rome, au milieu de ces diplomates de haute éducation, dans cette grande famille politique, le cardinal Czacki vit comme en son élément naturel ; nul ne trouve mauvais qu'il prenne part encore aux affaires, même de cette manière intime et officieuse.

Seulement, le cardinal a des élèves, et ses élèves ne le valent pas. Il a des élèves journalistes qui écrivent, à la louange du maître, les articles les plus compromettants. Mgr Guthlin, canoniste de l'ambassade de France, un assidu au palais Balestra, passe pour être le porte-voix accrédité et le rédacteur français des inspirations du cardinal.

Ce n'est pourtant pas lui, comme on l'a cru, qui a rédigé une certaine correspondance du *Journal de Bruxelles*, qui alluma la guerre contre le cardinal Pitra. Le rédacteur serait plus élevé en dignité, et le *Fidelis*, qui bafoua le sous-doyen du Sacré Collège, ne serait autre que Mgr Ferrata, nonce à Bruxelles. Je n'en veux rien croire.

Néanmoins, ce nonce relève plus directement du palais Balestra que du Vatican.

Son ambassade à Berne a laissé d'étranges souvenirs en Suisse. Voici ce qu'on raconte — je ne garantis que ce que j'ai vu.

Le plénipotentiaire du Saint-Siège arriva, un beau matin, sans être annoncé, vêtu d'un veston de voyage, et sa première visite fut pour M. Arago, l'ambassadeur de France, à qui il remit toute la conduite des négociations. Il s'agissait de « lâcher » Mgr Lachat, évêque de Bâle, de le remplacer par un évêque, qui ne déplût pas aux « vieux catholiques », de détacher le canton du Tessin du diocèse de Côme, en un mot de tout concéder au Conseil fédéral. M. Arago se chargea sans peine d'une entremise facile, et Mgr Ferrata n'opina que du petit chapeau; il n'avait dans ses malles, ni bonnet, ni barette.

A son retour, je rencontrai le diplomate dans une antichambre du Vatican. Je le félicitai par politesse de la conclusion des affaires suisses, conclusion que je m'abstenais à dessein de qualifier. Il m'interrompit vivement :

— Dites donc que je m'en suis tiré à la satisfaction de tous et à l'honneur du Saint-Siège.

Un hochement de tête fut toute ma réponse.

J'ai vu depuis Mgr Lachat, administrateur du Tessin, archevêque de Damiette. Il y a du moins un Suisse que l'ambassade de Mgr Ferrata n'a pas complètement satisfait.

En récompense cependant, l'élève diplomate du cardinal Czacki fut envoyé à Bruxelles. C'est le chemin de Paris, en passant par le Saint-Gothard et le Tessin. Mgr Ferrata vient de se faire annoncer à Paris par une lettre de félicitations à l'archevêque de Rouen.

Mais son entrée à Bruxelles n'eut qu'une vague ressemblance avec celle de ce nonce de Vienne, qui, en d'autres temps troublés, ne consentit jamais à rien sacrifier du cérémonial d'usage, préférant s'exposer à un affront personnel, plutôt que de laisser humilier la majesté du Saint-Siège par une diminution de l'appareil traditionnel.

Les journaux romains reçurent l'ordre de ne pas annoncer le départ de Mgr Ferrata. J'y obéis scrupuleusement, comme toujours. Le nonce avait peur des manifestations libérales.

Aussi Mgr Ferrata endossa-t-il encore une fois le petit veston de la prudence. Il débarqua à Bruxelles dans l'attirail d'un commis voyageur; et le plus malin des Belges n'eût jamais flairé en lui un envoyé du Pape, ni un archevêque. On ne connut sa présence en Belgique que par le récit retardé à dessein de l'audience royale. C'est de l'humilité.

Le cardinal Czacki compte encore dans la carrière des nonciatures quelques autres amis, qu'il se plaît à diriger.

Mais son action principale s'exerce sur les ambassadeurs et sur la presse. Il a de nombreuses relations avec l'Allemagne, qu'il s'attache à flatter, quoique Polonais ; parce que Polonais. Ses compatriotes sont ses ennemis naturels, et l'un d'eux a publié sous le titre de : *Il Cardinale Miro*, abréviation de *Wladimiro*, prénom du cardinal, une brochure fort méchante, assurément calomnieuse en certains points. Mais l'habile cardinal a cherché à tourner au profit de son influence des accusations qui le présentaient comme un homme-lige de la Russie et de l'Allemagne. On le servait en le calomniant.

Le cardinal Jacobini n'aime guère la concurrence de son collègue. Les articles du *Figaro* et du *Journal de Bruxelles* lui déplaisent fort, et il en cherche curieusement les auteurs. D'autre part, le cardinal Czacki s'exprime avec dédain sur le compte du *Moniteur de Rome*, dont il se plaît à souligner les innombrables maladresses. Ses journaux, à lui, sont au dehors et plus répandus.

La secrétairerie d'État du palais Balestra, a beau ne pas dépendre de Sa Sainteté, il n'en faut pas moins compter avec elle. Les ambassadeurs le savent bien, et le *Figaro* est une puissance, surtout à Rome et au Vatican.

CHAPITRE QUATRIÈME

LA COUR DU VATICAN. — LES PÉRUGINS

SOMMAIRE

L'Église catholique, apostolique et pérugine. — La diplomatie pérugine. — Rapide carrière des Pérugins. — Leur politique. — Mgr Boccali. — Le cardinal Laurenzi. — Le cardinal Schiaffino. — Genèse d'une brochure. — Mgr Rotelli.

De méchantes langues ont prétendu que Léon XIII a changé le nom de l'Église, et qu'elle doit désormais s'appeler l'Église catholique, apostolique et pérugine. C'est trop dire. Rome a subi d'autres invasions; elle n'a pas cessé d'être romaine, et la domination pérugine passera comme les autres.

Les Pérugins ne pouvaient guère prévoir ni leur grandeur, ni leur célébrité, ni leur impopularité. Les voilà passés dans l'histoire à la suite de leur Maître. Ils forment une école dont le nom leur survivra. Dans un siècle peut-être, leur politique aura gardé leur nom, et certains diplomates seront encore nommés pérugins. M. Grévy a un prophète qui s'appelle Wilson;

Léon XIII en a plusieurs qui s'appellent les Pérugins.

On peut être pérugin sans être de Pérouse ; ainsi Mgr Galimberti, ainsi Léon XIII lui-même, leur chef, qui est de Carpineto. Mais la plupart des pérugins sont descendus de l'Ombrie. Le comte Charles Conestabile formait dans l'espèce la variété laïque, prématurément éteinte avec lui. C'était aussi l'enfant terrible et gâté de la famille. Tous les Pérugins survivants sont pourvus de dignités ecclésiastiques.

J'imagine que les Tarquins aussi, lorsqu'ils sont venus de Tarquinie à Rome, ont amené avec eux des Étrusques, et que ces Étrusques se sont partagé les dignités et les charges de la monarchie. Seulement Rome alors n'était qu'une ville naissante et sa puissance grandissait à peine. Aujourd'hui le Vatican est la montagne prédite par Daniel qui couvre toute la terre. On voudrait que le sommet en fût large et accessible à tous. Léon XIII y a installé une tribu privilégiée. Avec lui l'évêché de Pérouse s'est enflé tout d'un coup ; l'évêque étant devenu Pape, le vicaire général, Mgr Laurenzi est devenu cardinal, le secrétaire particulier, Mgr Boccali, est passé « auditeur du Très Saint », les chanoines de la cathédrale ont été changés en cardinaux, en nonces, en archevêques. Ce n'est pas le Saint-Siège qui a absorbé Pérouse, c'est Pérouse qui s'est annexé le Vatican.

Voici la raison de ce phénomène :

La carrière de Joachim Pecci a été brillante et rapide à ses débuts. La délégation de Bénévent, la courte nonciature de Bruxelles avaient donné au jeune prélat une idée assez haute de ses talents. Puis, tout à coup, le voilà enfermé dans Pérouse, où la méfiance du cardinal Antonelli le détient jusqu'à sa vieillesse. Une prison prolongée devient agréable; les amitiés s'y soudent pour toujours, comme au collège ou à la caserne. Léon XIII aima Pérouse, qui pour lui pendant quarante ans résuma le monde entier; les riantes montagnes de l'Ombrie bornèrent sa connaissance des hommes et des choses. Le talent du cardinal de Pérouse surpassait la charge de son petit diocèse; il s'y complaisait en son passé; son entourage l'admirait, fier à bon droit d'un tel cardinal, et le cardinal trouvait en ces hommages une consolation à sa retraite. Quoi de plus humain? Quoi de plus naturel? De plus, le cardinal de Pérouse boudait Pie IX, et ses amis de Pérouse en voulaient au Pape qui laissait dans l'ombre d'une petite province un si grand évêque. Le cardinal Pecci exprimait fort librement son opinion sur Pie IX.

Plusieurs témoins auriculaires m'ont rapporté le propos suivant. Comme un maladroit, s'extasiant devant le cardinal Pecci sur la longévité de Pie IX, s'écriait : « C'est un miracle que Dieu fait pour le salut de l'Église », le cardinal murmura : « Qui sait si ce n'est pas pour son châtiment? ». Le cardinal Pitra n'en a jamais tant dit... ni moi non plus.

L'évêché de Pérouse formait donc, sous Pie IX, une petite cour d'exil, une cour frondeuse. C'était Cambrai pendant la disgrâce de Fénelon. Les mandements de l'évêque affectaient déjà des allures d'Encycliques. On y prenait le contre-pied de la politique d'Antonelli. J'imagine, malgré les dénégations officielles, que les Piémontais victorieux y apparurent un instant en

1870, sinon comme des libérateurs, du moins comme les fléaux de Dieu.

Rien ne cimente l'amitié autant que l'opposition ; et quand l'opposition a pour chef-lieu un petit pays, où l'on demeure confiné, le ciment qui s'y forme reçoit une solidité indissoluble. Le cardinal Antonelli mourut, le cardinal Pecci devint camerlingue. Les opposants revinrent à l'espérance. En France, Mgr Dupanloup se prenait à respirer; il correspondait intimement avec le nouveau camerlingue; la minorité du Concile méditait des revanches. Elle avait appris la prudence et la réserve, mais elle se préparait tacitement. Un coup de soleil mit en lumière l'évêque de Pérouse. La *Préface au Conclave*, de M. Louis Teste vint inopinément désigner le cardinal Pecci aux cardinaux étrangers comme le plus papable des cardinaux. Dès longtemps l'élection était travaillée et préparée en Italie.

Joachim Pecci changea de prison ; il passa de Pérouse au Vatican, apportant avec lui le fruit de longues méditations solitaires, ce qu'on pourrait appeler les préjugés de l'exil, amenant aussi ses fidèles, ses dévoués amis. L'épiscopat de Pérouse, depuis huit ans, se continue à Rome. On y fait encore une oppositions mais une opposition souveraine, à la mémoire de Pie IX. Ainsi, les vieux républicains de France arrivé au pouvoir ne s'accoutument guère à leur fonction nouvelle de gouvernants; ils s'insurgent toujours contre l'Empire. Ainsi Blanqui s'obstinait à conspirer même quand son parti triomphait; il vivait encore, étant libre, sa vie de Clairvaux. Je rapproche, je ne compare pas.

L'élection fut un coup de fortune pour les Pérugins; ils en profitent. Mais, comme le Maître, ils n'ont du monde extérieur qu'une connaissance abstraite et théorique. Ils ne connaissent bien que leur petit monde à eux. Ils le ferment et le restreignent autant qu'ils peuvent, avec la jalousie de gens longtemps malheureux qui se trouvent bien sur le tard. Ils n'admettent que les porteurs du mot d'ordre. C'est grâce au mot d'ordre livré par le comte Ch. Conestabile, que Mgr Galimberti a reçu ses lettres de naturalisation pérugine.

Du reste, les Pérugins d'origine ne manquent ni de sincérité ni de bonnes intentions. Fidèles à leur chef, ils croient de toute leur âme à l'excellence de la politique longuement ruminée à Pérouse.

Qu'est-ce que la politique pérugine?

Elle est fondée sur la conviction qu'entre l'Église et le monde moderne, c'est-à-dire révolutionnaire, il y a non pas contradiction de principes, mais simple malentendu. Les Pérugins sont persuadés que le malentendu a été jusqu'à eux fomenté par l'intransigeance de Pie IX et de ses prédécesseurs, à partir de Pie VII. Il faut donc, pour le dissiper, faire des avances indistinctement à tous les hommes de la Révolution. Plus confiants dans la diplomatie apprise à l'école de Machiavel et dans l'histoire d'Alexandre VI que dans la vertu du dogme et des traditions, ils travaillent à se rendre agréables, à force de politesses et de concessions, à leurs adversaires. C'est de la politique abstraite, de la diplomatie de manuel, apprise dans les traités, non dans le commerce des hommes. C'est ainsi que

Mgr Czacki, nonce à Paris, croyait, de bonne foi, « rouler » M. Gambetta, en l'appelant « son cher, son meilleur ami », ainsi, Mgr Rotelli, pérugin de pur sang, s'est flatté de terminer le schisme grec en savourant les sorbets du patriarche schismatique de Constantinople. Léon XIII s'est toujours figuré qu'une lettre autographe et une audience princière aplaniraient toute difficulté politique et théologique entre le Saint-Siège et l'Allemagne. La politique pérugine espère, à force d'adresse, induire la Révolution à croire qu'entre elle et l'Église, il n'y a pas divergence essentielle, et faire ainsi rentrer la Révolution dans l'Église, sans imposer à celle-ci ni à celle-là aucun sacrifice de fond. Un Concordat universel où les principes de 89 seraient accommodés avec les principes fondamentaux de l'Église, tel est le rêve de la politique pérugine.

Le malheur est que nous avons bien vu les concessions de l'Église : nous attendons encore celles de la Révolution. Nous avons vu la Révolution sourire à ces avances de la diplomatie pérugine, l'encourager à aller plus avant, faire, à grands renforts de réclame, une réputation d'habileté, de sagesse, de génie, aux hommes d'État du Saint-Siège ; mais nous attendons toujours qu'elle offre à son tour en échange la réalité d'avantages concrets. Nous voyons bien l'Église aller à la Révolution, du moins aux hommes de la Révolution, nous ne voyons pas la Révolution aller à l'Église. Quel résultat a été obtenu ? Où la persécution a-t-elle été arrêtée ? Est-ce en France ? Est-ce en Russie ? Est-ce en Allemagne ? Qu'est-ce que cette habileté qui ne réussit, qui n'aboutit jamais ?

On nous dit : « Nous avons évité de grands maux ». Quel mal plus grand peut accabler l'Église que la tiédeur de ses fidèles et l'abandon d'elle-même? Mais la diplomatie pérugine peut-elle se flatter d'avoir pesé d'une once dans l'ajournement de la séparation de l'Église et de l'État en France ? Au contraire, elle a laissé poser et mûrir la question. On fera la séparation quand l'Église ne sera plus assez forte pour la supporter. Et cet affaiblissement, on y prête la main.

Léon XIII a imaginé pour l'Allemagne la théorie du *pari passu*, des concessions réciproques. Et nous assistons à un spectacle étrange. Le Pape, représentant d'une puissance par nature immobile et immuable, qui n'est éternelle qu'à la condition même de garder l'immobilité et l'immutabilité, c'est le Pape qui marche, qui se déplace, qui répète à satiété : « *Possum, possum!* » et c'est la puissance civile qui s'enferme dans l'invariable : *Non possumus!*

C'est qu'au fond, entre l'Église et la Révolution, l'accord peut bien s'établir sur certains mots, sur certains usages, mais jamais on ne s'entendra sur le sens des mots ni sur les choses. L'Encyclique *Immortale Dei* n'a fait que des concessions de formule ; elle a permis aux catholiques quelques pratiques chères à la Révolution ; mais, fidèle à la tradition, elle leur interdit d'y apporter l'esprit révolutionnaire, et de leur attribuer la portée essentielle que veut la Révolution. Un catholique peut participer aux votes du suffrage universel, sous une monarchie ou sous une république parlementaire ; mais il n'a pas le droit de se croire souverain, ni créateur de souverains. Il peut faire partie du nombre qui vote, qui désigne le souverain ; il ne peut pas croire à l'infaillibilité de la multitude, ni à la puissance constituante d'un vote. C'est donc un fantôme de conciliation, qui ne trompe ni les catholiques ni leurs ennemis.

Mais ces concessions de formules et de pratique contentent la Révolution, sans la rapprocher de l'Église. Elle accepte ce qu'on lui accorde, elle ne rend rien. Elle voit dans cette politique un recul de l'Église et un triomphe de sa propre force. La diplomatie pérugine a retourné la grandiose épopée de Canossa. C'est elle qui attend les pieds nus, dans la neige, le bon plaisir et le pardon de la puissance civile. On la fait attendre, on la laisse mourir de froid et d'inanition ; il est vrai qu'on lui lance, à travers la porte, de grands compliments, des témoignages d'admiration et qu'on présente en modèle à l'histoire la Papauté qui se morfond.

Les Pérugins ne voient pas si loin : ils n'entendent que les louanges de leurs ennemis ou de leurs amis intéressés ; ils comptent sur la docilité des catholiques. Ils spéculent encore sur la discipline plus que militaire imposée au temps de Pie IX, et à l'usage de Pie IX ; sur ce que leurs amis de France ont appelé « le Césarisme du Saint-Siège, » et « le culte de latrie » rendu au Pape, et ils croient affirmer leur autorité par des actes violents. L'obéissance, ils l'ont ; mais l'adhésion secrète des cœurs leur manque. Du côté des ennemis, ils n'ont rien gagné. Du côté des amis, ils ont beaucoup perdu.

Ils ont voulu jeter un pont entre l'Église et la Révolution, entre le Vatican et le Quirinal. On passe par ce pont, mais d'un seul côté : l'Église et le Vatican se dépeuplent, tandis que la Révolution et le Quirinal sont encombrés des déserteurs de l'Église !

Les Pérugins n'ont d'oreilles que pour ce vain tumulte d'applaudissements dont le *Moniteur de Rome*, la *Défense*, le *Français*, unis à toute la presse révolutionnaire, saluent leurs moindres actes. Ils ne sentent que l'encens libéral qu'on brûle devant eux. Ils s'en enivrent.

Ils ne se doutent pas que, malgré l'Encyclique *Humanum genus*, ils font les affaires de la franc-maçonnerie, comme personne dans l'Église ne les a jamais faites avant eux.

Gens de bonne foi, il leur manque la connaissance du monde, il leur manque d'être sortis de l'école, il leur manque la méfiance d'eux-mêmes et de leurs adversaires.

Le plus considérable des Pérugins, non par la dignité, mais par l'influence personnelle est Mgr Boccali.

Doué d'un visage angélique, Mgr Gabriel Boccali est le type de l'enfant de chœur. Il semble toujours dire : « J'ai nom Eliacin. » Quel âge a-t-il? Douze ans ou cinquante? Son ami, le prêtre qui signe *Simmaco* dans la *Rassegna*, l'a surnommé dans un jour d'irrévérence le *ragazaccio*. Il a l'allure d'un séminariste réfractaire. Il marche les yeux baissés, l'air contrit; sa voix est douce et ses politesses prennent une durée infinie. Il paraît toujours demander à son interlocuteur pardon d'être au monde, pardon d'être quelque chose et quelqu'un, pardon d'être tout-puissant! Car il est tout-puissant, et devant cet Eliacin, tout tremble au Vatican, depuis le cardinal jusqu'au dernier suisse.

Il a passé sa vie à côté du Maître : secrétaire au sortir du séminaire de Pérouse, il est devenu camérier participant du Pape, *coppiere*, secrétaire toujours, puis auditeur du Très-Saint, secrétaire encore. Il est auprès de son Maître ce serviteur qui ne compte point et qui peut tout.

Les autres Pérugins, plus grands, plus considérables, sont moins puissants, parce que le Pape, voulant être absolu, se défend du talent et de l'initiative ; mais de Mgr Boccali, qui n'est rien, si doux, si modeste, si nul, on ne se méfie point.

C'est lui qui décachète le courrier du Pape, apporté chaque jour au Vatican, dans un grand portefeuille scellé par le maître des postes pontificales, S. Ex. le prince Camille Massimo. C'est Mgr Boccali qui remet au Pape, ou lui intercepte les lettres, les requêtes, les suppliques. C'est lui qui fait le rapport sur le courrier et le rapport conforme à la politique pérugine. Avant d'être le prisonnier du roi Humbert, le Pape est le prisonnier de Mgr Boccali.

Comme l'omnipotence de Mgr Boccali est connue, on s'adresse souvent à lui pour obtenir une audience du Pape. C'est le moyen de l'avoir tout de suite ou jamais.

J'ai cru, dès mon arrivée à Rome, trouver en Mgr Boccali, mon plus zélé protecteur. Que de grâces, que de politesses ! Avec quel sourire mouillé, il s'informait de ma famille, de mes chers petits enfants ! — Vous devez voir le Pape, me disait-il : je veux que vous voyiez le Pape. — Au bout d'un mois, je n'avais pas vu le Pape. Je vais trouver mon protecteur, Mgr Boccali :
« Votre audience était obtenue, mais votre rédacteur,

M. de Maguelonne, vient de publier une correspondance dans le *Pèlerin* qui a déplu au Saint-Père. »

— Eh! que m'importe? M. de Maguelonne écrit ce qui lui plaît. En dehors du *Journal de Rome*, je n'ai rien à y voir.

— Oh! c'est un retard de quelques jours. Je dirai au Saint-Père que vous n'êtes pour rien dans la lettre de M. de Maguelonne.

Un autre mois se passe.

— Eh bien! me dit le tendre Mgr Boccali, le Saint-Père m'a donné l'ordre de vous réserver le premier jour d'audience disponible. En ce moment, Sa Sainteté est si occupée! Mais le Pape vous aime et vous admire.

Un autre mois se passe; je vais présenter mes compliments de nouvel an à l'Éminence violette.

— Et votre audience? me dit-elle.

— Monseigneur, je ne vous en parle plus.

— Mais moi, je vous en parle. Vous l'aurez, cher monsieur; un peu de patience. Vous autres Français, vous êtes toujours pressés.

— Mais non, Monseigneur, je ne suis pas pressé; vous avez bien voulu vous charger de cette affaire, j'attends patiemment.

Le lendemain, le *Moniteur de Rome* publie une note déclarant que, malgré tous mes efforts, et toutes mes tentatives réitérées, je me suis vu fermer la porte du Pape. Je commence à douter de Mgr Boccali. Je cours au Vatican.

Mgr Boccali est un peu plus pâle, un peu moins humble que de coutume.

— Ce n'est pas moi qui ait rédigé cette note!

— Qui vous en accuse, Monseigneur ?
— Non, mais vous pourriez croire....
— Je ne crois que ce que je vois ; cette note m'oblige seulement à réclamer comme un droit ce que j'attendais comme une faveur. Si d'ici à huit jours, je n'ai pas été mandé par Sa Sainteté, la note est confirmée.

Huit jours se passent, rien. Je n'ai plus mis le pied chez Mgr Boccali.

Mais moins d'un mois après, un subalterne du Vatican m'introduisait auprès du Pape, qui m'accueillit avec beaucoup de bonté, me demandant pourquoi j'avais tant tardé à lui présenter mon hommage.

Le beau-frère de Mgr Boccali est administrateur du *Moniteur de Rome*, une sinécure. De plus, il est employé à la bibliothèque vaticane, où le cardinal Pitra le trouva un jour installé.

— Que venez-vous faire ici ? lui demanda-t-il.
— Je ne sais pas.
— Savez-vous au moins le grec, le latin, le français ?
— Non, Éminence.
— L'hébreu, le syriaque, l'arabe ?
— Non, Éminence.
— Alors....
— Je suis le beau-frère de Mgr Boccali.

Le cardinal s'inclina ; la raison était péremptoire.

Beau-frère de Mgr Boccali, neveu du cardinal Jacobini, cela donne droit à des appointements au *Moniteur de Rome*, à des places au Vatican. C'est un titre suffisant de créance sur le denier de Saint-Pierre.

Mgr Boccali possède un art merveilleux pour inspirer au Pape les opinions qu'il croit convenables sur le personnel catholique. Comme tous les hommes impérieux, Léon XIII est très facilement gouvernable. Il suffit de connaître la méthode.

Voici celle employée par Mgr Boccali. Veut-il ruiner dans l'esprit du Pape un personnage qui gêne les Pérugins, un intransigeant? Pendant huit jours, Mgr Boccali fatigue le Pape d'un éloge incessant et outré du personnage.

Le Pape, jaloux de l'indépendance de ses jugements, conçoit d'abord quelque velléité de révolte contre ce phénix, qu'on prétend lui imposer. Quand l'impatience de Léon XIII est à point, Mgr Boccali découvre tout à coup mille défauts imprévus à celui qu'il louait. Le Pape est enchanté d'avoir de lui-même suspecté l'ami de son ami, et le résultat est obtenu.

C'est ainsi que Mgr Boccali règne et gouverne, c'est ainsi qu'il est terrible.

On n'a d'ailleurs jamais entendu dire que ce doux prélat ait rendu un service à qui n'était ni pérugin, ni affilié au péruginisme, ni membre de sa famille. Mais il a porté à quiconque contrarie la domination pérugine des coups dont on ne guérit pas. Il y a une âme d'athlète dans ce corps frêle ; une passion de partisan chez cet ingénu.

> J'admirais sa douceur, son air grave et modeste,
> J'ai senti tout à coup un homicide acier....

... Racine allait dire une impertinence.

Après Mgr Boccali, le plus puissant des pérugins est le cardinal Laurenzi, ancien vicaire général, ancien évêque auxiliaire de Pérouse. Un des premiers soins de

Léon XIII a été de le créer cardinal, réservé *in petto*. S'il ne l'a déclaré que l'année dernière, c'est qu'il a voulu le conserver plus longtemps en ses conseils secrets, comme secrétaire de la Congrégation du Saint-Office, dont le Pape est préfet.

Le cardinal Laurenzi est un fort bel homme, de haute taille, les traits assez nobles, encadrés dans une belle chevelure grise. Il semble fort content de sa personne et de sa situation. Au Consistoire où il reçut le chapeau, sa physionomie rayonnait d'un air de jubilation, qui contrastait avec la mine humble et contrite de ses collègues de promotion. Il est vrai que leur fortune était, à tous égards, moindre que la sienne. Leur élévation à la pourpre récompensait une vie héroïque, comme celle du cardinal Massaïa, ou de longs et âpres travaux, comme pour les cardinaux Masotti et Verga. Le cardinal Laurenzi ne devait la sienne qu'à une faveur de cour, à sa subordination au Souverain. En outre, les autres cardinaux trouvaient dans leur chapeau moins d'avantages que le cardinal Laurenzi dans le sien.

Les politiques disent de l'Éminentissime Laurenzi que c'est un théologien, et les théologiens que c'est un politique. Au fond, ce n'est qu'un excellent élève, passé professeur, et un fidèle reflet. Il est le préfet, le censeur de l'école de Pérouse. Il n'en est jamais sorti. Son regard n'a jamais dépassé l'horizon de sa ville natale, et c'est encore Pérouse qu'il trouve au Vatican. Il ignore toute langue, toute littérature étrangère ; encore dit-on que, s'il parle italien, s'il écrit le latin, c'est toujours en pérugin. On a bien accusé Tite-Live de patavinité!

Cette ignorance du monde extérieur a sans doute empêché la nomination du cardinal Laurenzi à la secrétairerie d'État. M. de Schlœzer, qui a dû, un moment, négocier avec lui, n'a pu non plus s'entendre avec S. Émi^{nce} qu'avec le secrétaire d'État.

Prélat pieux et austère, le cardinal Laurenzi, avec les dons qu'il a reçus de la nature, a choisi, en somme, le meilleur parti. Il a renoncé à savoir et à penser par lui-même : il a absorbé sa personnalité dans la personnalité supérieure de son maître. Il n'a eu qu'à se laisser porter, ce qui est plus prudent que de voler de ses propres ailes.

Lorsque survint la disgrâce du cardinal Pitra, quand on doutait de la soumission du bibliothécaire de la sainte Église, on accusait le cardinal Laurenzi de se distinguer par son âpreté contre son éminent collègue. Il était en effet le successeur désigné de l'Émi^{nce} Pitra à la bibliothèque. C'eût été un prétexte pour lui attribuer un logement au Vatican, pour le rapprocher plus intimement de son souverain bien-aimé. La soumission du cardinal Pitra a anéanti ces nobles espérances.

Un autre Pérugin, plus intéressant encore, c'est le nouveau cardinal Schiaffino. Il ne faut pas lui en vouloir de son élévation : il l'a attendue longtemps ; il l'espérait immédiate. Il possède en effet, dit-on, une lettre où le cardinal Pecci, lui témoignant sa tendresse, le déclarait dès lors digne de la pourpre. Il a appris, aux dépens de sa patience, que les Papes oublient parfois les promesses des cardinaux.

La direction de l'*Aurora* a mis Mgr Schiaffino en

lumière, mais a retardé sa carrière. La destinée de ce journal a été mélancolique. Le péruginisme s'y étalait avec trop peu de ménagement. Les catholiques romains étaient scandalisés. Mgr Schiaffino s'entendait trop bien avec le jeune comte Conestabile, et il le savait trop influent pour oser le modérer. Il laissa passer la fameuse phrase : « L'Eglise n'est pas avec les partis vaincus. » Ce fut lui pourtant qui dut la réparer par un article d'excuses. Les Pérugins ont appris la diplomatie dans l'*Aurora*, à leurs dépens, et Mgr Schiaffino n'a pu obtenir le chapeau que le jour où le péruginisme s'est cru assez fort, a cru l'Église assez identifiée à ses principes pour se passer de précautions et de diplomatie.

La gestion financière de l'*Aurora* n'a pas été plus heureuse que sa direction politique. Une note à payer de 35,000 francs, montant des dettes contractées par le journal, refroidit l'amour de Léon XIII pour sa création et pour sa créature. Le temps n'était pas encore venu où le Denier de Saint-Pierre se gaspillerait par centaines de mille francs dans des journaux sans lecteurs, comme le *Moniteur de Rome*. L'*Aurora* n'était qu'un essai dans ce genre. Le *Moniteur* a réalisé l'idéal. L'*Aurora* a valu à Mgr Schiaffino de nombreux quolibets. Les mauvais prêtres qui rédigent les *notes vaticanes* dans la presse du Quirinal l'avaient adopté comme plastron, et le surnom, immérité sans doute, de Mgr *Fiaschino* (petite bouteille) lui est resté.

Mgr Schiaffino fut appelé, après la chute de l'*Aurora*, à la présidence de l'Académie noble ecclésiastique. C'est l'école où le Saint-Siège forme ses diplomates :

c'est là que se recrute « la grande carrière ». Le poste marquait la confiance de Léon XIII en son ami. Assisté de Mgr Talamo, Mgr Schiaffino fit de l'Académie noble une école supérieure de conciliation déguisée et d'italianisme raffiné. On y enseignait les plus belles doctrines sur le pouvoir temporel, sur la légitimité et les limites du système concordataire; mais aussi l'art des accommodements avec le fait accompli, la méthode subtile pour éluder la rigueur des doctrines, et en tourner l'absolutisme, tout en le respectant. Le péruginisme a envahi toute l'Académie noble, et la diplomatie future du Saint-Siège est vouée pour longtemps à la résolution des antinomies. On a accusé Rosmini d'être un hégélien déguisé, parce que Hegel, comme Rosmini, comme les Pérugins, excellait dans la science d'accorder les contradictoires.

Un chef-d'œuvre de cette sorte est une brochure en français sortie de l'Académie noble et due à la plume d'un jeune prêtre hollandais.

Ce jeune prêtre, né d'une des plus hautes familles des Pays-Bas, avait renoncé en son pays à la carrière diplomatique, s'était même brouillé avec ses parents, pour se vouer au service du Saint-Siège. Fervent disciple de Joseph de Maistre, il apportait à Rome toutes les illusions d'un néophyte. Il croyait trouver, à l'ombre du Saint-Siège, la pleine rigueur des principes dont l'Eglise passe pour être la gardienne austère et incorruptible. Il était venu trop tôt ou trop tard à Rome. Admis à l'Académie noble, il se trouva soumis aux tentations, aux alternatives capiteuses de la *thèse* et de l'*hypothèse*. Il résista comme il put. Enfin, voulant se signaler par un ouvrage retentissant, il entreprit un traité succinct sur le pouvoir temporel.

Un Pérugin, Mgr Rotelli, et un semi-Pérugin, Mgr Galimberti, avaient déjà traité le sujet, au début du règne, en des brochures corrigées, dit-on, par le Pape, et qui reprenaient, en les développant, les projets de M. About, mis à l'*Index* sous Pie IX.

Le jeune abbé V. D. ne se laissa pas déconcerter. Prenant la question sous son aspect juridique, il établit sur l'histoire et sur le droit des gens, les revendications du Saint-Siège. La démonstration était forte et saisissante, sans être neuve. Ce qui est neuf, c'est la conclusion répondant à de semblables prémisses. La conclusion était que : le droit du Pape établi, le fait de l'unité italienne étant définitif, il ne reste qu'à amalgamer ensemble le fait et le droit, à faire embrasser le roi Humbert et le Pape! Le tout s'appelle : l'*Alliance Italo-papale!*

L'abbé V. D. me communiqua la brochure; il me demanda même d'en reviser et corriger le style français.

— Eh quoi! lui dis-je, est-ce vous qui écrivez cela? Avez-vous trouvé tout seul cette conclusion? Tel que je vous connais et vous aime, c'est impossible.

— Hélas! Mgr Schiaffino m'a menacé d'un refus d'*imprimatur*, si je ne concluais pas ainsi, et c'est Mgr Talamo qui m'a dicté la dernière partie.

— Est-ce donc là ce qu'on vous enseigne à l'Académie noble?

— Oh! non; je n'aurais jamais osé publier ce qu'on nous enseigne... C'est par transaction qu'on a autorisé la première partie en faveur de la seconde. Encore Mgr Schiaffino est-il outré de mon intransigeance !

Je remis poliment son manuscrit à M. l'abbé V. D. Je ne voulais collaborer, même d'une virgule, à cet étrange assemblage, à ce monstre, moitié femme, moitié poisson. Je fis, dans le *Journal de Rome*, l'éloge de la première partie, de la discussion juridique. Je tus la conclusion. Je crois bien que le *Moniteur de Rome* fit exactement le contraire. Il y en avait pour tous les goûts. Celui de Mgr Schiaffino et du *Moniteur de Rome* n'était pas le mien.

Voilà donc Mgr Schiaffino devenu cardinal ! Il méritait d'entrer au Sacré Collège, escorté des Eminentissimes Battaglini et Capecelatro. Avec le cardinal San-Félice, ils formeront au prochain conclave la légion de Savoie.

Quand les Pérugins avancent, ils avancent vite. Mgr Schiaffino est resté juste six mois titulaire du secrétariat de congrégation, qui a rendu sa promotion possible.

De même, Mgr Galimberti est resté quelques semaines consulteur des affaires ecclésiastiques extraordinaires, avant de passer secrétaire de la Congrégation. Léon XIII a l'impétuosité des timides et des hésitants. Il retarde longtemps, puis il part, en se bouchant les yeux et les oreilles.

Il y a d'autres Pérugins, investis à un moindre degré de la confiance pontificale. Je n'ai pas la prétention d'écrire un traité sur le péruginisme ni de livrer au public une galerie complète. Je m'adresse à ma seule mémoire. Cependant je ne puis omettre un mot sur un des Pérugins les plus en faveur, sur Mgr Rotelli, délégué apostolique à Constantinople.

Je n'ai l'honneur de le connaître que par sa brochure sur un accommodement possible entre le Pape et l'Italie; le Pape se contenterait de Rome, ou même de la cité Léonine avec une allée d'arbres conduisant à la mer. On dit que telle est l'idée personnelle de Joachim Pecci. C'était celle aussi de M. About; mais ce ne peut être, ce ne sera jamais celle du Pape. Léon XIII l'a solennellement déclaré à l'excellent et naïf M. Eugène Rendu.

La constitution de l'Église et les serments jurés s'y opposent.

Mais Mgr Rotelli a rêvé une bien plus grandiose conciliation, celle du schisme grec avec l'Église romaine; ses amis osent dire impertinemment : les deux Églises. Le rêve est beau; l'avenir le réalisera; les promesses divines ne laissent aucun doute : *Unus pastor, unum ovile*. Les schismes seront réconciliés, les hérésies vaincues, au jour où l'antéchrist sera écrasé et où la bête sera détruite.

Léon XIII a noblement travaillé à cette réunion nécessaire de l'Orient et de l'Occident. Il a accueilli magnifiquement le pèlerinage des Slaves; il a accru les honneurs rendus aux apôtres du monde slave, les saints Cyrille et Méthode. Il a ordonné des prières pour la fin du schisme. Aucun Pape n'abandonnera cette tâche vraiment divine; aucun Pasteur ne cessera de rappeler au bercail commun les pasteurs et les brebis égarées.

Mais Mgr Rotelli, confiant dans la méthode pérugine, a cru qu'à lui tout seul il viendrait à bout du schisme.

Il a rendu visite au nouveau patriarche de Constantinople : il est devenu l'hôte du Phanar. Le patriarche, qui, dit-on, est un bon vivant, a rendu la visite, et *inter pocula*, Mgr Rotelli s'est flatté de convertir le délégué du Czar à Constantinople !

A en croire le *Moniteur de Rome*, la chose serait déjà faite ou presque faite.

Hélas !

Mgr Rotelli a refusé la nonciature de Bruxelles. Est-ce prudence personnelle ? Est-ce volonté d'achever la conversation du patriarche grec ? On ne sait. Les soupers du Phanar et les émeutes de Bruxelles ont sans doute concouru au maintien de Mgr Rotelli à Constantinople.

Son prédécesseur, Mgr Vincent Vannutelli, aujourd'hui nonce à Lisbonne, avait été moins ambitieux. Il s'était contenté de sceller la réconciliation de Mgr Kuppelian et de mettre fin au schisme arménien. C'est peu de chose peut-être ; mais ce peu de chose, il l'a fait, et Léon XIII en a retiré une grande gloire : ce fut la première, peut-être la dernière victoire diplomatique du pontificat.

Un jour, le *Moniteur de Rome* publie une allocution de Mgr Rotelli, inaugurant une chapelle franciscaine, concédée il y a quatorze ans, sur la demande de l'ambassadeur français. Mgr Rotelli fait l'éloge de la « grande République française, qui protège si efficacement les missions catholiques en Orient. »

C'était précisément l'heure où le cardinal Lavigerie, mendiant sublime, quêtait pour ses pauvres églises françaises de Tunisie, indignement dépossédées par un vote de la Chambre.

La coïncidence était malheureuse.

Avec mille précautions oratoires, je signale l'étrange discours dans le *Journal de Rome*. J'invite Mgr Rotelli à venir à Paris réconcilier « la grande République » avec la religion, tâche évidemment facile pour un diplomate qui s'est flatté d'en finir avec le schisme grec.

J'avoue bien humblement que l'article était ironique. On s'y trompa cependant, et le *Corriere di Torino*, tout dévoué au péruginisme, le reproduisit comme un dithyrambe en l'honneur d'un pérugin.

Le Vatican y vit clair. On m'a dit qu'en lisant cet entrefilet, le Pape se serait écrié : « Ce des Houx savait pourtant bien qu'en s'attaquant à Rotelli, il me frappait au cœur ! »

Non, je ne le savais pas et je ne devais pas le savoir. Je savais seulement que, de tout le monde catholique oriental, arrivaient au Vatican des réclamations contre la diplomatie débile et subtile de Mgr Rotelli ; je savais qu'on réservait à ce prélat la succession prochaine de la nonciature de Paris. Mais j'ignorais que Mgr Rotelli fût si voisin du cœur de Léon XIII, et que l'amitié personnelle du souverain suffit à couvrir les fautes du diplomate.

Du reste, les paroles relatées au *Moniteur de Rome* ont été rectifiées par un télégramme dicté à notre correspondant de Turquie. J'enregistrai la rectification avec joie, et l'incident était clos.

On assure que le Pape en a gardé rancune au *Journal de Rome*. A la lecture de ce malencontreux entrefilet, un illustre cardinal, dont la tendresse pour les Pérugins est médiocre, aurait dit : « On est capable, par représailles, d'envoyer tout de suite Rotelli à Paris ! »

On prétend que Mgr Ferrata, en acceptant le poste de Bruxelles refusé par Mgr Rotelli, a brûlé l'étape, et qu'il est en avance sur son collègue. Je souhaite que le nonce de Paris, quel qu'il soit, puisse faire parmi nous une entrée moins clandestine et plus fière que celle du nonce de Belgique.

CHAPITRE CINQUIÈME

PROMENADE AU PAYS DES ÉTRUSQUES

SOMMAIRE

M. Gaston Boissier et M. Egger. — Corneto-Tarquinia. — Poésie des caractères indéchiffrables. — Supériorité des ruines dans l'architecture. — Manufacture de contrefaçons étrusques. — Le musée de Corneto. — Les fresques et les tombes. — Précieux documents sur les peuples inconnus de l'antiquité. — La crinoline et la mantille en Étrurie. — Singulière perspective. — L'origine de la volute et de la grecque. — Horizons splendides. — Le désert et la faim. — Toscanella. — Marta et le lac Bolsena. — Un macaroni à l'huile de lampe. — Purée d'anguilles vivantes. — Spéculation sur des tombes. — Montefiascone. — Viterbe. — Les brigands et les carabiniers. — Il faut coloniser l'Italie.

Décembre 1883.

Je venais de lire un aimable article de mon maître, M. Gaston Boissier, sur les tombes peintes de Corneto-Tarquinia. De longue date, à l'École normale, j'avais ressenti quelque prédilection pour les Étrusques, les instituteurs de la République romaine. Je les connaissais vaguement par les leçons de mes professeurs, et par les enluminures de M. Noël des Vergers. Je me souvenais de l'embarras où M. Egger nous avait plongés jadis, un de mes camarades et moi, lorsqu'il nous invita à faire un partage, dans un lot de poteries récemment envoyées, entre les vases grecs et les vases étrusques. J'ignorais encore que notre embarras n'avait rien de honteux et que les plus savants s'y trompent... M. Egger assurément tout le premier.

Puis, j'étais las de politique, las de théologie; un frais matin de décembre, je me sentis plus alerte pour marcher que pour écrire. Je consulte une carte de l'Italie : je décide une excursion à Corneto, suivie d'un voyage à pied à travers l'antique Étrurie, entre la station de la ligne de Pise et celle de la ligne de Florence, de la mer Tyrrhénienne au Tibre naissant.

Les préparatifs ne sont pas longs. Mon fidèle factotum, Guillaume, m'accompagnera. Ses jambes sont bonnes; il me suivrait au bout du monde et au delà, s'il pouvait encore m'y servir! Nous allons découvrir des déserts, moins sûrs que le Sahara, mais peuplés de souvenirs plus augustes.

En route pour Corneto, pour l'antique Tarquinie, pour le village d'où sont descendus les premiers civilisateurs de Rome, les immortels architectes de la Cloaca Maxima, peut-être de la prison Mamertine! Pour oublier les vivants, allons trouver les morts en leurs tombeaux. Allons demander à leur sépulcre le secret de leur vie, de leur grandeur, de leur décadence. Allons rêver devant ces inscriptions indéchiffrables, en grec retourné, dont les sons ne disent rien à notre intelligence, mais parlent si éloquemment à notre imagination.

A-t-on fait attention que les inscriptions indéchiffrables sont beaucoup plus intéressantes que les autres? M. Champollion a profané les hiéroglyphes; M. de Rougé dépoétisé les caractères cunéiformes. Que j'aime ces oiseaux, ces barres fantastiques, ces figures étranges d'hommes en gaine! Vous les traduisez? — Ce n'est plus cela. Que me font vos dynasties, et vos plates annales? Les arabesques des Maures sont bien plus jolies que les versets du Coran. Rien de plus décevant qu'une inscription déchiffrée; des lettres illisibles me font palpiter. Parlez-moi d'un secret, je suis ému. Dites-le moi : ce n'est rien! Si le Masque de fer était connu, on l'eût oublié dès longtemps. Peut-être dans trois mille ans, un archéologue passera des heures délicieuses devant l'émail bleu d'une de nos rues ou devant une de ces *défenses* gravées sur nos murs par l'édilité parisienne. Quoi de plus séduisant que ces caractères enchevêtrés qui accompagnent une boîte de thé ou un bâton d'encre de Chine? Les Chinois n'y font pas plus attention que nous au nom de M. Grimaud sur un jeu de cartes, ou à l'estampille de la manufacture de Gien sur une assiette. Les inscriptions ne valent jamais la peine d'être déchiffrées. On n'écrit guère sur les murs et sur les monuments que des sottises, presque toujours des mensonges!

Heureux Étrusques, dont la langue est inconnue! Ce que je préfère dans Plaute, c'est le couplet du Carthaginois. Maudit soit l'archéologue qui nous traduira le phénicien!

De même en architecture, la ruine seule est vraiment admirable. Le Colysée restauré serait mesquin comme le château de Pierrefonds, après M. Viollet le Duc. L'Arc de l'Etoile, l'Opéra de M. Garnier, avec beaucoup de mousse entre les pièces branlantes, la Madeleine, quels chefs-d'œuvre dans quarante siècles ! Saint-Pierre du Vatican tolère tout au plus l'intégrité, et encore...

Mais passons aux Étrusques.

Du côté de l'Étrurie, le désert de la campagne romaine s'étend indéfiniment. Les maremmes continuent l'*Agro romano* jusqu'aux confins des Etats pontificaux, jusqu'à la Toscane. C'est le royaume de la fièvre.

Les collines que longe le chemin de fer jusqu'à l'embouchure du Tibre, et à partir de Palo, le long de la mer, sont incultes : elles ne ressemblent en rien à celles de la Sabine ou du Latium. Dans la plaine, on admire encore le grand bœuf gris aux cornes épiques, mais plus d'aqueducs, plus de ruines.

L'Étrurie n'a laissé que des monuments souterrains : son génie ne vit plus que dans les caves. Les Romains ont rasé jusqu'au sol les édifices de leurs vainqueurs. Les Étrusques avaient-ils pressenti leur destinée mélancolique ? Est-ce pour cela qu'ils ont dissimulé leurs tombes, qu'ils les ont ornées et meublées avec tant de coquetterie ?

Auprès de Palo, à Cervetri, il y a une tombe superbe, dit-on, peut-être celle des Tarquins, la seule où le bas-relief tienne lieu de la peinture murale.

Nous allons droit à Corneto, où nous arrivons à la chute du jour. Au crépuscule, l'aspect de la ville est des plus pittoresques. C'est une vraie forêt de hautes tours carrées. Corneto, élevée sur les ruines de Tarquinie, a connu d'autres gloires au moyen âge. Il n'en reste que la multitude de ses tours et le palais Vitelleschi. Aujourd'hui, elle s'est vouée tout entière au culte de ses morts étrusques : elle en vit. La principale industrie du pays est la contrefaçon des poteries anciennes. Elle a retrouvé le secret des émaux inimitables, des dessins naïfs et savants ; c'est sa manufacture qui fournit une bonne part des antiquités réservées aux Anglais. On la visite d'ailleurs sans peine, et la supercherie est publique. Mais qui va à Corneto, sauf M. Boissier et ses élèves? On y fabrique le vieux plus vieux que nature.

Une journée peut suffire à la visite de Corneto, mais une journée fatigante. L'initiation préalable du musée est nécessaire. On y admire de grandes tombes en terre cuite ou en pierre, dont le couvercle représente d'ordinaire un couple vénérable assis sur un lit : les bas-reliefs sont encore couverts de peintures éclatantes : c'est l'image de combats héroïques, empruntés à la légende homérique. Il nous serait plus précieux d'y trouver l'image de la vie étrusque ; mais chez ces peuples, le naturalisme n'était pas inventé ; le document humain fait défaut, et l'art y est tout classique, consacré aux représentations des héros évanouis.

La municipalité de Corneto a eu, du moins, le bon goût de n'orner son musée que d'objets mobiliers. On n'a pas fait comme à Naples, qui s'est enrichie des fresques pompéiennes, aux dépens de Pompéi, plus ruinée, plus dévastée, par les archéologues napolitains que par le Vésuve.

Les fresques de Corneto sont restées en place. On n'en a pris que des copies pour les musées.

Pour visiter, sous la conduite du gardien du musée, les vingt-quatre tombes peintes jusqu'ici découvertes, il faut tout un après-midi. Le guide est discret; il n'affecte pas la science fausse et arrogante des *ciceroni* italiens. Il sait ignorer, ce qui est la première qualité d'un guide.

Je ne referai pas le curieux travail de M. Boissier et ne copierai pas les livrets spéciaux qu'on distribue, contre argent, aux touristes.

Je préfère de beaucoup les fresques étrusques à la plupart des fresques gréco-romaines de Pompéï, reproductions faites par d'habiles ouvriers, morceaux de facture et d'école.

L'art étrusque est évidemment composite; et les tombes appartiennent à des époques très diverses. Pour ma part, je ne saurais découvrir en ces peintures que des notions bien vagues sur les mœurs des Étrusques, sur leur mythologie, sur leur histoire. M. Boissier, qui a cherché le mot de l'énigme, l'a-t-il trouvé?

Il est certain que ces vastes caveaux, soigneusement cachés sous la terre, éparpillés au hasard dans la campagne, sur une longue colline, figuraient les maisons des riches habitants. On construisait au mort, sous la terre, une demeure semblable à celle des vivants. Les tombes peintes à fresque étaient donc celles de l'aristocratie. Il n'en reste que les murs; des traces de fouilles antérieures, entreprises dans un but étranger à toute archéologie, sont manifestes. On a violé de longue date, dans l'antiquité même, ces riches sépultures pour en retirer les objets de prix ; et les tombeaux mêmes sont absents de la plupart de ces tombes. On a emporté tout ce qui se pouvait emporter, et l'enfouissement sous la terre a mieux protégé le larcin que la propriété du mort. Mais les fresques satisfont amplement notre curiosité.

Les Étrusques étaient, avant tout, un peuple marchand. La mer baignait jadis le pied de la colline où s'élevait Tarquinie. Tarquinie devait ressembler à un petit Marseille tout encombré de marchands cosmopolites.

Aussi, l'art étrusque est-il éclectique, comme la race. En ces peintures, on trouve des nègres, des Asiatiques au type accusé, des Grecs ; le symbolisme de toutes les religions y apparaît avec la figure de toutes les races ; les mœurs des peuples lointains y sont représentées de préférence sans doute aux mœurs locales. N'est-ce pas ainsi partout, et, de tout temps, l'art né s'est-il pas complu à nous faire sortir de nous-mêmes, à nous amuser par les spectacles inconnus et curieux ?

N'y cherchons donc pas des renseignements exacts sur la vie étrusque.

Ce serait, au contraire, un sujet d'étude attrayant que d'y chercher et d'y trouver des documents sur les mœurs, le costume, la religion très antique des peuples d'Ethiopie, d'Asie, de l'Orient, avec qui les Etrusques faisaient commerce.

Les peintres étrusques n'avaient aucun souci de la perspective. Tous les personnages principaux figurent au même plan ; ils vont par file, comme le long d'une poterie. Si parfois l'artiste a dû, pour expliquer l'action, introduire des objets usuels, il les place toujours au premier plan, jamais derrière ces personnages : mais, de peur que l'accessoire ne masque le principal, il les a singulièrement rappetissés, de sorte, qu'au rebours de toute perspective, c'est le premier plan qui est le plus petit et qui s'efface devant le second, où agissent les personnages.

Les costumes sont orientaux, africains ou grecs. S'il en est des locaux, ce sont vraisemblablement ceux qui paraissent les plus modernes. Il y a là des femmes accoutrées de véritables crinolines, des danseuses à la courte jupe bouffante, coiffées de mantilles à l'espagnole, chaussées de bottines d'étoffe du bon faiseur. J'ai retrouvé au musée de Palerme de curieuses figurines de terre cuite, reproduisant ces mêmes costumes à la moderne, et coiffées en outre de chapeaux, qui seraient fort à la mode sur le boulevard des Italiens. *Nihil sub sole novi.*

L'ornementation est toujours à peu près la même. Les flots de la mer en spirale apparaissent partout, avec un poisson intercalé entre chaque flot. C'est l'origine du dessin pompéien, emprunté par tous nos décorateurs, de la volute d'ornement, qui est devenue la *grecque*, en substituant des lignes droites aux lignes courbes : le poisson intercalé entre les flots en spirale a fourni le point de départ des complications de ligne.

N'est-il pas curieux de retrouver ainsi l'origine naturaliste de nos décorations linéaires ?

Chaque personnage, chaque héros, chaque Dieu

bienfaisant ou terrible est invariablement accompagné de son nom. Ce nom est fort lisible : c'est, je l'ai dit, du grec retourné, qu'il faut lire de droite à gauche, dans le sens inverse des lettres grecques, comme si l'inscription grecque avait été imprimée à la décalcomanie. Mais ces noms ne disent rien. Ils ne dépendent d'aucune racine connue. On a violé les tombeaux, dispersé les cendres, mais les mânes n'ont pas livré leur secret, et le mystère continue de planer sur la nécropole découverte. La lumière frappe vainement ces noms destinés à être ensevelis dans l'éternelle nuit avec ceux qui les portaient, et à n'être lus que des dieux infernaux.

Avant de quitter Corneto, nous nous informons de la route qui conduit au lac Bolsena, terme suprême de notre course. Il faut franchir d'une traite dix-huit milles, un peu plus de sept lieues, pour arriver à Toscanella, première étape. De Toscanella à Marta, au bord du lac, dix milles.

Nous partons le matin, munis d'une lettre de recommandation donnée pour notre hôte par un habitant de Toscanella; car, en ces pays, les auberges mêmes ont disparu. Le soleil pique, malgré l'hiver. Il faut descendre les rampes de Corneto, suivre un torrent, escalader une montagne. Au sommet, le panorama est merveilleux. La mer, au couchant, étend une nappe sans plis : au fond, dans la brume, les pics de la Corse; plus près, le rocher de Monte-Cristo. Au premier plan, les tours de Corneto dessinent une grecque sur l'horizon bleu. Au midi, les Apennins neigeux et leurs contreforts de Sabine; au levant et au nord, les montagnes de Viterbe et d'Orvieto ; une buée marque la place du lac Bolsena, vaste et profond cratère que surmonte le mamelon de Montefiascone. A nos pieds, une plaine aride. Dans notre estomac, le vide est complet. Encore quelques pas, au tournant de la route se présente une ferme. Une ferme en tout pays promet au moins du lait, du beurre et des œufs. Celle-ci ne nous donne qu'une cruche d'eau ; nous payons dix sous le droit d'y boire sans verre. Avec de l'eau, les Américains vivent quarante jours sans manger ; nous atteindrons bien Toscanella.

Nous avons dû fouler en chemin bien des tombes étrusques ; mais pas trace même de ruines. On dit le pays infesté de brigands : en ces parages, ce doit être un métier de fainéants ; car nous sommes les premiers, les seuls voyageurs de la journée.

Nous dévidons le ruban sans fin : à peine à l'horizon aperçoit-on un troupeau gardé par un pasteur à cheval, portant le bâton comme une lance. Enfin, vers le soir, nous rencontrons un petit peloton de cochons noirs ; nous approchons de Toscanella.

Comme toutes les villes pontificales, Toscanella est enfermée dans une enceinte de murailles ; la porte est gardée par deux tours massives. A part les cochons noirs qui se multiplient, aucune trace d'habitants en dehors de la ville.

Notre entrée fait sensation : nos hôtes nous accueillent plus que froidement. Ils ne savent pourquoi on les a choisis comme nos aubergistes. Ils sont propriétaires d'un *palazzo*, quel palazzo ! Cependant, à notre accent étranger, on flaire en nous des antiquaires, et bientôt une vaste omelette nous réconforte, arrosée d'un vin acidulé.

Pendant ce modeste repas, si bienvenu, la servante nous étale toute la *roba d'argento* du pays. Il paraît que la vieille argenterie est à la mode chez les antiquaires. J'ai toutes les peines du monde à lui démontrer que je ne voyage pas pour affaire, et que je ne suis pas marchand.

Partout en Italie, j'ai rencontré cette méfiance du paysan. L'Italien ne se promène pas, il se fait voir, et ne recherche que les lieux habités. Jamais je n'ai réussi à persuader à mes hôtes que je marchais à pied, en ayant dans ma bourse l'argent nécessaire au louage d'une voiture, et que je venais à Toscanella pour mon plaisir. Au fond, ils n'ont pas tort d'être surpris. Toscanella n'est pas aimable.

Cependant, c'est un évêché : dans les États du Pape, il y a un évêque là où en France il y aurait un curé-doyen. La cathédrale, par extraordinaire, me paraît pauvre en chefs-d'œuvre; mais au bout de la ville, nous admirons deux admirables ruines d'abbayes saccagées, spécimens rares et ignorés en Italie de l'architecture romano-byzantine. Les sculptures en sont d'une fantaisie qui mériterait une description spéciale.

Le lendemain matin, après avoir acquitté les frais d'une hospitalité d'autant moins écossaise qu'on nous prend pour des fous, des malfaiteurs ou des proscrits, nous marchons vers Marta, bientôt atteint.

Je porte une lettre de recommandation à l'adresse du premier assesseur du syndic. C'est un vieux paysan madré, qui pérore sur la place, à la manière des anciens Quirites. Il n'a pas de gîte à nous offrir, mais il nous promène chez tous les notables du lieu, à travers des rues indescriptibles. Marta est une Venise de boue. Dans les canaux, bordés de hautes maisons noires, à moins qu'ils ne passent sous des tunnels, nous marchons à grand'peine au milieu des éternels petits cochons noirs.

A la fin, une brave veuve nous recueille; la chambrette plonge dans le lac qu'un vent glacé rend furieux et qui bat violemment nos murailles, à la hauteur de la fenêtre.

C'est jour maigre et de jeûne strict. Pour tout potage, on nous offre du macaroni à l'huile. D'ailleurs, on nous traite en hôtes de distinction, et la vieille ne ménage pas l'huile. La burette vidée, je la vois s'approcher de la lampe de cuivre à trois becs où plonge la mèche. Horreur! elle ajoute au macaroni un supplément d'huile au vert-de-gris! Et nous avons mangé!... Mais depuis ce jour toute salade me rappelle Marta. Guillaume est tout à fait héroïque. Il ne sourcille même pas.

Le lendemain matin, notre protecteur, don Antonio, l'assesseur, nous éveille. Il nous conduit à la pêche. Je recommande le sport, aussi facile que productif, auquel se livre Antonio. Une rivière s'échappe du lac de Bolsena; elle passe par la propriété de don Antonio. Antonio a bâti sa maison sur la rivière même, qu'il a canalisée : la rivière tout entière tombe sur une claie; l'eau passe, les anguilles restent! Il n'en échappe naturellement pas une; elles sont énormes. Les pauvrettes sont recueillies dans un mince vivier, où elles grouillent, avec des reflets de cuivre et d'argent ; elles s'enroulent, s'enlacent, se tortillent ; c'est une purée d'anguilles vivantes. Je ne sais si cette méthode est aussi licite qu'elle est fructueuse. Mais M. l'assesseur en tire, vers la Noël, où l'anguille est de rigueur sur toute table chrétienne, un revenu net de sept ou huit mille francs. C'est beaucoup d'argent gagné sans peine ; je songe aux pêcheurs à la ligne du Pont-des-Arts !

— Excellence, me dit tout à coup Antonio, je vous propose une affaire.

— Volontiers, j'aime beaucoup les anguilles.

— Il ne s'agit pas d'anguilles, mais de tombes étrusques.

— J'aimerais mieux les anguilles.

— Oh ! mes bonnes petites, je ne les mets pas en actions.

— Je vous comprends ; voyons vos tombes.

— Elles ne sont pas encore visibles : mais je connais le bon endroit. Il y a là-bas une terre appartenant au Sacré Collège (ici don Antonio ôte son chapeau) : j'ai des accointances avec Mgr le secrétaire de l'Em^{me} cardinal-doyen (nouveau salut) : le connaissez-vous ? Mes anguilles lui plaisent. Il me donnera l'autorisation de faire les fouilles dans la terre du Sacré Collège, où il y a des tombes, j'en suis certain. Comprenez-vous ?

— Oui, mais je ne suis pas terrassier de mon état.

— Sans doute, Excellence, comment avez-vous pu croire ?... Mais Votre Seigneurie peut payer les terrasiers.

— Cela dépend : combien ?

— Oh ! avec deux cents lires, qui ne sont rien pour Votre Excellence, on peut remuer beaucoup de terre. Moi, j'obtiens l'autorisation : vous, vous payez les frais : la terre est au Sacré Collège. Nous partageons le bénéfice en trois parts. Donnez-moi les deux cents lires et je me charge de tout. Une seule tombe découverte renferme pour plusieurs milliers de francs d'objets précieux.

— Mais si vos fouilles n'aboutissent pas?

— Eh bien, vous en serez quitte pour ajouter deux cents autres francs, jusqu'à ce qu'on aboutisse.

— Merci. Pourtant, j'accepte le marché, mais sous condition. Quand vous aurez l'autorisation, sur un mot de vous, je retourne à Marta et j'assiste aux fouilles. Je veux connaître à mon tour les émotions de M. Schliemann.

— Je ne connais pas ce monsieur, fit Antonio en hochant la tête.

Oncques depuis, n'ai entendu parler ni d'Antonio, ni de ses fouilles.

Je crois qu'il en eût été de même, si j'avais versé sans condition. Les Italiens prétendent qu'avec les Français les affaires ne sont pas possibles. S'en proposent-ils de semblables entre eux? — Jamais. — On ne se mange pas entre compatriotes. Leurs dents sont aiguisées contre le *forestiere*, l'homme du dehors, le barbare.

De Marta à Montefiascone, la promenade est charmante ; elle suit la crête du cratère de Bolsena. Le lac se déploie en son étendue. Il est bordé de riantes collines ; deux îles, deux paradis, sans doute, — au moins ils paraissent tels de loin, — y mirent de vieilles abbayes. Au fond, on distingue la ville de Bolsena, qui garde la dépouille impérissable de sainte Claire, la vierge incorruptible jusque dans la mort.

Au coucher du soleil, nous avons escaladé le pic élevé de Montefiascone; de là, on embrasse d'un même coup d'œil le lac et la mer. Le tout est empourpré. Dans la ville, il fait noir. Montefiascone possède un archevêque : c'était hier encore Mgr Rotelli, aujourd'hui délégué à Constantinople. « Excellent évêque, me disait un illustre religieux de Constantinople, mais médiocre diplomate ». Ce n'est pas ce que dit le *Moniteur de Rome*.

Montefiascone a donné naissance à un autre dignitaire de l'Église, à Mgr Mocenni, sous-secrétaire d'État de Sa Sainteté, qui tient une large place en ces *Souvenirs*, et une plus large encore dans ma reconnaissance.

Montefiascone est une ville admirable de loin : quand on y est, le charme cesse. L'auberge est horrible; le froid intense. Nous avons hâte de gagner Viterbe le lendemain, dès l'aube.

Cette sous-préfecture de la province de Rome paraît sale aux touristes qui viennent de la Ville éternelle, comme Rome paraît sale à ceux qui viennent de Paris. Au sortir de Toscanella et de Marta, Viterbe nous semble un Paris. C'est trop beau pour être décrit.

C'est là que la municipalité vient, sans aucune forme de procès, de violer la tombe du Pape français Clément IV, et de la traiter comme une simple tombe étrusque, en faisant main-basse sur les objets précieux.

De Viterbe à Orte, station du chemin de fer de Rome à Florence, nous voyageons en diligence, sous la garde de carabiniers qui chargent la carabine au moment de prendre place. A tous les kilomètres, on rencontre une patrouille de soldats.

La précaution n'est pas inutile. Aux portes de Rome, à Genazzano, près de Palestrina, une diligence a été arrêtée, il y a peu de temps. Il s'y trouvait par hasard un ancien officier de carabiniers, qui fit mine de se défendre. Les voyageurs s'empressèrent de le désarmer et le jetèrent en victime expiatoire aux brigands qui le tuèrent. C'était en plein jour, à huit heures du matin; les paysans regardaient la scène avec intérêt.

Les carabiniers sont donc là pour garder la diligence de Viterbe contre les brigands, et les patrouilles de soldats pour garder les carabiniers contre les voyageurs. Charmant pays!

Nous avions parcouru cent kilomètres dans le désert; habité des villages qui n'ont, grâce à Dieu, d'équivalents nulle part, mangé du macaroni à l'huile de lampe. A part les tombes de Corneto, plus trace d'Étrusques; mais plus trace non plus de Romains.

Pourquoi les Italiens vont-ils coloniser Massouah? Qu'ils colonisent leurs conquêtes dans l'Italie même. Cela ne légitimera pas la conquête; du moins, ils laisseront trace de leur passage. Mais qui est jamais allé à Toscanella ou à Marta? Il y a des découvertes à faire à vingt-cinq lieues de Rome. Mais il est plus amusant de découvrir la Méditerranée, comme a fait Alexandre Dumas, ou l'Espagne, comme Théophile Gautier.

CHAPITRE SIXIÈME

LES AFFAIRES DU CANADA

SOMMAIRE

L'agonie du comte de Chambord. — Voyage à Goritz. — La princesse Massimo. — Les roses miraculeuses du Canada. — Le Canada français. — Plus fidèle que la France. — Mgr La Flèche, évêque des Trois-Rivières. — Sa conversation. — Son apostolat, — Son martyre chez les Sioux. — A Rome. — Le libéralisme catholique au Canada. — L'importation continentale et romaine. — Généreuse illusion. — L'optimisme. — Brillante façade de l'enfer contemporain. — La franc-maçonnerie anglaise. — L'Encyclique *Humanum genus* ne l'épargne pas. — Mgr Taschereau, archevêque de Québec. — La *Patrie* de Montréal, organe maçonnique. — Riel franc-maçon. — M. Savary chez l'archevêque de Québec. — Union ancienne de l'épiscopat canadien. — Causes des différends récents. — Ingérance indue. — L'Université de Laval. — L'école libre de Montréal. — Procès à Rome, — Division projetée du diocèse des Trois-Rivières. — Situation financière de ce diocèse. — Répugnance des diocésains, même dans la région de Nicolet, à la création d'un nouveau diocèse. — Mgr Domenico Jacobini. — Mauvais accueil à Mgr La Flèche. — Envoi d'un commissaire apostolique. — On croit Mgr Vannutelli désigné. — Je suis envoyé à Genazzano. — Expédition nocturne. — Fausse alerte. — Servi par un archevêque. — La madone du Bon-Conseil. — Miracle permanent. — La famille de Mgr Vannutelli. — Le commis voyageur du Saint-Siège. — Sa carrière. — Un nouveau Pic de la Mirandole. — Mgr Smeulders est envoyé au

Canada. — Il conclut en faveur de Mgr La Flèche. — Il est désavoué par la Propagande. — La division du diocèse est ordonnée. — Adresse des Canadiens français. — Diplôme de membre honoraire du Cercle catholique de Québec. — Action salutaire des roses du Canada.

C'était le temps où le comte de Chambord entrait en agonie.

J'espérais contre toute espérance. J'avais visité le Prince à Goritz, au mois de mars; il souffrait d'une de ces indispositions, sans gravité apparente, devenues perpétuelles depuis deux ans. Un pressentiment qui, pour mon malheur, ne me trompe guère, m'avait fait entrevoir, sur son visage, l'ombre de la mort. J'écrivis, de Goritz même, à des amis, des lettres pleines d'angoisse. Qui eût cru cependant à une fin si brusque?

C'est moi qui eus la douleur de porter à madame la princesse D. Francesca Massimo, sœur utérine du prince, la première nouvelle de la maladie. Elle voulut bien, dès lors, me tenir, presque jour par jour, au courant des dépêches et des lettres qu'elle recevait sans cesse de Frohsdorf. On était optimiste là-bas. On ne voulait pas croire que Dieu eût fait en vain le miracle de la naissance posthume, eût formé sans objet ce modèle des princes, eût résumé en ce dernier rejeton toutes les vertus d'une race auguste, sans profit pour la France!

Malgré la tristesse des impressions recueillies trois mois auparavant à Goritz, j'aimais à me bercer aussi d'illusions et d'espoirs abstraits. On ne veut jamais croire ce qu'on redoute. Dieu, qui avait accompli le miracle de la naissance pouvait accomplir celui de la conservation, presque de la résurrection! Lazare, lève-toi!

A ce moment, un abbé canadien vint me voir. Il m'apportait, pour les transmettre à madame la comtesse de Chambord, des roses miraculeuses, renommées au Canada, qui croissent dans sa paroisse du diocèse des Trois-Rivières.

Je m'acquittai de la commission. La comtesse de Chambord daigna nous faire remercier, l'abbé des Ilets et moi. Il se rencontra que notre envoi coïncidait avec une amélioration subite dans l'état du malade. Tout danger semblait éloigné. La princesse Massimo ne recevait plus de bulletins. Quelle joie fut la nôtre! Quel fut l'enthousiasme du bon abbé pour ces chères fleurs, si poétiques, dont le parfum chasse la mort!

Je me pris de vive et profonde amitié pour l'abbé des Ilets. Nos cœurs avaient battu à l'unisson d'une même espérance; nos larmes devaient bientôt, hélas! se confondre dans un même deuil. Nous avions haleté dans la même angoisse.

Le nom du Canada avait toujours sonné délicieusement à mon oreille. Il est si doux, et tant de souvenirs héroïques, tant de sang répandu, l'ont rendu si français! Il y a tant de notre gloire nationale attachée aux noms de Québec et de Montréal! Les histoires qu'on en rapporte, les poèmes que la vertu canadienne a inspirés, tout cela est si beau, si touchant, si aimable!

Et puis, le présent s'associe harmonieusement à ces gloires du passé. Nous savons que nous avons là-bas, au Canada, des frères qui valent mieux que nous, des fils de la vieille France, qui, moins oublieux et moins ingrats, ont gardé, comme un précieux patrimoine, les traditions religieuses et la loyauté politique à qui la France dut huit siècles d'honneur et d'éclat.

Le Canada français est l'image encore vivante de la France d'autrefois. Là-bas, nos pères ont transplanté des vertus que nous savons mieux admirer qu'imiter. Elles y fleurissent sur une terre jeune et féconde, tandis que la Révolution a ravagé le sol de l'antique métropole.

Je ne puis dire quelles émotions charmantes m'apporta ce bon abbé canadien, avec ses roses miraculeuses et sa fidèle piété pour le dernier rejeton languissant des lys français !

Il n'est pas jusqu'à l'accent normand, gardé en sa forme archaïque, qui, dans une bouche canadienne, n'ajoute une grâce nouvelle à la rusticité de notre vieux langage, pieusement conservée en sa naïve saveur.

L'abbé des Ilets accompagnait à Rome Mgr La Flèche, évêque des Trois-Rivières, appelé par les affaires les plus graves.

Je fus présenté à l'évêque, qui daigna m'honorer tout de suite de son amitié. Entre les Canadiens et les Français, la cordialité naît spontanément, surtout en Italie. Un instinct d'alliance mutuelle contre l'astuce italienne les rapproche, autant que les affinités naturelles qui naissent de la communauté des origines et des croyances.

Je vois encore le vénérable évêque des Trois-Rivières, long, maigre, ascétique, portant, comme les évêques anglais, par-dessus le costume épiscopal, le chapeau à haute forme, un chapeau qui avait évidemment traversé l'Atlantique.

Mgr La Flèche voulut bien accepter l'hospitalité de mon humble table de famille. Ce jour-là, Mgr Cataldi lui fit le sacrifice de ses plus amusantes anecdotes. Car, Mgr La Flèche nous tint sous le charme de récits bien nouveaux à Rome. Il nous retraça, avec quelle modestie! les principales aventures de sa carrière apostolique, alors qu'il était missionnaire auprès des sauvages et des métis, dans les régions glacées du Nord. Il avait évangélisé ces métis, dont Riel devint le martyr. Il avait combattu les Sioux, le crucifix à la main.

Un jour, ses chers enfants, les métis, avaient été attaqués par les hordes sauvages. La petite troupe de catéchumènes se serra autour du missionnaire, placé sur une éminence, exposé à tous les coups. Mgr La Flèche les exhorta à ne rien craindre, à l'ombre du crucifix. Il éleva la croix au-dessus des combattants, et les sauvages intimidés reculèrent, malgré la supériorité du nombre et des armes. On se remit en marche; le lendemain, nouvelle attaque, nouvelle prière; la croix sauva encore les faibles et rassura les timides. Trois jours de suite, les Sioux revinrent à la charge, sans que se démentissent l'intrépidité du missionnaire, ni la confiance de ses enfants.

Comment Mgr La Flèche racontait cela, avec quelle simplicité, avec quelle paternelle tendresse pour ses humbles catéchumènes, je ne puis le redire.

Un éminent diplomate, qui partageait notre repas, me disait : « Voilà donc un apôtre, un évêque! Je n'en ai pas connu de plus grand. »

Dans ses campagnes de mission, Mgr La Flèche a eu

les jambes gelées. Les chairs se détachaient; il les coupait simplement avec son couteau de poche. « Qu'ils sont beaux les pieds de ces hommes! » Il a gardé une claudication glorieuse, et son corps me disait le fidèle abbé des Ilets, est couvert de cicatrices.

C'est ainsi qu'au Nouveau-Monde on gagne les honneurs de l'épiscopat. A Rome, la carrière est heureusement plus facile et plus douce.

Mais les tribulations de Mgr La Flèche, en sa vie de missions, n'ont rien été auprès de celles réservées à son épiscopat. Il y a souffert le plus dur martyre qui soit réservé à un évêque.

En ces dernières années, le libéralisme catholique s'est infiltré au Canada. On attribue l'importation de ce produit suspect à quelques jeunes séminaristes, envoyés en Europe, et notamment à Rome, pour y achever leurs études.

Certes, ce n'est pas à Saint-Sulpice, non plus qu'au séminaire français de Rome, que leurs maîtres les ont nourris de ce lait vénéneux. Loin de moi une telle pensée! Mais, si bien gardé que soit un séminaire, l'air du dehors y pénètre. En toute école, les jeunes gens reçoivent un double enseignement, l'un officiel, celui des maîtres, l'autre caché, parfois inconscient, celui qui passe par les fenêtres, s'insinue par les fentes de la porte, qui émane des hommes et des choses du dehors.

Ce n'est pas à Saint-Sulpice que M. Renan a puisé les éléments de sa *Vie de Jésus*. C'est pourtant de Saint-Sulpice qu'il les a emportés.

Les doctrines libérales exercent une séduction, une

fascination presque invincible sur les jeunes intelligences, et surtout sur les cœurs les plus ardents à la foi. Plus les dogmes paraissent certains, plus l'autorité de l'Écriture s'impose à la raison, moins on redoute pour l'Église les périls de la contradiction, les épreuves d'une liberté sans limite, la concurrence des erreurs modernes.

Puis, en ces temps d'oppression, l'Église a tant besoin de liberté ! Cette liberté, qu'on réclame à bon droit pour l'Église, on la veut étendre à tout l'univers. On pense que la vérité et la vertu possèdent assez d'attraits, pour triompher, à armes égales, de l'erreur et des passions mauvaises.

Cette sorte de libéralisme a séduit, en notre temps, les plus nobles esprits; c'est une erreur, mais une erreur généreuse, et, par là, d'autant plus funeste. Les âmes les mieux trempées s'en défendent difficilement. Le mot de liberté est si charmant ! Le libéralisme est frère germain de l'optimisme, et l'optimisme est une si douce chose !

Qui s'étonnerait donc que de jeunes séminaristes canadiens, élevés à Paris ou à Rome, au milieu d'ardentes et brillantes controverses, eussent rapporté de l'Ancien-Monde dans les plis de leur soutane quelque germe de libéralisme, ou au moins d'optimisme ?

La Révolution même et la société moderne formée sur les principes de 89, avec leur arsenal d'inventions scientifiques, leur vocabulaire de mots sonores, leurs aspirations à l'égalité et au bien-être universels, ont une façade grandiose, d'autant plus admirable qu'on n'en voit pas l'envers.

Or, les séminaristes, et tous les prêtres qu'a séduits la façade de notre société révolutionnaire, sont toujours restés à la porte, étrangers à ce monde, à ses misères, à ses convoitises, à ses désespoirs. Ils ne le connaissent que par les récits de ses apologistes; ils ne voient pas que derrière ces portiques d'apparence paradisiaque, il y a l'enfer; et que les hommes, au costume d'ange, qui les invitent à entrer, sont des démons, les plus séduisants, les plus dangereux de tous.

Le fait est que le libéralisme catholique et même le libéralisme sans épithète ont conquis récemment droit de cité au Canada. Leur part y demeure fort restreinte. Mais l'école possède à Québec, à Montréal, des journaux influents. Le *Français*, la *Défense*, le *Moniteur de Rome*, ont là-bas des émules, des disciples. Ajoutez à cela l'action de la franc-maçonnerie, toujours si puissante et s décevante dans les pays anglais.

On objecte, je le sais bien, que le libéralisme anglais et la franc-maçonnerie anglaise n'ont rien de commun avec leurs similaires des pays latins.

J'ai rencontré en Sicile un franc-maçon anglais, qui avait honte de sa fraternité avec les maçons italiens : « Je me garderais bien, dit-il, de me faire reconnaître ici. Si je vous avoue mon affiliation, c'est que vous êtes catholique! Devant un franc-maçon italien ou français, je renierais ma qualité. Chez nous, la franc-maçonnerie est une école de religion, de patriotisme et de vertu. »

Léon XIII, dans l'immortelle Encyclique *Humanum genus*, n'a pas fait ces distinctions, et l'Église condamne sans distinction toutes formes de franc-maçonnerie et de sociétés secrètes. Elle a ses raisons, et ses raisons ne peuvent être mauvaises.

Au Canada, il y a des évêques à qui le libéralisme et la franc-maçonnerie ne font pas peur. Ne pouvant se dispenser de les condamner, ils les nient.

J'ai connu à Rome Mgr Taschereau, archevêque de Québec. Ancien élève du séminaire français, c'est encore à ses anciens maîtres qu'il demande l'hospitalité. Il y a porté l'horreur de la franc-maçonnerie au point d'ériger en cas réservé, la dénonciation sans preuve d'un franc-maçon. C'était le plus grand service qu'il pût rendre inconsciemment à la secte, et la secte lui en est reconnaissante. La *Patrie*, propagateur déclaré de la franc-maçonnerie dans les populations françaises du Canada, organe de M. Beaugrand, maire de Montréal, ne tarit pas en éloges sur Mgr Taschereau.

L'archevêque de Québec m'a cependant affirmé que la franc-maçonnerie n'avait, pour ainsi dire, pas d'adeptes parmi les Canadiens français. Pourtant. Riel, ce fervent catholique, s'est déclaré franc-maçon. Mais Mgr Taschereau est optimiste, au point d'avoir accueilli innocemment en son palais, et dans la rédaction d'un journal dévoué à l'archevêché, M. Savary, le fameux Savary, le fugitif de France, celui qui.... M. Savary est encore journaliste au Canada; il y fait des conférences; il y loue le *Moniteur de Rome*. Niera-t-on que l'Europe ait importé au Canada des produits suspects ?

Nous voilà bien loin de Mgr La Flèche.

Cet évêque ne partage pas l'optimisme de son métropolitain. Peut-être, en ce qui regarde la franc-maçonnerie et le libéralisme, inclinerait-il plutôt au pessimisme. Il partage toutes les terreurs de Mgr Fava, évêque de Grenoble, et il voit partout des francs-maçons, alors que son métropolitain n'en voit nulle part.

Jusqu'à ces dernières années, l'épiscopat canadien était uni. Un concile provincial tenu à Québec, où l'éloquence et la doctrine de Mgr La Flèche avaient brillé, rendait témoignage de cette union parfaite dans la doctrine et la tradition de l'Eglise romaine.

Puis surgirent de graves difficultés. Au Canada, comme en France, le pouvoir civil s'opposait à l'immixtion du clergé dans les luttes électorales, même quand cette immixtion n'avait d'autre objet que les avertissements légitimes donnés à la conscience des fidèles. De plus, le pouvoir civil prétendait livrer les prêtres, accusés de propagande catholique, à la juridiction laïque. Alors que Mgr Taschereau et quelques-uns de ses collègues semblaient disposés aux concessions, Mgr La Flèche, armé des lois canoniques, revendiquait pour l'Eglise, société parfaite, le droit exclusif de juger les écarts de ses membres.

Un autre conflit s'éleva à propos de l'Université catholique de Québec, qui porte le nom de Laval, celui de son illustre fondateur. Mgr La Flèche et quelques-uns de ses collègues accusaient la doctrine de certains professeurs de cette université, les soupçonnaient même de tendresse pour la franc-maçonnerie, et s'étonnaient de voir jusqu'à des protestants enseigner dans un institut catholique.

On fonda alors à Montréal, une école libre de médecine et de droit.

L'archevêque de Québec entreprit de s'opposer à cette concurrence faite à l'Université de Laval.

Le procès fut porté à Rome.

Dans le diocèse des Trois-Rivières, coupé en deux parties inégales par le Saint-Laurent, il y a deux séminaires, l'un plus ancien, établi à Nicolet, l'autre, fondé par Mgr La Flèche, placé sous sa direction immédiate, dans la ville des Trois-Rivières. Le séminaire de Nicolet avait coutume d'envoyer ses élèves compléter leurs études à Québec : celui des Trois-Rivières préfère les écoles libres de Montréal. L'influence de Mgr La Flèche s'exerçait ouvertement, en faveur des écoles de Montréal, à la grande colère de Mgr Taschereau, directeur suprême de l'Université de Laval.

C'est en raison de ces différends, que l'archevêque de Québec résolut d'obtenir de Rome un châtiment personnel contre Mgr La Flèche. Il résolut d'arracher à la Propagande, un décret qui coupe en deux le diocèse des Trois-Rivières, en détache la partie la plus riche, celle qui est au sud du Saint-Laurent, y établisse un évêché à Nicolet, et ne laisse à Mgr La Flèche que sa petite ville des Trois-Rivières, augmentée des territoirs indéfinis et déserts qui s'étendent au nord jusqu'à la baie d'Hudson.

Ce projet entraînait la ruine de l'évêché des Trois-Rivières.

On sait que, dans toute l'Amérique du Nord, les diocèses, comme les paroisses, vivent de leur propre vie, ne reçoivent de l'État aucun subside et ne subissent aucune tutelle. On a vu aux États-Unis, plus d'un évêché mis en faillite.

Or, Mgr La Flèche, quand il reçut l'administration des Trois-Rivières, trouva le diocèse endetté de plus d'un million. Grâce à sa bonne gestion, l'évêque avait pu construire aux Trois-Rivières, une cathédrale et un séminaire, tout en amortissant une part des dettes. Mais de si beaux résultats avaient coûté cher au diocèse tout entier. Si on divisait le diocèse et si on en retirait la partie la plus riche, celle du sud, l'évêque devenait impuissant à s'acquitter. D'autre part, les fidèles de Nicolet allaient être obligés de recommencer leurs sacrifices pour une nouvelle cathédrale, un nouveau palais épiscopal, etc., etc.

Malgré tout, monseigneur l'archevêque de Québec obtint à Nicolet quelques signatures réclamant la division du diocèse. Comment il les obtint, c'est ce que je ne pourrais dire sans excéder les limites d'un récit impartial. Mgr La Flèche n'a cessé de réclamer une enquête juridique ; on la lui refusa obstinément, et pour cause. L'affaire fut portée en cet état à la Propagande, et cela à l'insu de l'évêque intéressé !

Averti cependant, obligé de parer ce coup terrible et secret et de prévenir la ruine totale de son diocèse, Mgr La Flèche se rendit à Rome, pour la troisième fois. Il était inouï qu'une enquête fût ouverte pour la division d'un diocèse, malgré l'ordinaire, et sur l'initiative d'un évêque voisin, cet évêque fût-il le métropolitain. Il était inouï que la Propagande reçût de tels dossiers, entreprît de telles affaires contre la volonté de l'évêque.

Mais Mgr La Flèche était desservi d'avance auprès des Pérugins. Ses opinions dites intransigeantes, exagérées, l'avaient rendu tout d'abord suspect au *Moniteur de Rome*, à l'intime ami de Mgr Galimberti, Mgr Domenico Jacobini, secrétaire de la Propagande, beaucoup plus puissant sur cette Congrégation que le vénérable et faible cardinal Simeoni, préfet.

La fortune de ce prélat est bien faite pour autoriser toutes les ambitions. On raconte qu'étant encore jeune abbé, il faisait la partie d'un vieux cardinal. L'Éminence fut tout à coup promue à la secrétairerie des Brefs. Elle commença par refuser, s'excusant sur son peu de relations, sur la difficulté de trouver un secrétaire. Puis, tout à coup, se frappant le front : « J'accepte : quelle idée ! Domenico Jacobini sera mon secrétaire ; de la sorte, il ne me quittera plus, mon *partner !* » Ce choix fit sourire : puis on s'y accoutuma. Domenico Jacobini, une fois installé, chercha le vent. Le vent soufflait de Pérouse ; il tendit sa voile, devint plus pérugin que le pérugins, et le voilà, très jeune encore, archevêque de Tyr, secrétaire de la plus considérable des Congrégations, ministre spirituel des trois quarts du monde habité ! Le plus extraordinaire, c'est que Mgr Domenico Jacobini, à mesure qu'il grandissait en importance, grandissait en talent, et aujourd'hui, si le Pontificat se prolonge, personne ne sera surpris de le voir élevé à la pourpre. Les circonstances l'ont favorisé ; mais il les a aidées par une âpreté singulière à exagérer, dans la Propagande, la politique personnelle de Léon XIII.

Mgr La Flèche trouva tous les abords de la Congrégation fermés à ses réclamatons par Mgr Domenico Jacobini. En vain, le cardinal-préfet l'assurait-il de sa bienveillance, et semblait-il accueillir la justice de ses réclamations; l'Ém^nce Simeoni ne peu rien, sans ni contre son secrétaire. Mgr Jacobini porta la hardiesse jusqu'à demander à son collègue en épiscopat ce qu'il venait faire à Rome, à lui intimer l'ordre de repasser l'Océan !

Il fallut que l'illustre et vénérable évêque, portant encore sur son corps les cicatrices du martyre, obtînt du Pape même la permission de défendre devant Mgr Jacobini les intérêts du troupeau qui lui étaient commis.

Tout ce qu'on lui accorda, fut la nomination d'un commissaire apostolique enquêteur. Un soir, vers cinq heures, Mgr Laflèche vint me trouver tout ému. Il croyait savoir que le commissaire était désigné et qu'il s'appelait Mgr Vincent Vannutelli.

A ce nom, je bondis de joie. Si la nouvelle était vraie, il n'était pas douteux que la meilleure cause triompherait. Il n'était pas douteux que les affaires litigieuses du Canada ne fussent composées, à la satisfaction de tous. La visite de Mgr Vannutelli laisserait dans la Nouvelle France, sur cette terre ardemment chrétienne, des semences de paix et de concorde.

— Vous connaissez donc Mgr Vincent Vannutelli?

— Monseigneur, j'ai cet honneur et je m'en glorifie.

— Où est-il? Veuillez aller sans retard lui annoncer sa nomination probable, et lui exposer ce que vous savez de nos tristes affaires.

— Je crains qu'il ne soit à Genazzano, à dix lieues de Rome, au milieu des montagnes latines.

— Cela ne fait rien : de grâce, allez-y sans perdre une minute.

— Il n'y a plus de train.

— Prenez une voiture : il faut que vous l'ayez vu demain matin, avant l'heure du courrier ! Rendez-moi ce service, coûte que coûte. Obtenez au moins de Mgr Vannutelli qu'il accepte !

Me voilà, cherchant dans Rome, un voiturier qui consentît à une aventure extraordinaire, à risquer un voyage nocturne à travers la campagne la plus dangereuse, à demander à ses chevaux quatre-vingts kilomètres en vingt-quatre heures. Je finis par découvrir ce héros ! Son héroïsme n'était pas gratuit, tant s'en faut.

Nous voilà partis à huit heures du soir, à travers les mauvaises routes de la campagne romaine, à travers ce désert où ne veillent que de rares bergers, prêts à se transformer en brigands, à l'approche d'un voyageur. Le cocher n'avait pas osé prendre la route de Palestrina, la plus directe, mais la plus dangereuse ; il préféra se rendre le soir même à Velletri, pour repartir au point du jour. Au trot fantastique des deux grands squelettes qui nous traînent, nous roulons le long des ruines d'aqueducs, nous réveillons les ombres des vieux Romains, nous soulevons la poussière des héros, en cette nuit profonde, pleine du chant strident de la cigale. Tout à coup une lune blafarde éclate, au sortir d'un nuage : les chevaux se cabrent ; le cocher disparaît à bas du siège. Devant nous, de chaque côté de la route, brillent dix fusils. Un peu de courage : ce ne sont que des faux ; des faneurs se reposent avant de rentrer à la cabane. Nous passons : ils nous saluent.

Nous voici dans les oliviers; nous montons la côte d'Albano : les lucioles scintillent: on se croirait au milieu des flammèches d'un incendie. Albano dort, Ariccia aussi : encore un temps de trot, nous sommes à Velletri. Deux heures de sommeil, dans une grande auberge; il fait jour; en route pour Genazzano. Nous arriverons avant le chemin de fer à Valmontone, la station la plus proche; nous aurons une heure d'avance sur le courrier.

La route est gracieuse : Valmontone apparaît perchée sur son rocher, tournant le dos de ses noires maisons au paysage. Les brigands ne sont pas encore levés : s'ils doivent venir, ils se réservent pour la diligence et pour la poste aux lettres. Grâce à Dieu, nous ne valons pas la peine qu'ils se dérangent.

A gauche, au bout de la longue montagne jaune et sèche, c'est Palestrina : devant nous, une petite gorge; il faut monter : sur le flanc, voilà Genazzano. La voiture s'arrête devant la porte monumentale de la petite ville; elle n'y pourrait passer. Les chevaux paîtront l'herbe des chemins. La voiture dételée attendra la fin de ma visite.

Il n'est pas facile, même à un piéton, d'escalader la rue principale de Genazzano. Le palais Vannutelli est voisin du sommet de la montagne. Genazzano est construit comme tous les bourgs des États pontificaux, d'après un plan plus militaire que gracieux. Imaginez une rue centrale, tortueuse, suivant les accidents du terrain; aux deux bouts, des portes défendues par des tours carrées et d'autres ouvrages de fortification; des murailles épaisses rejoignent les deux portes; au-dessus des murailles, de vieilles maisons massives présentent de rares ouvertures : toutes les façades sont tournées vers l'intérieur de la ville. Contre les vieux barons, contre les brigands, les Pontificaux n'avaient imaginé d'autre défense que celle de la carapace.

Mon entrée fait événement. Les nobles habitants de Genazzano ne sont pas accoutumés aux visites. La mienne surprend étrangement la servante des Vannutelli. Enfin on m'introduit, et Mgr Vannutelli, archevêque de Tarse, internonce au Brésil, apparaît, vêtu de ses plus magnifiques ornements pontificaux.

Je ne connais pas d'homme plus beau et plus gracieux. Dans toute la force de l'âge, il a gardé les proportions et le visage d'un adolescent. Un large et franc sourire illumine la physionomie la plus avenante, que rehaussent des yeux superbes, où brille l'esprit.

Mgr Vannutelli parle le français comme un Français.

Un jour, à Saint-Louis-des-Français, je lui en faisais compliment.

— Ne vous étonnez pas, dit-il; depuis vingt ans j'étudiais pour devenir nonce à Paris.

Il soupira : — Je ne le serai jamais, et pourtant...

Mgr Vannutelli est supérieur à la vaine humilité et à l'orgueilleuse modestie. Il sait ce qu'il vaut; il sait ce qu'il pourrait faire pour l'Église : il sait aussi ce qu'il pourra, en des temps plus favorables aux hommes de talent.

Il m'accueillit, sans deviner l'objet de ma visite, avec une grâce charmante.

Me voyant couvert de poussière et fatigué d'une nuit

passée à rouler sous les étoiles, il m'installa dans une grande chambre assez nue. Alors je me vis, pour la première et la dernière fois de ma vie, servi par un archevêque. Devançant la lenteur de ses gens, Monseigneur m'apportait lui-même d'une main le pot à eau, de l'autre le broc, nécessaires aux ablutions! J'ai dit qu'il avait revêtu ses grands ornements : ce n'était pas assurément pour me servir, mais pour bénir une grande cloche de l'église des Augustins. Cette extrême simplicité, cette bonhomie familière n'ont rien qui surprenne en Italie, chez les dignitaires de l'Église. En France, un pareil tableau serait incompréhensible.

Je fus invité à assister à la bénédiction de la cloche, et l'Excellence me présenta tout d'abord au supérieur des Augustins de Genazzano. C'est le portrait tout vivant de son vénérable frère, le cardinal Martinelli, l'un des derniers créés par Pie IX, aujourd'hui évêque suburbicaire d'Albano.

Les Augustins ont la garde d'une vierge miraculeuse, bien connue en France, la Madone du Bon Conseil. On peut dire que leur église magnifique est bâtie autour de la Madone. Une fresque superbe représente, au-dessus de la porte, le miracle de la translation de cette Vierge par les anges.

Au treizième siècle, je crois (je raconte de mémoire), l'image, due à un pinceau bizantin, était vénérée à Scutari. Tout à coup elle disparut; mais un nuage aux vives couleurs, représentant la Madone et le divin bambino passait au-dessus de l'Adriatique. Les anges faisaient escorte à leur reine. La radieuse vision traversa les Abruzzes, et s'arrêta sur la montagne de Genazzano; là, elle se condensa, se fixa et demeura suspendue au-dessus du rocher, à quelques pieds de terre. Le miracle se répandit alentour : le Pape envoya un légat, et on éleva un riche autel pour encadrer la Madone toujours souriante et planant au-dessus de la terre.

Le miracle se continue : je l'ai vu. Depuis plusieurs siècles, l'image est suspendue, n'étant fixée à aucune paroi. C'est un mince enduit de fresque, qui n'adhère à aucun mur. La muraille s'en approche en haut et en bas; rien sur les côtés. On dit même qu'il serait possible de passer un fil entre la fresque et ses supports apparents. En tout cas, pour ne pas rompre l'équilibre miraculeux, on a dû suspendre devant la Vierge et l'Enfant ces riches couronnes et ces colliers brillants, qu'il est d'usage en Italie de fixer aux saintes images.

C'est en cette vénérable église que Mgr Vincent Vannutelli bénissait une grande cloche. La cérémonie est connue, je ne la redirai pas ; le prélat l'accomplit avec une tendre onction. Pendant ce temps, je suppliais la madone du Bon Conseil. Oh ! la belle attribution ! l'utile privilège ! Sainte inspiratrice des sages résolutions, ne m'abandonnez jamais ! Vous ai-je toujours assez priée ? M'avez-vous toujours exaucé ? Hélas !.... Mais prenez sous votre assistance tous les serviteurs de l'Église, assignez à chacun la fonction qu'il saura le mieux remplir, afin que tous, même par des voies diverses, aident, suivant leurs forces, à l'accomplissement des divines promesses.

Après la cérémonie, Mgr Vannutelli m'avait invité à

sa table de famille. L'hôte était son frère, chef de la maison, M. le comte Vannutelli; Mgr Séraphin Vannutelli, nonce à Vienne, manquait à la réunion, mais madame la générale Kanzler, femme du ministre des armes pontificales, sœur des prélats, remplissait avec une grâce exquise les fonctions de maîtresse de maison.

Quand j'eus exposé à Son Excellence la mission dont Mgr La Flèche la croyait chargée, et qu'il le suppliait d'accepter, dans l'intérêt de la paix religieuse au Canada, Mgr Vannutelli me répondit avec vivacité :

— Je connais les affaires et les difficultés du Canada : j'ai l'honneur d'être membre honoraire du Cercle catholique de Québec (1), puis en relations avec les principaux catholiques de cette ville, et j'ai reçu la confidence de leurs peines. Je n'ai pas été averti de la mission que vous m'annoncez, et je doute qu'elle me soit confiée. En tout cas, je ne pourrais l'accepter. En 1870, j'étais substitut de la secrétairerie d'État. On m'envoie à Constantinople ; de là, on veut m'expédier au Brésil, d'où l'on rappelle Mgr Mocenni, mon prédécesseur, pour recevoir comme avancement une place que j'occupais il y a six ans ! entre temps, on me délègue à Moscou, et l'on croit maintenant que je partirais au Canada! Je ne suis pourtant pas le commis voyageurs du Saint-Siège. Ma santé ne me permet pas ces brusques changements de climat, de l'Orient à l'extrême

(1) Un semblable honneur m'était réservé, avant de quitter Rome. Pour me consoler des tribulations supportées, le Cercle catholique de Québec daigna m'envoyer le diplôme de membre honoraire, la plus haute dignité qu'il puisse conférer. J'en ai témoigné publiquement ma reconnaissance à mes vaillants frères du Canada.

Occident, de l'Équateur au Pôle! Puis, serait-il convenable qu'après avoir représenté le Pape aux fêtes solennelles de Moscou, en qualité de Légat extraordinaire, après avoir négocié et signé un traité entre le Saint-Siège et la Russie, on m'expédiât comme simple commissaire apostolique, pour composer des querelles particulières de diocèses? Oh! je sais ce que vous me direz : Vous me ferez valoir la gravité de ces affaires; je la reconnais mieux que personne. Eh bien! qu'on me nomme d'abord à une grande nonciature; alors, si mes médecins me le permettent, je pourrai me rendre au Canada, avec une autorité suffisante pour régler souverainement les conflits, au nom du Pape, et non plus au nom de tel ou tel subalterne de la Propagande! Dites bien cependant à Mgr La Flèche qu'il vienne me voir, sous peu de jours, à Rome, et que j'userai de mon influence, si j'en ai, ce que j'ignore encore, pour qu'on délègue au Canada un commissaire impartial et vraiment digne de sa mission.

La conversation s'engagea sur la carrière de Mgr Vannutelli et sur la politique générale de l'Église.

Au moment où Pie IX mourut, le prélat était sous-secrétaire d'État, et dirigeait la diplomatie du Saint-Siège, sous l'autorité du digne cardinal Simeoni. A l'avènement de Léon XIII, le Pape lui demanda officieusement une note sur les œuvres qu'il croyait urgentes, une sorte de programme confidentiel du Pontificat, au moins sur les travaux théologiques et littéraires, premier souci du nouveau Pape. Mgr Vannutelli obéit et rédigea un mémoire où étaient prévues la restauration de la philosophie de saint Thomas dans les écoles sacrées, l'ouverture plus large des Archives vaticanes aux travailleurs chrétiens, la publication des *Regestes pontificaux*, et jusqu'à la Lettre sur les études historiques.

Le Pape lui demanda, malgré sa répugnance à servir sous le cardinal Franchi, de conserver son poste à la secrétairerie d'État. Mgr Vannutelli ne se crut pourtant pas le droit de refuser, mais il ne se fit aucune illusion. Deux mois après, il se désistait de sa charge, dans l'impossibilité où il était de concilier ses vues avec celles du secrétaire d'État, le précurseur du Léon XIII de 1885.

Depuis lors, il fut en butte à l'inimitié constante des amis si puissants du cardinal Franchi. La mort du maître n'atténua en rien ni la puissance ni l'acharnement des disciples, dont le plus actif est Mgr Galimberti. Au sortir d'un emploi si considérable, Mgr Vannutelli fut nommé auditeur de rote pour les Romagnes. Mais il demeurait à Rome, ce qui gênait les *Franchistes*. On le délégua à Constantinople. On n'avait pas encore assimilé cette Délégation à une nonciature de deuxième classe, comme on l'a fait depuis au profit du pérugin Mgr Rotelli. Mgr Vannutelli succédait au modeste et capable Mgr Grasselli, appelé ensuite au rectorat du collège greco-ruthène à Rome. Il fut cependant assez heureux pour mettre fin au schisme arménien de Mgr Kuppelian, et pour faire donner le chapeau au fidèle et regretté Mgr Hassun.

— Voyez, s'écria Mgr Vannutelli, avec une charmante bonhomie, je suis cependant à peu près le seul diplomate de Léon XIII qui n'ait jamais fait de *fiasco!* A

Constantinople, à Moscou, j'ai réussi... en récompense, on m'envoie au Brésil ou au Canada ! En attendant, je dispute devant le Pape avec les jeunes élèves de la Propagande de *omni re scibili et quibusdam aliis !* Je crois pourtant que je pouvais rendre de vrais services dans la haute diplomatie, à laquelle je me crois disposé par mes aptitudes.

Mgr Vannutelli faisait allusion à une dispute récente, à laquelle il avait pris part devant le Pape et où un jeune Irlandais avait soutenu 270 thèses sur la théologie, le droit canon et civil, la mathématique et la physique, suivant la méthode de saint Thomas.

Léon XIII a un goût prononcé pour ces doctes divertissements, dont la durée est fort longue et l'intérêt, en général, assez médiocre, puisque la dispute est presque toujours réglée d'avance par les maîtres et que la contradiction est prévue. C'est un exercice de mémoire. Les nombreux auditeurs de ces tournois aspirent ardemment au *Satis,* qui, tombant des lèvres pontificales, arrête la discussion.

Peu de temps après cette aimable entrevue, Mgr Vannutelli était nommé nonce à Lisbonne. C'est un grand poste fort difficile. Mais je suis sûr que Mgr Vannutelli regrette toujours celui de Paris, où son habileté, sa science théologique, le charme de sa personne et de son esprit, eussent obtenu sans doute des résultats plus utiles à l'Église. A Lisbonne, il a succédé à Mgr Aloysi Menella, rappelé pour avoir défendu avec trop d'énergie les droits de l'Église contre les prétentions d'un gouvernement maçonnique, et qui attend encore le chapeau, que le roi de Portugal a refusé de demander pour lui. Le précédent est périlleux. Mgr Vannutelli occupe cependant avec un talent incomparable cet emploi, réputé impossible, où le *fiasco* semblait inévitable. C'est peut-être à cette raison qu'il l'a dû. Mais les amis du cardinal Franchi espèrent encore ce *fiasco*. Mgr Vannutelli en est mauvais marchand.

On envoya au Canada Mgr Smeulders, religieux belge d'un grand mérite. Le prélat portait en poche des instructions toutes favorables à Mgr de Québec. A peine eut-il mis le pied en cette ville qu'on lui fit un accueil empressé, qui le charma; toutefois, on ne pouvait l'empêcher de se rendre aux Trois-Rivières. Il vint, il vit, il fut convaincu. Mgr La Flèche avait rejoint sa résidence. Le clergé et les populations se pressaient, du sud comme du nord, autour du vénéré et bien-aimé pasteur. Mgr Smeulders apprit avec étonnement que le diocèse des Trois-Rivières, qu'on lui avait décrit comme aussi grand que l'Irlande était, en sa partie habitable, plus petit et moins peuplé que celui de Québec; or, personne ne songe à partager le diocèse de Québec. Il connut les intrigues, parfois coupables, et les inimitiés personnelles que recouvrait le projet de division. Il apprit par les manifestations unanimes et spontanées multipliées à son approche, les sentiments vrais des fidèles Canadiens. Il étudia la situation du diocèse; il vit que le Saint-Laurent n'arrêtait nullement les relations des diocésains du sud avec le siège épiscopal. Comme il avait reçu du Pape pleins pouvoirs, il prit sur lui de déclarer la division inopportune, et autorisa Mgr La Flèche à publier cette décision. L'évèque l'annonça dans une admirable lettre qui réjouit tous ses diocésains.

Mais aussitôt, à la Propagande, la décision fut contestée, le commissaire accusé d'avoir outrepassé son pouvoir, et la lettre de l'évêque formellement blâmée par le *Moniteur de Rome*. Que pèse l'enquête d'un commissaire apostolique auprès des préventions d'un « subalterne de la Propagande? »

La congrégation s'assembla et rendit, sans attendre le retour du commissaire, un arrêt qui déclarait définitive et exécutoire la division des Trois-Rivières. Le cardinal Pitra était le *ponent* de la cause. Sur ce point unique, j'eus le regret d'être en désaccord avec l'admirable et saint cardinal. Rien n'avait pu atténuer en son âme l'impression défavorable qu'il avait ressentie jadis à l'égard de l'évêque des Trois-Rivières, à propos d'une vieille affaire de Sulpiciens, où Mgr La Flèche avait été l'avocat de son collègue de Montréal. J'ai lieu de croire que la joie immodérée des organes libéraux du Canada et la douleur des journaux résolument catholiques ont un peu modifié les sentiments du cardinal.

Quelques jours plus tard, le cardinal Pitra recevait, au milieu d'autres, une magnifique adhésion à la lettre adressée à l'abbé Brouwers. Elle venait de Mgr La Flèche.

L'évêque des Trois-Rivières, oublieux de son affection personnelle, acceptant le sacrifice demandé à son abnégation, ne voyait plus que l'intérêt supérieur de l'Église que croyait défendre le cardinal Pitra. Pourtant lui-même pouvait être ajouté à la liste des victimes, Victor Hugo dirait des *Misérables*, que vengeait le sous-doyen du Sacré Collège.

Mes amis du Canada étaient vaincus, au moment même où notre défaite à Rome devenait définitive. C'est au lendemain de la note de l'*Osservatore romano* contre le *Journal de Rome*, que les généreux Canadiens m'avaient envoyé le diplôme de membre honoraire du Cercle catholique de Québec. Je sais que leur sympathie nous a accompagné dans toutes les épreuves. Je sais qu'au delà des mers, bien des cœurs catholiques vibrent à l'unisson du nôtre, et que la Nouvelle-France a gardé quelque estime pour le champion français qui luttait à Rome pour la tradition de l'Eglise et pour les droits du Pape.

Parmi tant de témoignages précieux qui m'honorèrent dans ma prison, j'ai une sorte de prédilection pour l'adresse des Canadiens français (1). C'est moi aussi qu'ils déléguèrent pour remettre aux mains du Saint-Père leur énergique protestation contre le vol fait à la Propagande.

Enfin, entre tant de souvenirs doux ou cruels que j'ai rapportés de Rome, il n'en est pas où je me repose plus volontiers que dans la mémoire du vénérable Mgr La Flèche, et de son fidèle procureur, l'abbé des Ilets. Les roses miraculeuses, dont j'ai dérobé quelques feuilles au comte de Chambord, parfument encore mon âme et la guérissent, aux heures de lassitude ou de découragement. Elles sont nées sur leur sol arrosé de sang français : leur essence subtile et pure est faite de ce qu'il y a de plus noble en notre passé national,

(1) Voir l'Appendice.

de ce qui survit de plus exquis dans la race française, transplantée au loin : la fidélité, le patriotisme, la foi. Chères roses blanches du Canada, je vous respire, quand je désespère de moi-même et de mon pays. Chères roses blanches, vous me rappelez qu'il y a, au delà des mers, de bons et loyaux Français qui m'ont soutenu dans mes luttes, applaudi même en mes défaites, qui ont pleuré avec moi notre prince bien-aimé, et qui parfois ont pleuré aussi mes infortunes. Chères roses blanches du Canada, j'ai éprouvé bien des fois votre vertu miraculeuse, sinon pour les plaies du corps, du moins pour les plaies de l'âme. Vous me dites que rien ne vaut, sinon l'honneur et la foi. Merci, divines consolatrices, merci, mes amis, mes frères d'outre-mer

CHAPITRE SEPTIÈME

LA MUSIQUE A ROME

L'État français entretient à Rome, dans la Villa Médicis, de jeunes compositeurs. C'est une vieille tradition qui survit à la suprématie musicale de Rome. Il a même fallu la modifier, et c'est en Autriche, en Allemagne ou à Paris, que les pensionnaires musiciens achèvent d'épuiser le crédit sur l'État qu'ils ont gagné au concours. Cependant, ils passent encore au Pincio deux années d'études et de recueillement.

L'utilité de la Villa Médicis est fort contestée de nos jours. Elle semble plus contestable encore pour les musiciens que pour les peintres, les sculpteurs ou les architectes. Car si Rome est demeurée l'incomparable musée des arts du dessin ou de la plastique, ce n'est plus un conservatoire de musique.

Cependant les jeunes compositeurs envoyés à Rome, ont terminé leurs études : ils connaissent la technique de leur art. Non pas qu'ils aient fini d'apprendre, l'art est long, la vie est courte, mais ils ont quitté l'école ; ils ont plus besoin d'inspiration que de leçons ; leur génie est venu au point de maturité où il doit revêtir une forme personnelle. C'est à Rome qu'ils prennent la robe prétexte et entrent dans la virilité. Désormais, ils doivent s'interroger eux-mêmes, plus que leurs maîtres.

Le séjour de la Villa Médicis est favorable à l'austère méditation. C'est un lieu magnifique, où tout est fait pour l'anoblissement de l'âme. L'horizon de l'Académie de France est auguste; on y plane sur toutes les hauteurs, sur toutes les grandeurs. Honneur au directeur qui, sous Charles X, je crois, échangea l'obscur palais Salviati du Corso pour les magnificences de la Villa du Pincio! Devant nos jeunes maîtres, s'étend la ville Eternelle; ses coupoles, ses tours et ses colonnes atteignent à peine le niveau de leurs pieds. Au fond, Saint-Pierre et le Vatican déploient en toute leur majesté des lignes superbes; en face, le Janicule, où les pensionnaires français peuvent saluer leurs frères d'Espagne. Car l'Académie d'Espagne s'est établie aussi sur les lieux hauts, en face du seul panorama qui rivalise avec celui de Pincio.

A droite, les courbes du Monte-Mario, dont la base est baignée par le Tibre; tout auprès de la Villa, se confondant avec ses jardins et leur faisant point de vue, les jardins enchantés du Pincio. On arrive à l'Académie par l'escalier de la Trinité-des-Monts, chef-d'œuvre bâti par la France et qui lui appartient encore; une belle allée de chênes verts, aux formes classiques, passe devant la Villa, et en face de la porte, une vasque énorme tapissée de mousses, distille une eau toujours murmurante. A l'intérieur, de vastes appartements, tapissés de Gobelins, ornés de statues et de tableaux de maître. C'est le rêve de Mignon regrettant sa patrie. La façade de la Villa qui donne sur les jardins, est la plus belle de Rome, une des plus belles du monde; et ces jardins, pleins d'ombre et de silence, où ne manquent ni le citronnier, ni l'oranger, ni le laurier, sont dessinés à souhait pour favoriser les hautes pensées.

Nos pensionnaires sont peut-être un peu jeunes, un peu fougueux encore, pour savourer paisiblement les charmes d'une telle retraite. Je les plains, s'il n'ont jamais rencontré la Muse au détour d'une allée obscure; car le Parnasse n'était assurément pas un plus beau lieu que notre Villa, et Platon rêvait à ces jardins, pour y promener le cortège des neuf sœurs.

Un musicien, qui sait son métier, dont la mémoire est meublée de chefs-d'œuvre, puise à la source même de belles inspirations. La nature, l'art, les souvenirs les plus grandioses de l'histoire font de tous côtés le siège de son âme, émeuvent son cœur, s'harmonisent pour l'élever au-dessus de l'humanité. Ajoutez à cela l'ignorance des misères matérielles, qui tracassent et aigrissent l'artiste débutant, le ravalent aux préoccupations mercantiles. Le séjour des musiciens à Rome se trouve amplement justifié.

Quelle que soit d'ailleurs la déchéance de l'art musical en Italie et surtout à Rome, il s'en faut que la ville Eternelle n'offre plus aux compositeurs des sujets intéressants d'études.

J'ignore ce qu'étaient les maîtrises pontificales, au temps de la grandeur des Papes : telles qu'elles sont, elles surpassent encore toutes celles de l'Italie. Elles exécutent d'antiques chefs-d'œuvre, qui ne figurent plus dans le répertoire courant des maîtrises allemandes ou françaises, et qu'on ne peut entendre qu'à Rome. La musique sacrée est traitée là avec une magnificence digne d'elle : c'est un art encore vivant, encore approprié à la majesté et à l'ampleur des cérémonies. La musique profane, moins favorisée que la musique sacrée, dans la Ville sainte, n'y est pas non plus dédaignée, et le répertoire de l'Apollo ou du théâtre Costanzi, ouvert aux chefs-d'œuvre récents de l'Allemagne et de la jeune école italienne, est incomparablement plus varié que celui de notre Opéra. Puis, la langue italienne, au théâtre, ou la prononciation italienne du latin dans les basiliques, révèlent à nos jeunes maîtres des accentuations expressives, ignorées de notre idiome aux sonorités grises et pâles.

Un chanteur français, engagé au théâtre Apollo, me disait qu'il avait retiré grand profit de l'habitude de chanter en italien : il y a appris l'art de donner, même en français, un relief singulier au récitatif, de faire ressortir les syllabes pleines, d'accentuer la mélopée, art à peu près inconnu de nos compatriotes.

Les grandes maîtrises de Rome se font entendre chaque dimanche et aux jours de fêtes dans les trois basiliques, Saint-Pierre, Saint-Jean de Latran, Sainte-Marie-Majeure. Les chapelains-chantres de la Sixtine, se recrutent parmi les plus excellents artistes de ces trois maîtrises.

Les autres paroisses de Rome, ou ne célèbrent pas la grand'messe et les vêpres du dimanche, ou les chantent sans aucun éclat. La musique n'y intervient pour rehausser l'éclat du culte, qu'aux grandes cérémonies, à la fête du saint patron de la paroisse, ou aux *Triduum* ou *Octaves* ordonnés par le cardinal-vicaire. Alors, on demande aux basiliques leurs meilleurs chanteurs.

Les fêtes les plus musicales de l'année sont, à Saint-Pierre, celles du prince des apôtres et de son émule dans la gloire et le martyre, saint Paul ; à Saint-Jean de Latran, les fêtes du Précurseur, dans la dernière semaine de l'année, et celles de l'Evangéliste, au mois de juin ; à Sainte-Marie-Majeure, la solennité de Noël, celle de la Nativité et de l'Immaculée-Conception. L'Assomption est célébrée avec plus de pompe à Sainte-Marie-du-Peuple, où le Pape autrefois tenait chapelle.

Mais, au Gesù, aux Saints-Apôtres, à Saint-Ignace, à Saint-Marc, à Saint-Charles au Corso, à la Chiesa Nuova ou Santa-Maria in Vaticelli, à Saint-Andrea della Valle, où l'on célèbre avec une pompe singulière l'Épiphanie, à Sainte-Agnès, sur la place Navone, à Sainte-Marie du Trastevere, etc., etc., on exécute, en des circonstances particulières, des offices merveilleux, moins sévères, plus éclatants encore que ceux des basiliques.

A Rome, où tous les saints ont leur paroisse, il n'est pas de jour sans fête, sans solennité musicale.

Les offices de la Semaine sainte, qui attirent tant d'étrangers, à Saint-Pierre, sont réglés par une liturgie qui déconcerte nos habitudes françaises. Chez nous, c'est une semaine de deuil ; les offices, très beaux, y reçoivent un appareil funèbre. A Rome, on s'attache moins au côté extérieur, humain, douloureux, du divin mystère, qu'au sens mystique, joyeux et purificateur de la Rédemption. Le tombeau du Christ n'est pas figuré par un sépulcre lamentable : c'est un autel étincelant de lumières; le mort va ressusciter; le Dieu est toujours vivant ; la victime volontaire, le libérateur mérite moins nos larmes que notre gratitude. Saint-Pierre représente l'épopée sublime de l'Église triomphante, de l'Église affranchie. Saint-Pierre ne prend jamais les habits de deuil; c'est le tabernacle du Saint des Saints, toujours radieux. Le jeudi saint, après la dernière messe, on dépouille l'autel papal, mais c'est pour le laver, pour le purifier de toutes les traces de l'humanité, de la nature faillible, du péché; et les chanoines viennent tour à tour y verser l'eau lustrale, y effacer la souillure.

La meilleure maîtrise de Rome est incontestablement celle de Saint-Jean de Latran, dirigée par M. Capocci. Compositeur éminent, M. Capocci a su trouver, même après Palestrina, après Gui d'Arezzo, après Allegri, les accents de la noble inspiration religieuse. Sa musique, qu'on exécute à Saint-Jean de Latran, et partout, à côté de celle des vieux maîtres, ne dépare pas un tel voisinage. Aux offices de Saint-Jean, on chante à merveille, sous sa direction, le motet fameux de Gui d'Arezzo qui a donné aux notes de la gamme leurs noms modernes :

>Ut queant laxis
>Resonare fibris
>Mira, etc.

Les chantres de Saint-Jean l'emportent sur tous les

autres, par l'éclat des solistes et la belle ordonnance du double chœur.

A Rome, jamais, sauf dans les couvents de religieuses, à la Trinité-des-Monts, par exemple, les femmes ne chantent dans les églises. Les voix des enfants, trop grêles pour remplir les vastes basiliques, ne sont employées que dans les chœurs. Les *soli* de soprano sont donc confiés à ces chanteurs étranges que l'art doit à quelque accident, et qui, dès les temps reculés, ont consacré aux magnificences du chant romain le charme de leur voix extra-humaine, angélique. Ces *soprani* hommes ou presque hommes sont encore au nombre de quatorze dans les maîtrises de Rome, et tous sont employés au service de la chapelle Sixtine, sous la direction de leur vieux maître, le célèbre Mustapha. Celui qui possède la voix la plus fraîche et la plus exercée est M. Moreschi, de Saint-Jean de Latran.

La plume est impuissante à décrire la suavité pénétrante de cette voix puissante et souple, dont le timbre est plus pur que celui des belles voix féminines, avec une ampleur et une vigueur bien supérieures. Le talent extraordinaire de M. Moreschi en fait le *soprano* le plus recherché : parfois, un peu de fatigue altère le timbre admirable de son organe. Mais son style demeure incomparable.

Un vendredi-saint, à Saint-Louis-des-Français, il a chanté, comme jamais peut-être on ne l'a chanté, la partie de contralto dans le *Stabat* de Rossini. La partie de *soprano* était tenue à merveille par un jeune chantre de Saint-Pierre, excellent aussi. La partition célèbre du maître, interprétée par quatre hommes solistes, recevait de cette interprétation inusitée un éclat nouveau.

Parmi les *soprani*, il faut encore en citer un, qui se fait entendre à la Sixtine et dans les grandes cérémonies funèbres; j'ignore son nom; il est déjà vieux et ses forces le trahissent; mais jamais chanteur n'a atteint un style plus accompli. Le timbre affaibli de sa voix suraiguë produit encore des effets de grâce et de douceur qu'on ne connaît nulle part ailleurs. C'est lui qui à la Sixtine, donne l'intonation aux parties de soprano dans le chant *alla Palestrina*, et exécute les rares *soli* que comportent ces vieilles partitions.

Pour suppléer à l'insuffisance des causes accidentelles qui font les vrais *soprani*, on essaie de former des *soprani* artificiels, des voix de fausset. Il y en a quelques-uns dans la maîtrise de Saint-Pierre, et on éprouve plus de surprise que de plaisir à entendre sortir du visage barbu de ces bons pères de famille des sons de tête et de nez qui n'appartiennent à aucun sexe. Ces faux *soprani* manquent toujours de force et de pureté dans l'émission vocale; leur chant nasillard est plus efféminé que celui des vrais *soprani*. L'innovation n'est pas heureuse : cependant il est un de ces contrefacteurs, à Saint-Pierre, qui supplée au vice de la voix de fausset par un style très correct.

C'est encore à Saint-Jean de Latran qu'on entend le roi des ténors de l'Église romaine, qui se fait écouter aussi dans nombre de concerts. Une claudication fâcheuse lui a interdit la carrière plus lucrative du théâtre. La voix est d'une étonnante souplesse : il passe d'un timbre à l'autre, de la voix de poitrine à la voix mixte ou à la voix de tête avec une facilité merveilleuse. Puissant et doux, il prête à la musique sacrée une expression qui arrache les larmes. Ce ténor remarquable double son talent, lorsqu'il a remarqué dans la foule un auditeur qui l'écoute avec plaisir. J'avais coutume, aux fêtes de Saint-Jean, de le regarder, tandis qu'il chantait, de l'approuver aux meilleurs passages. Il voulait bien, j'en suis sûr, chanter pour moi, et il se surpassait.

Il faut encore signaler à Saint-Pierre une grande basse chantante, d'un art accompli.

Le directeur de Saint-Pierre est le chevalier Meluzi, vieillard d'un grand mérite, fort attaché aux traditions classiques de la vieille musique italienne.

Le maître de chapelle de Sainte-Marie-Majeure, est M. Battaglia, compositeur très habile, mais dont la musique affecte un caractère plus théâtral, plus dramatique que religieux : il a pour lieutenant le commandeur Moriconi, véritable artiste, qui introduit dans l'Église les innovations de l'art moderne. C'est lui qui avait organisé l'accompagnement musical du service funèbre de notre regretté collaborateur, le vicomte Rouge de Maguelonne ; l'orchestre était garni de trompettes et de tambours, comme si l'on devait exécuter le *Tuba mirum* de Berlioz. La musique de M. Moriconi est puissante et dramatique, comme celle de son maître M. Battaglia : mais je ne sais si elle répond exactement aux sages préceptes que la Congrégation des rites a édictés pour la composition et l'exécution de la musique religieuse.

Le directeur de la chapelle Sixtine est, je l'ai déjà dit, le chev. Mustapha, *soprano* qui jouit d'une célébrité européenne. Tous les offices sont chantés *alla Palestrina*, c'est-à-dire à quatre parties sans accompagnement. On n'y exécute guère que les vieux maîtres : cependant, sous Léon XIII, on a permis aux chapelains-chantres quelques excursions dans la musique moderne. J'ai entendu à la Sixtine, au service annuel de Pie IX, un *Dies iræ* avec ports de voix, trilles et roulades d'une fantaisie plus bizarre que religieuse. L'oreille a besoin d'une éducation spéciale pour apprécier les beautés du chant sixtin. La musique de Palestrina paraît froide, inutilement savante, dépourvue d'expression. Aucune différence sensible entre un *Kyrie* et un *Gloria*. En outre, les chapelains-chantres de Sa Sainteté ont gardé la tradition de certains coups de gosier, de certaines attaques en *appogiature* qui déconcertent l'auditeur encore novice. Ces chantres sont remarquables surtout par leur extrême facilité à saisir du premier coup et à garder l'intonation juste des parties.

Mais c'est aux grandes fêtes des basiliques, à celles des églises que se déploie la pompe musicale, j'allais dire théâtrale. Quelquefois, on entend jusqu'à trois chœurs disséminés pour l'effet dramatique dans des tribunes diverses. Autrefois, sous Pie IX, on disposait même des chantres et des trompettes au sommet de la coupole, pour simuler l'appel des anges et la terrible trompette du jugement dernier. Comment s'accordent ces chœurs à de si grandes distances ? S'accordent-ils toujours ? — Qu'importe ? L'effet théâtral est obtenu.

La seule ville du monde où le plain-chant romain ne s'entende jamais, ou presque jamais, c'est Rome. L'unité liturgique a été établie partout, même en France, au détriment de notre rite gallican qui conciliait la sévérité du plain-chant avec les habitudes d'une mélodie plus moderne. Mais Rome, qui a si judicieusement imposé au monde occidental l'unité de liturgie, est demeurée libre de s'en affranchir. Cela tient, sans doute, à ce qu'on ne fait de musique dans les églises qu'aux jours solennels.

Parmi les curiosités musicales de Rome, il ne faut pas oublier les intéressants offices du rite arménien, célébrés à l'église de Saint-Nicolas de Tolentino, aux heures correspondantes à celles de l'Arménie. C'est ainsi que la messe pascale de l'aurore est chantée à Rome, par les Arméniens, le samedi saint, à quatre heures de l'après-midi. Le chant arménien est d'une étrange monotonie, et la langue arménienne ajoute à l'effet de cette mélopée asiatique. A la fin de l'office, les célébrants et le chœur entonnent à tue-tête une sorte d'hosannah triomphal, avec un accompagnement forcené de cymbales. Il ne manque que les pirouettes et la chute finale de l'almée, pour donner l'illusion d'une fête arabe.

Rabelais appelait Rome l'« île sonnante ». C'est en effet la ville des cloches : le carillon ne s'y tait guère. Mais ce n'est pas la ville des grandes orgues. A Saint-Pierre, il n'y a pas d'orgues fixes, sauf dans la chapelle du chapitre. Ces orgues sont d'un timbre vieillot qui n'est pas dépourvu d'agrément ; mais les jeux manquent de richesse. Quand l'office est célébré dans une autre chapelle ou devant la Confession, on transporte deux orgues mobiles, pourvues d'une tribune pour les chanteurs. M. Cavaillé Coll a dessiné le projet d'un instrument monumental, qui remplirait l'immensité de la basilique et en occuperait le fond. Cet orgue masquerait la Loggia d'où le Pape a donné la bénédiction à l'intérieur de Saint-Pierre, le jour de son élévation. Je ne crois pas le projet réalisable.

Dans toutes les églises ou basiliques, les orgues sont placées de chaque côté du chœur; mais ce ne sont que des instruments d'accompagnement.

Saint-Louis des Français est la seule église de Rome qui possède un orgue monumental, muni de la richesse et de la variété complète des jeux modernes. C'est la maison Merklin qui a eu l'honneur de construire, la première, à Rome, un si bel instrument, digne de rivaliser avec les plus parfaits qui soient à Paris.

La musique religieuse l'emporte sur toute autre dans l'esprit des Romains. Alors que les théâtres d'opéra demeurent à peu près vides, ou ne sont guère peuplés que de Piémontais, sauf l'*Apollo*, où l'abonnement est de rigueur pour le patriciat indigène, les concerts spirituels dirigés par M. Rotoli, au théâtre Constanzi, attirent une foule considérable et enthousiaste. Les cafés-concerts eux-mêmes, au temps de Pâques, exécutent à l'envi le *Stabat* de Rossini ou le *Requiem* de Verdi, à la grande satisfaction des consommateurs.

Si le Pape quittait Rome, si les solennités religieuses, les *fonctions*, comme on dit, étaient suspendues, si les *contadini* de la campagne et le petit peuple romain étaient privés de l'éblouissement des yeux et de l'enivrement des oreilles par une cessation subite des grandes fêtes chrétiennes, il y aurait aussitôt une révolution. Les divertissements que le Parisien demande au café-concert, au bal public, au bouiboui ou au bastringue, le Romain les demande à l'Église. C'est là qu'il va oublier le souci de la vie, là qu'il entrevoit le Paradis, au milieu des innombrables bougies, des draperies, des fleurs, de la fumée de l'encens ; c'est là qu'il berce son âme aux accords d'une musique éclatante et gaie ; c'est là qu'il s'incline sous la main des cardinaux, en face des saintes reliques, là qu'il admire la patience et l'immobilité des évêques, enveloppés de grandes chapes, comme des idoles indoues, assis sur des tabourets devant l'autel, le visage tourné vers le public. Mgr de Neckère, archevêque de Mitylène, prélat éminent, a la spécialité de ces présidences ; on admire l'immobilité de sa mitre, sauf... *quandoque bonus dormitat Homerus.*

Les Papes avaient toléré les théâtres à Rome ; des prélats étaient préposés à leur surveillance ; ils veillaient, comme M. Sosthène de Larochefoucauld, sous Charles X, à la décente longueur des jupes de gaze, à la correction politique des représentations. Après l'invasion piémontaise, les jupes se sont raccourcies ; les *Huguenots* et autres opéras, plus ou moins orthodoxes, ont été autorisés.

Un entrepreneur, nommé M. Costanzi, a édifié sur les hauteurs de l'Esquilin, près de la gare et de Sainte-Marie-Majeure, dans le quartier Mérode, un somptueux opéra. La salle est très commode, très vaste et très riche. Mais on n'y va guère. Le théâtre Costanzi reste livré aux troupes nomades, et l'aristocratie n'a pas encore pris l'habitude d'escalader l'Esquilin, pour entendre la musique. M. Costanzi a fait faillite.

L'opéra subventionné, l'opéra du high-life, est installé pendant la saison du Carnaval, de Noël à la mi-carême, dans la vieille salle du théâtre *Apollo* construite par les Tortonia, aux bords du Tibre, près du pont Saint-Ange. On va la démolir pour élargir les quais. C'en sera fait à Rome des réunions mondaines au théâtre.

La question de l'*Apollo* passionne chaque année les Romains. L'abonnement est fort cher, et le peuple économe n'estime jamais qu'on lui donne assez de belle musique pour son argent. Les *impresarii* accumulent les *fiaschi*. En réalité, dans toute l'Italie, il reste à peine assez d'artistes de premier ordre pour composer une bonne troupe d'Opéra, et encore ! M. Masini, l'illustre et charmant ténor, M. Cotogni, baryton incomparable, M. Nanetti, basse grandiose, soutiennent à peu près seuls l'antique réputation du chant italien. Rome les entend rarement. C'est en France que se recrute le meilleur des troupes romaines. Madame Galli-Marié, mademoiselle Donadio, M. Maurel, Madame Maria Durand, M. Lorrain, M. Engel, voilà les artistes qui sont le plus fêtés à l'*Apollo*. Le répertoire préféré après celui de Verdi, est également français ; *Mignon*, la *Jolie fille de Perth*, *Faust*, le *Pardon de Ploermel* sont les seules œuvres qui fassent une sérieuse concurrence aux opéras de Verdi. Tout *impresario* qui cherche la popularité doit inscrire en tête de son programme : la *Forza del Destino* de Verdi : c'est l'œuvre favorite des Romains; on y voit beaucoup de moines, avec des cierges, et presque autant de soldats. On y chante la guerre et des cantiques. Le peuple romain est en délire. On a vainement essayé d'acclimater là-bas la délicate musique de M. Léo Delibes. *Lakmé* a été froidement accueillie, et le gracieux ballet de *Coppelia* a été outrageusement sifflé à l'*Apollo*. On préfère *Excelsior* et surtout les ballets héroïques, où l'histoire romaine est traduite non en madrigaux mais en entrechats et en ronds de jambes. C'est plaisir pour les Romains de voir Romulus, Spartacus, Titus Vetius, pirouetter, gesticuler avec leurs cuirasses et leurs casques.

Cependant la musique allemande envahit l'Italie. Aux fêtes pour le mariage du duc de Gênes, frère de la reine Marguerite, avec une princesse de Bavière, on a exécuté à l'*Apollo*, en allemand, la célèbre tétralogie des *Niebelungen* qui inaugura le théâtre de Bayreuth. Ces trois curieuses représentations n'ont été assidûment suivies que par la reine et les ambassadeurs allemands. Le *Lohengrin* a obtenu pourtant, l'année dernière, jusqu'à douze ou quinze représentations.

La reine est fanatique de la musique wagnérienne. Je crois que la triple alliance a dû être conclue auprès d'un piano à queue, entre le mélomane ambassadeur, M. de Keudell, et la jeune souveraine, M. Mancini, autre mélomane, chantant les parties accessoires. Si la révolution italienne s'est faite aux cris de *Verdi*, VERDI ! (Vittorio Emanuele, Re d'Italia), l'alliance italo-germaine a dû être discutée sur un air du *Vaisseau Fantôme*, de *Tristan et Iseult* ou des *Maîtres chanteurs*. La reine

Marguerite est une walkyrie qui ne désobéira jamais aux ordres du dieu suprême de la politique, Wotau de Bismarck, dont M. Siegfried de Keudell est l'envoyé. Mais ce germanisme n'a pas encore pénétré le cœur des foules; et l'ombre de Wagner pâlit toujours devant le prestige de Verdi.

La jeune école italienne, dont le *Mefistofele* de Boïto est le manifeste, accommode comme elle peut et sans grand succès le wagnérisme avec le verdisme, le génie allemand avec le génie italien.

Le plus original, le plus savant des musiciens italiens demeure M. Sgambati, symphoniste de la plus haute distinction, pianiste d'une irréprochable correction classique. Mais c'est encore l'ambassade d'Allemagne qui le protège et l'accrédite. Ses concerts sont donnés d'ordinaire au palais Caffarelli, dans les appartements de M. de Keudell.

En somme, malgré tous les efforts, la musique profane n'a pas encore réussi à détrôner la musique religieuse à Rome. Les basiliques y demeurent le sanctuaire incontesté de l'art. Le peuple romain n'a pas perdu son goût pour les divines mélodies qui chantent la louange de Dieu. La poésie du christianisme parle mieux à son cœur et à ses sens que la mythologie teutonne.

Rome reste pour nos jeunes compatriotes une saine école de musique, s'ils veulent bien puiser leur inspiration aux spectacles sévères et grandioses qui les entourent, et aux sources pures de l'art antique des Italiens.

CHAPITRE HUITIÈME

LE CARDINAL PAROCCHI

SOMMAIRE

L'avenir, suivant Mgr Mermillod. — Un cardinal en disgrâce. — Un ennemi des *Carbonari*. — Refus d'*exequatur* à l'archevêque de Bologne. — Simplicité apostolique. — Un grand orateur chrétien. — Le cérémonial adopté pour la réception du prince d'Allemagne. — Le cardinal-vicaire. — Méfiance du clergé romain. — Pourquoi le vicariat a été confié au cardinal Parocchi. — Sévérité et douceur. — Douze conflits par jour. — L'affaire du lazaret de Sainte-Sabine. — Le lazaret de Sainte-Marthe au Vatican. — La *Défense* est-elle contente ? — Des cercles carrés. — Le journal des horizontales et les horizons religieux. — La vraie prudence et la vraie gloire. — Une vie accablante. — De hautes destinées.

Un jour Mgr Mermillod me dit : « Il faut vous présenter au cardinal Parocchi. Je l'ai rencontré hier dans une maison amie; il aime votre journal; il a pour vous grande estime. Il vous attend. Voyez Parocchi, c'est l'avenir. » Et avec le fin et discret sourire qui lui est habituel, il insista : « C'est l'avenir !... »

Alors, ce n'était guère le présent; car jamais prince de l'Église n'avait été encore tenu en disgrâce plus marquée. Depuis, le cardinal Pitra a montré jusqu'où pourrait aller la disgrâce d'un cardinal.

Léon XIII ne pardonne pas à ceux qu'il a frappés, surtout quand il les a frappés pour excès d'intransigeance. Le Père Curci a pu rentrer en grâce, après tant de frasques, après le livre du : *Vatican royal, ver rongeur de l'Église*. Il était coupable seulement d'un excès d'italianisme : peccadille ! Le cardinal de Hohenlohe, l'une des sept têtes de l'Antéchrist, suivant le visionnaire David Lazzaretti, le cardinal de Hohenlohe, démissionnaire avec fracas de l'évêché suburbicaire d'Albano, fugitif de Rome pour se livrer à un flirtage théologique avec le fameux Loyson de la Bavière, le chanoine Dœllinger, le cardinal de Hohenlohe n'a jamais connu aucun péril de défaveur.

Mais le cardinal Parocchi avait gravement déplu au Quirinal dans son archevêché de Bologne. Il s'était vu refuser l'*exequatur* et le Pape l'avait sacrifié. Il était de ces victimes auxquelles un sacrifice ne suffit pas, de ces morts qu'on ne peut se lasser de tuer. On lui attribuait en outre des articles fort sévères publiés dans certains journaux catholiques de Bologne et de Milan. Il vivait à l'écart dans un modeste appartement de la via dei Cestari, et ne faisait pas sa cour. De plus, Il passe pour un lettré de premier ordre, pour un théologien incomparable, pour un latiniste accompli ; pour un politique à la fois ferme et habile. Le talent fait peur. Enfin, le cardinal avait recueilli quelques suffrages indépendants au dernier Conclave, lui, l'un des derniers cardinaux créés par Pie IX, l'un des plus jeunes membres du Sacré Collège. Les élus des Conclaves, pas plus que ceux des Congrès, n'aiment la concurrence. Tout le monde croyait à une disgrâce définitive, et lui plus que tout autre ! Mais il s'en consolait, en ciselant des vers dantesques, en étonnant ses rares visiteurs par la finesse et la profondeur de ses mots, frappés en médaille. Puis il garde une grand confiance dans « la diplomatie vénitienne ». Car Mantoue, sa patrie, si elle est voisine de Crémone, l'est aussi de Venise.

Le cardinal Lucido Maria Parocchi est né à Mantoue, d'une bonne et modeste famille de robe, qui ne prit jamais aucune part aux conspirations contre le régime autrichien. On peut même soupçonner le cardinal de nourrir une reconnaissance médiocre pour les *carbonari*, libérateurs de sa patrie ! Il ne s'est pas défendu de quelque prédilection pour les diplomates autrichiens. Il comprend et parle la langue allemande, faculté à peu près unique dans la prélature italienne. L'aigle autrichien figure à la tête de son blason.

Entré fort jeune dans les ordres, il débuta par le professorat. Pie IX remarqua ce jeune prêtre, d'une vertu austère jusqu'au scrupule, d'une tendre piété, d'une science profonde et d'une doctrine impeccable. Il lui confia bien vite un évêché, puis l'appela au lourd et difficile archevêché de Bologne, et enfin, dans le dernier Consistoire de son règne, aux honneurs de la pourpre. On sait le reste.

Léon XIII soumit les évêques d'Italie, même ceux des anciens États pontificaux, à l'obligation de l'*exequatur*. Pie IX portait la charge financière de ces évêchés, charge trop lourde pour Léon XIII, qui, par cette concession, indiqua une première fois qu'il voulait compter avec le fait accompli. Le nouveau Pape ne consentit même pas à subvenir aux besoins d'un archevêque de Bologne, à qui sa fermeté interdisait les bonnes grâces du fisc italien. Il intima à l'archevêque de Bologne l'ordre de démissionner, et le remplaça, d'accord avec le Quirinal, par Mgr Battaglini, *persona piu grata*, plus complaisante, aujourd'hui cardinal. Il rappela à Rome le cardinal Parocchi, sans autre compensation que la préfecture absolument stérile d'une petite congrégation.

Le cardinal n'a pas de fortune. Il mène à Rome le train d'un vrai serviteur des serviteurs de Dieu, réduit au strict nécessaire, celui qui convient aux temps où l'Église est en deuil et captive.

J'allai le remercier de sa sympathie, en son humble demeure de la via dei Cestari.

Il me fit tout d'abord l'effet d'un homme prédestiné aux premiers rôles. Cette première impression s'est fortifiée et plus profondément gravée, à chacune des entrevues suivantes. Il me donna la sensation d'un grand homme. J'ai connu bien des hommes réputés grands, mais cette sensation, je ne l'ai éprouvée que quatre fois. Les noms sont au bout de ma plume. Qu'ils y restent! Je ne veux décourager personne.

Le cardinal Parocchi est de taille médiocre, avec un peu d'embonpoint. Il avait alors environ cinquante ans. La tête est puissante, couronnée d'une chevelure abondante, noire, à peine argentée : les traits sont réguliers, et les yeux noirs lancent par intermittence des flèches de feu; c'est un incendie qui couve. La bouche est charmante de douceur et d'ironie discrète, dans le sourire : quand l'orateur s'anime, l'expression en devient sévère, mais de cette sévérité éloquente qui s'interdit la colère ou l'invective et plane dans les hautes régions de la justice absolue.

Les manières du cardinal, toujours aimables et aisées, vives aussi, ont ce je ne sais quoi de grave, de posé, de bienveillant, de cordial, qui manque presque toujours à l'affabilité italienne.

Le cardinal Parocchi est un orateur; la nature l'a fait tel. Elle lui a donné la voix, le regard, le geste, la promptitude et la profondeur de l'esprit. Ses homélies forment des morceaux accomplis d'éloquence concentrée; sa conversation est brillante et profonde. Il taille les mots comme des diamants. Ses traits étonnent et éblouissent. On reproche à son style écrit quelque affectation dans la concision et un peu de recherche archaïque. C'est un maître de l'école qui prend Dante et Pétrarque pour modèles, qui bannit le gallicisme et la superfluité banale des ornements qui dépare le style moderne des Italiens.

Je n'oublierai jamais cette première entrevue; mais il serait peu séant d'en rapporter les points les plus remarquables. Le cardinal gardait alors une entière liberté de langage et de jugement. Depuis, investi d'une des plus hautes fonctions de l'Église, la liberté du langage s'est restreinte, mais le fond des jugements est resté, et les appréciations du cardinal-vicaire ont gagné, à être un peu gênées dans l'expression, cette exquise malice qui fait la fortune des journalistes sous le régime de l'état de siège. Lui, il est sous le régime, plus sévère encore, de la grandeur sous un autocrate. Un soupir, un éclair du regard, un sourire, une question singulière, disent autant et disent mieux encore ce que le cardinal ne craignait pas d'exprimer nettement au temps de la disgrâce.

Alors, le prince impérial d'Allemagne, hôte du Quirinal, « notre Fritz », venait de rendre sa mémorable visite au Vatican. J'ai su depuis que le cérémonial, compliqué, un peu chinois, adopté pour la circonstance, était de l'invention du cardinal Parocchi. « Dans ces sortes d'affaires, me dit-il, les questions formelles deviennent les questions essentielles, et la forme sauve le fond. »

A quelques jours de là, il s'installait dans un appartement plus vaste, non moins rigide, au gracieux palazetto Torlonia, dans le Borgo nuovo. Je l'y revis plus humble, plus discret que jamais. Je me permis de l'interroger sur le choix probable du cardinal-vicaire; car on savait le cardinal Monaco Lavaletta appelé à remplacer le défunt cardinal Bilio dans les fonctions de grand pénitencier. Je connaissais *in petto* la candidature de mon illustre interlocuteur.

Il me cita, comme candidats possibles, un très grand nombre de cardinaux, presque tout le Sacré Collège. Puis il ajouta à voix basse : « Il est question aussi de votre serviteur; mais je ne suis rien; je ne veux rien être; ma pauvre personne n'est pas faite pour de telles dignités. »

Le lendemain, sa nomination était officielle.

On a dit qu'il avait accepté, *ad nutum*, c'est-à-dire en remettant sa démission signée, la date en blanc. Car ces grandes charges cardinalices sont inamovibles.

Je n'en crois rien. Mais si cela était, le cardinal eût encore bien fait d'accepter à cette condition, et malgré cette méfiance.

Il était d'intérêt supérieur que le cardinal-vicaire fût choisi parmi les cardinaux les moins suspects de tendresse pour l'Italie.

Cette nomination reçut un accueil froid dans le clergé romain, dont le cardinal-vicaire général de Sa Sainteté est l'évêque effectif. Il tient la place du Pape, évêque de Rome. Il gouverne souverainement les innombrables paroisses de Rome, et cette quantité d'églises et de chapelles, de couvents et d'hospices, dont l'ensemble compose la Ville sainte. Enfin, le cardinal-vicaire possède la juridiction sur toutes les basiliques ou églises dont ses collègues sont titulaires. Tous les cardinaux du monde relèvent de lui pour les fonctions sacrées dans la ville de Rome.

Poste étrangement périlleux!

On a dit que Léon XIII l'avait confié au cardinal Parocchi, pour lui rendre invraisemblable toute chance d'accession à la tiare. En effet, le cardinal-vicaire est exposé à de perpétuelles difficultés, sinon à des conflits avec tous ses collègues. Chef du clergé romain, il risque une rapide impopularité. On a remarqué le soin avec lequel le Pape avait nommé au vicariat de Rome et à l'archevêché de Turin, les cardinaux Parocchi et Alimonda, deux de ses successeurs possibles, qu'il aurait voulu rendre impossibles! C'est pour un semblable motif que Pie IX avait choisi le cardinal Pecci, comme camerlingue de la sainte Eglise romaine. Les Papes aussi prennent des *précautions inutiles*.

Le cardinal Parocchi succédait au bon et faible cardinal Monaco Lavaletta. Aux yeux du clergé romain, il avait le double défaut d'un renom d'austère sévérité et d'une naissance étrangère à Rome. Cependant, il exerce ses hautes et difficiles fonctions sans faiblesse et sans impopularité. On le respecte, on le craint, on l'admire. Son autorité a grandi, ses chances se sont affirmées, et plus que jamais, Mgr Mermillod pourrait dire : « Parocchi, c'est l'avenir ! »

Le cardinal n'a pu surmonter tant d'écueils qu'en ayant toujours raison, dix fois raison. C'est ainsi qu'il a pu tendrement admonester un de ses collègues, l'excellent, le saint, le sublime cardinal Celesia, archevêque de Palerme, qui, venu à Rome pour recevoir le chapeau, avait accepté, sans consultation préalable du cardinal-vicaire, d'offrir la plume d'or des avocats de Saint-Pierre à la madone célèbre des Liguoristes de l'Esquilin, et même avait donné la bénédiction solennelle pontificale, dans une église dont il n'était pas titulaire ! On peut être un saint archevêque et recevoir des points de Mgr Cataldi, pour l'observation du cérémonial et la science liturgique !

— Le Pape et le cardinal secrétaire d'État, me disait un jour le cardinal-vicaire, sont encore bien à l'aise dans leur Vatican. Ils souffrent de l'occupation italienne de Rome, mais dans leur âme, dans leur cœur. Ils n'ont jamais affaire directement aux agents de l'Italie. Moi, j'ai dix ou douze conflits par jour avec les autorités civiles !

Le plus connu de ces conflits éclata à l'occasion du choléra de 1884.

Le lazaret municipal occupait, à Sainte-Sabine, les hauteurs de l'Aventin. La municipalité, arbitraire et théâtrale, même en ses plus sages prévoyances, avait décidé qu'au premier cas de choléra le drapeau noir serait hissé sur le lazaret. — Excellent moyen de relever le moral du peuple ! De plus, les malades, les patients, devaient être transportés au lazaret sous la garde de la police, avec grand déploiement de force ; enfin, on devait interner également dans un lazaret d'expectative, et sous le même appareil, tous les habitants de la maison contaminée. Les règlements ridicules sont ordinaires en Italie. Ils n'y choquent pas ; mais ils favorisent la fraude dans la maladie et dans la mort. A Naples, au début de l'épidémie, on a dissimulé mille cas de choléra, pour échapper au lazaret.

Quelques malades, ou plutôt quelques suspects venaient d'être internés à Sainte-Sabine, tandis qu'un *bersagliere* agonisait au lazaret militaire.

Le cardinal Parocchi demanda au syndic d'être dispensé, non des fumigations et des purifications réglementaires, mais des quarantaines auxquelles étaient assujettis tous ceux qui mettaient le pied au lazaret.

Le lazaret était desservi par plusieurs aumôniers, des infirmiers religieux et des sœurs de charité. L'évêque de Rome devait garder le libre accès auprès du personnel ecclésiastique dont il est le chef.

La négociation confiée au R. P. Ferrini, ministre des Inférieurs, ou Pères Croisiers, aujourd'hui supérieur général de son ordre, aboutit à une réponse évasive du syndic.

— On ne gênera pas le cardinal-vicaire en ses fonctions.

Donc, après avoir visité sans obstacles le lazaret militaire, et consolé le bersagliere mourant, le cardinal tourna la tête de ses chevaux vers les sommets de l'Aventin.

Là, il trouva la porte close, barrée par un médecin, qui offrit au cardinal l'alternative de rebrousser chemin ou de purger une quarantaine de plusieurs jours au lazaret d'expectative.

Le cardinal se dit autorisé; le médecin ne voulut pas croire la parole du cardinal. On s'adressa par téléphone au bureau municipal du Capitole. L'employé était sorti, comme toujours. Le cardinal-vicaire dut partir sans avoir visité ni la chapelle, ni les aumôniers, ni les sœurs infirmières, ni les malades!

Belzunce n'aurait pas eu le droit d'être héroïque, s'il avait vécu à Rome, sous le consulat du duc Torlonia. L'archevêque de Naples, le cardinal Sanfelice, n'eût pu donner l'accolade au roi Humbert, au chevet des cholériques, si de tels règlements eussent été en vigueur à Naples!

Le cardinal Parocchi écrivit au pro-syndic de Rome, le renégat duc Torlonia, des lettres qui resteront à l histoire. Il y affirmait le droit supérieur des ordinaires à pénétrer partout où gémit un malade, où une âme est en péril devant Dieu! Je fus mandé au vicariat et j'écrivis, presque sous la dictée, un article intitulé : *La troisième usurpation*. Il y était dit que l'Italie, après avoir usurpé l'autorité temporelle des Papes, souverains de Rome, après avoir restreint, autant qu'il était en elle, l'autorité spirituelle du souverain Pontife, venait enfin d'attenter contre l'autorité de l'évêque de Rome, contre la troisième couronne qui surmonte la tiare. De par un arrêté du syndic, les aumôniers et les religieux enfermés au lazaret se trouvaient isolés de leur supérieur immédiat, de leur ordinaire, et placés, malgré eux, en état de schisme.

Les réponses du jeune duc furent assez misérables et embarrassées. Mais l'article du *Journal de Rome* déplut au Vatican, non moins que l'attitude belliqueuse du cardinal-vicaire. L'*Osservatore romano* publia, sans commentaires, les pièces du débat. Le *Moniteur de Rome* traita ironiquement l'affaire et sembla incliner vers le syndic.

Le Pape avait alors besoin de la bienveillance et de l'approbation municipales pour commencer les travaux de l'hôpital Sainte-Marthe, dépendant du Vatican. Il venait d'admettre, en son domaine réservé, l'inspection des ingénieurs du S. P. Q. R. Il ne pouvait se passer de leur *placet* pour sa démonstration de charité; il devait faire mine de dépenser des millions, destinés à éclipser les largesses du roi Humbert. Le cardinal-vicaire fut « lâché ». Il fit bonne contenance, et les traits acérés de ses épigrammes devinrent plus que jamais enveloppés d'un coton vinaigré.

Le cardinal Parocchi était absent de Rome, quand parut la fameuse note de l'*Osservatore romano*, qui préludait à la destruction du *Journal de Rome*, assurait l'impunité aux calomnies de Mgr Galimberti et de ses complices, établissait un degré nouveau dans la hiérarchie religieuse, celui des prélats journalistes, déclarés inviolables.

Quand il revint, il eut la bonté de me dire que cette note étrange n'eût pas été publiée s'il eût été à Rome, ou qu'elle eût été rédigée plus correctement. Il me demanda, avec un air d'ingénuité, si le *Français* et la *Défense* de Paris, organes du catholicisme libéral, avaient manifesté un triomphe assez bruyant, et si la presse maçonnique était satisfaite. Je répondis que la satisfaction débordait partout dans le camp libéral. Je ne puis décrire le soupir qui suivit ma réponse.

Enfin, le cardinal Parocchi fut délégué par le Saint-Père à la destruction du *Journal de Rome*. J'expose aillleurs les raisons de ce choix. Ma reconnaissance au cardinal s'en est augmentée. C'est au cours de ces entretiens, que le cardinal m'entendant parler des évêques libéraux, laissa échapper cette saillie : — « Des évêques libéraux? des cercles carrés ! » Un autre jour, un cardinal également influent me parlait d'évêques français, « qui, disait-il, propagent l'hérésie dans leurs diocèses ! »

Je montrais au cardinal un article sur les choses romaines publié par un journal boulevardier de Paris, et attribué, en sa première origine, à l'inspiration du cardinal Czacki. C'était une exaltation de la politique nouvelle de Léon XIII. Mais sur la même page s'étalait une immonde pornographie. Le cardinal Parocchi admira ce contraste, tellement habituel d'ailleurs en ce journal qu'il ne choque presque plus à Paris; puis il s'écria : « J'ignorais que le journal des horizontales eût aussi des horizons religieux ! »

Comme on le voit, les Italiens, si diplomates en leur langue, usent de la nôtre avec une verdeur parfois effrayante.

J'ai conservé pour le cardinal Parocchi une admiration et une tendresse que rien n'effacera.

Les plus beaux dons du cœur et de l'esprit apparaissent réunis dans ce vrai prince de l'Église. Une de ses maximes favorites est qu'on dénature de nos jours la vertu cardinale appelée la Prudence. Il répudie cette prudence lâche, qui recule sans cesse, capitule sans trêve, ne sert qu'à déguiser l'égoïsme ou la peur. La prudence chrétienne suivant lui est le choix des meilleurs moyens pour arriver au but qui est le salut de l'Église et le bien des âmes. Il déteste l'habileté qui ne sert qu'à retarder les catastrophes, et à rendre plus certaine la défaite, en l'acceptant d'avance, même s'en faisant gloire ; car, de nos jours, on se glorifie même des capitulations et des désastres. L'orgueil humain ne désarme jamais.

Investi de la charge la plus périlleuse de l'Église, l'Ém^nce Parocchi s'est élevé sur les obstacles amoncelés sous ses pas. Humble et modeste, il ne recherche pas le vain renom du génie ; il n'a pas d'officieux attitrés pour l'exalter, jusque et surtout dans ses fautes ! Mais il suit son œuvre, sans faiblesse, sans bruit, travaillant toujours.

Sa vie est accablante. Mal secondé par des auxiliaires qu'il n'a pas choisis, il doit tout faire par lui-même. Dès l'aurore, il préside aux fonctions sacrées, semant la parole de Dieu partout où il va. A peine rentré au vicariat, cinquante visiteurs, dont quarante postulants, l'assiègent. Sa porte n'est fermée qu'en son absence. S'il y a quelque répit, il est donné au travail, à l'examen des affaires. Où prend-il le temps de vivre ? Comment suffit-il à ce labeur ingrat ?

D'ailleurs, lui qui serait le conseiller par excellence, il est à peu près écarté des conseils. Il a son audience hebdomadaire, rien de plus.

Mais dans ce triste palais de la via della Scrofa, où veille son infatigable génie, le cardinal-vicaire se livre âprement à l'apprentissage des hautes destinées. A peine entré dans la maturité de l'âge, il est mûr cependant pour les plus hauts emplois.

Il ne sera jamais l'homme des stériles triomphes ; l'homme de la paix achetée au prix de viles concessions.

Autrefois les Papes n'avaient peur ni de l'exil, ni de la vie errante, ni des disgrâces personnelles. Ils ne faisaient pas résider le zèle apostolique dans la tranquillité personnelle, ni dans l'acceptation des béats hommages. Ce Grégoire VII, dont le cardinal Parocchi organisa les fêtes centenaires, à Rome, connut la prison, les coups et l'exil ; les humiliations lui étaient aussi précieuses que la gloire. Il eut moins de courtisans pendant sa vie, mais sa mémoire a grandi devant la postérité, et l'auréole des saints orne ses images.

Le cardinal Parocchi appartient à cette grande race apostolique. Je ne sais si notre siècle est destiné, après Pie IX, à revoir de grands Papes ; c'est l'affaire du Saint-Esprit, et l'Église peut souffrir des épreuves en sa tête, comme en ses membres ; elle en a souffert, elle en souffre encore, sans que son éternité reçoive aucun dommage.

Mais si nous sommes réservés à la joie de revoir pour l'Église les temps d'héroïsme apostolique, le cardinal Parocchi semble l'homme désigné par la Providence.

CHAPITRE NEUVIÈME

LA CATASTROPHE DE CASAMICCIOLA

SOMMAIRE

Contretemps heureux. — La route de Naples. — Capoue. — Le Vésuve. — Agitation napolitaine. — La préfecture assiégée. — La traversée. — Cargaison de cercueils. — Le cap Misène. — Procida. — Le bagne d'Ischia. — Casamicciola. — Son aspect imprévu. — L'horreur apparaît. — La catastrophe. — Épisodes affreux. — L'odeur cadavérique. — La *Petite Sentinelle*. — Un pianiste écrasé. — Conseil présidé par le ministre. — La chaux vive. — Casamicciola transformée en cimetière. — Lago Ameno. — Lambeaux de cadavres. — Retour à la Marine. — Sauvetage de deux jeunes filles. — « Papa, n'ayez pas peur ! » — Départ pour Forio. — Effondrement d'une église et d'un presbytère aux pieds du curé. — Mort de l'évêque d'Ischia. — Attaque du choléra au retour à Naples. — Panique nocturne. — Le *Turinisme*. — Moyens simples négligés. — On prend modèle sur le général Farre. — L'Etat se rembourse sur la souscription. — Indemnités dérisoires aux sinistrés. — L'emploi des secours. — Les inondations de Vénitie et les reliquats de caisse. — Charité du cardinal Sanfelice. — Pozzano. — Une mer thermale. — Vêpres siciliennes dans un couvent. — Les fumigations homicides. — Superstition populaire. — A Capri. — Un saint mis en gage. — Une clef brûlante. — Spectacle de Naples pendant le choléra. — Les prières dans la rue. — Les images grattées. — Les processions effrayantes. — Le choléra foudroyant. — Tranquillité et dévouement des classes supérieures. — Le roi à Naples. — Les accolades du cardinal-archevêque. — Misdea. — Le miracle de saint Janvier. — Décroissance de l'épidémie. — On ignore le nombre des victimes.

Le dimanche matin 31 août 1883, une effroyable nouvelle retentit. Un tremblement de terre a secoué Ischia, l'île enchanteresse : Casamicciola, Lago Ameno, Forio ne sont plus qu'un monceau de ruines ! Le nombre des victimes est incalculable.

Je ne connaissais que de nom ces lieux célèbres, chantés par les poètes, qui sont venus respirer l'air et la lumière du golfe divin, bercer leur mélancolie sur les flots bleus, méditer en face du Vésuve sur les villes mortes et sur la douceur de vivre. Mais ma première pensée s'éleva vers Dieu. Sans des circonstances imprévues que j'avais maudites et que je devais bénir, ma famille était à Ischia, pendant les mois où Rome est inhabitable. Quinze jours avant la catastrophe, notre départ semblait imminent pour Casamicciola. Des affaires m'avaient retenu ; elles nous ont sauvés.

Je partis seul, suivi du fidèle Guillaume, non pour goûter un repos salutaire, mais pour constater et décrire l'horreur du désastre. Là, où je cherchais le plaisir et la distraction, j'allais trouver des ruines et des cadavres ; à la place d'un lieu de délices, de nouvelles *Pompei*, mais des *Pompei* pantelantes, non embaumées par les siècles, non poétisées par l'histoire, inondées d'un sang tout frais, exhalant l'odeur fétide de la mort.

Pour la première fois, je parcourus la triste et longue route de Rome à Naples, qui plus tard m'est devenue si familière. Les montagnes du Samnium, brûlées d'un implacable soleil d'août, n'étaient pas faites pour dissiper la funèbre impression des spectacles attendus. Il fait nuit, quand, pour la première fois, la flamme du Vésuve apparut sur notre droite, un peu après Capoue. Capoue! Où sont les délices de Capoue? Quel Annibal s'y endormirait? Une petite ville forte, au bord du lugubre Vulturne, élève de rares monuments au milieu d'un désert enfiévré. Le Vésuve flambe tranquillement et par intermittence, comme la cheminée gigantesque d'une fonderie. C'est lui pourtant qui a sournoisement commis le méfait, et ajouté un nouveau crime à ceux qu'il a perpétrés. Le golfe de Naples est une cuvette posée sur un fourneau; Ischia une chaudière, dont l'incandescence interne du Vésuve fait trembler le couvercle. Le volcan semble indifférent. Il n'est pas plus tumultueux que de coutume. Il continue sa respiration ignée avec un calme serein.

La nuit nous cache les gracieux environs de Naples, les riantes villes de Santa-Maria et de Caserte. On ne voit, on ne regarde que le Vésuve qui grandit.

Naples a la fièvre : la rue de Tolède, toujours si animée, si vivante, en comparaison surtout des rues engourdies de Rome, est pleine de groupes qui s'arrachent les journaux, qui discutent les mesures déjà prises, qui s'animent à la nomenclature des cadavres découverts et reconnus; on multiplie par cent ou par mille le nombre des victimes. Nous prenons résidence au superbe hôtel Bristol, sur le cours Victor-Emmanuel, où l'air est pur, où le panorama incomparable se déploie en toute sa majesté.

Le lendemain matin, dès sept heures, nous devons aller à la Préfecture demander un passeport pour aborder Ischia. Les communications régulières sont interrompues ; les bateaux, réquisitionnés par le service public; le passage n'est accordé qu'aux habitants de l'île, aux fonctionnaires ou aux parents des morts.

La Préfecture, située sur la place du Plébiscite, auprès du Palais-Royal, est déjà assiégée par une multitude éplorée. On n'entend que des cris et des hurlements. Les employés ont perdu la tête; ils courent affolés, au lieu de répondre. Guillaume et moi, nous devons nous frayer un chemin, à coups de coude, au milieu de ces désespoirs encombrants et inutilement tumultueux. J'exhibe en vain un billet de la Préfecture de Rome m'accréditant comme correspondant de journaux français. On ne connaît plus les droits de la presse. Il faut crier plus fort que la foule, plus fort que les employés, aller jusqu'à l'injure pour se faire écouter. Guillaume, qui parle l'allemand, lâche quelques innocents jurons dans l'idiome de M. de Bismarck. On s'incline; on nous prend pour des correspondants du *Norddeutsche allgemeine Zeitung*. On s'empresse : le passeport est donné. Nous nous embarquons à l'*Immacolata*, à la pointe du port où est installé le service de santé.

Le bateau, un vieux vapeur délabré, est déjà couvert de monde. Nous nous heurtons d'abord à une lugubre cargaison, à un amas de cercueils vides, préparés à la hâte. Le soir, ils seront pleins et ramèneront à Naples les passagers du suprême voyage.

Plusieurs confrères italiens me font bon accueil,

malgré la diversité des opinions. Ils me présentent au procureur général de Naples, homme bienveillant, qui me remercie de venir, comme représentant de la presse étrangère, au secours de tant de misères.

Nous voilà en route : le golfe est calme, le soleil ardent; les récits terrifiants absorbent notre attention : le merveilleux paysage passe devant nos yeux, sans les charmer. Après une heure et demie d'une traversée comme il ne s'en est jamais fait sans doute d'aussi triste sur cette mer délicieuse, nous touchons à la pointe de Misène; c'est de là que Pline l'Ancien est parti pour ne plus revenir, au lendemain d'une autre catastrophe qui engloutit plus de villes, mais tua peut-être moins d'hommes, au premier réveil du Vésuve, en l'an 79. C'est sur cette côte qu'Agrippine, revenant à la nage, échappant au naufrage, rencontra les soldats de Néron le parricide, et leur lança au visage le : *Ventrem feri*. Ces parages sont maudits : au loin, à gauche, c'est l'île de Tibère, la Caprée dont les cimes furent aussi tant de fois meurtrières au temps du tyran. A côté de nous s'étend la côte plate de Procida, l'île de Graziella, à qui l'âme amoureuse de Lamartine a prêté des charmes inconnus des autres visiteurs. Bientôt, nous sommes au château d'Ischia, réuni à la terre par une chaussée, et qu'habitent des forçats. Le bagne a été épargné par le fléau : les forçats sont sains et saufs : le volcan a exigé des victimes plus nobles, des gens riches et heureux, des pères de famille, des femmes aimées, des enfants dont le deuil ne guérit jamais!

Les pays ravagés flanquent le côté nord-est de l'Epomeo, la montagne de l'île, volcan qui s'est éteint au moment où, vers le quatorzième siècle, le Vésuve s'est rallumé. Il n'a plus de cratère, mais de son pied jaillissent encore les eaux sulfureuses et bouillantes, eaux salutaires, dont les vertus curatives attiraient à Casamicciola tant de malades. C'est aussi leur vapeur comprimée qui les a tués.

Où est Casamicciola? Il faut longer la côte pendant longtemps, avant de l'apercevoir. Au tournant d'une pointe, la petite ville apparaît. Elle s'étage gracieusement parmi les vignobles; ses terrasses aux colonnes nombreuses dominent la mer, toutes couvertes de pampres et de festons. Le bateau s'arrête, en face de la Marine. On dirait que la ville est intacte; le soleil la baigne; ses blanches murailles ont un air de fête : la nature n'a pas interrompu un instant son œuvre d'été, et la gaieté plane encore sur le délicieux pays. A cette distance, tout paraît en ordre. Mais à nos pieds, sur le pont, gisent les cercueils, attendant leur proie, qui est proche. A mesure que la barque s'achemine vers le rivage, les traces de ruines deviennent plus distinctes: les fenêtres n'ouvrent plus que des trous noirs et béants, comme les yeux vides d'une tête de mort. Les façades ne cachent plus d'appartements : les portes donnent accès à un monstrueux capharnaüm de pierres et de poutres; des pans de murailles en lambeaux semblent chanceler au moindre souffle; les orangers, les lauriers, les citronniers, les figuiers d'Inde, sortent d'une poussière de ruines. En haut de la colline, se dresse la *Petite Sentinelle*, l'hôtel le mieux achalandé, celui où sont enfouies les plus nobles victimes.

A la Marine, on a dressé des baraquements en planches. Il y a une foule qui gesticule, et se précipite à notre rencontre; il y a là des soldats, des femmes hâves, des vieillards, des petits enfants tout nus : c'est un bourdonnement que domine un gémissement.

Nous débarquons : on me présente au ministre des travaux publics, M. Genala, qui m'invite à l'accompagner dans une sinistre promenade à travers l'effondrement.

La catastrophe est arrivée le samedi soir, à neuf heures. Elle a duré trente secondes. Il y avait grande réunion du soir à la *Petite Sentinelle* et dans tous les hôtels. Partout on dansait, on riait, on flirtait : partout de la musique et des chants; la tarentelle commençait. Un sourd grondement mugit sous la terre; tout s'écroule; plus de danses, plus de chants : un effroyable silence; la fumée qui s'échappe des maisons abattues obscurcit un instant les étoiles : elle se dissipe; il n'y a plus rien. Les étoiles brillent sur des ruines et des cadavres. Plus un cri ne s'échappe de la terre homicide. Nous voyons maintenant de près ce qui reste. C'est effroyable. Et tout à l'heure, de la pleine mer, nous nous demandions s'il était vraiment arrivé quelque chose! Casamicciola ressemble à ces hommes frappés au cœur d'un mal incurable; leur visage est riant et fleuri; leur apparence, celle de la santé : au-dedans, c'est le désespoir, la corruption, la mort.

La Marine a été épargnée; la mer ne s'est aperçue de rien; elle n'a pas interrompu sa douce chanson monotone, et les alcyons, en leur mouvante couvée, n'ont été ni distraits ni effrayés. La montagne seule, a tremblé ; il faut monter pour arriver aux choses sans nom. La montée n'est pas sans péril dans les rues défoncées. On recommande le silence et l'allure légère : le moindre mouvement de l'air peut abattre les fragiles murailles.

Nous arrivons à une maison dont il ne reste qu'un tas de pierres : des soldats la gardent. Un homme est devant et gémit, il se tord les bras. — « Monsieur le ministre, faites déblayer notre maison ; là-dessous, il y a ma mère, ma femme et ma fille ! Elles doivent être encore vivantes. Laissez-nous travailler ; là-dessous, il y a tout ce que j'aime et tout ce que je possède. Les soldats m'empêchent de sauver ce qui est à moi ! » La plainte est navrante. Le ministre répond froidement : « — Votre maison sera déblayée à son tour : il faut que l'intérêt particulier s'efface devant l'intérêt général. » L'homme tombe aux genoux du ministre. M. Genada se détourne et passe.

Nous continuons la promenade silencieux et mornes, le cœur plus endolori qu'auparavant. Les ruines deviennent encore plus effrayantes. Les *bersagliere* les gardent ; mais on ne déblaie pas. L'odeur cadavérique commence à nous saisir à la gorge. Là-dessous, depuis deux jours, sous le soleil, fermentent les corps. Des scènes plus poignantes se multiplient : des femmes penchées vers les débris dont l'abord est interdit appellent leurs enfants. Elles ne pleurent plus ; elles appellent : « *Gennaro ! Gennaro !* m'entends-tu ? Souffres-tu, mon pauvre petit. Réponds-moi ! » Notre-Seigneur, annonçant le jour de l'écroulement final, a dit : « Malheur à ceux qui restent dans leur maison! » Hélas! nous ne voyons que les survivants, ceux, qui à l'heure où le sol tremblait, étaient restés dehors, ceux qui ont été épargnés, et nous disons : « Bienheureux les morts! malheur à ceux qui ne sont pas restés à la maison! Malheur aux survivants! »

Enfin, nous voilà au bout, à la *Petite Sentinelle*. Là, on déblaie; il y a des cadavres sur la route; je reconnais la marquise L... que j'ai rencontrée jadis à Paris, brillante, heureuse. Elle est là, immobile, toute pâle, avec une toilette de fête. Là sont aussi les enfants de notre compatriote, M. Blumenstihl, l'ancien directeur de l'*Acqua Marcia*, à Rome. On est arrivé au fond des ruines : on dégage le piano; voilà la partition encore ouverte; on jouait une valse : encore quelques débris à enlever : voilà les mains du pianiste sur l'ivoire tâché de sang, et lui-même apparaît, assis à la même place; sa tête est un amas de chairs sanguinolentes; ses yeux détachés de l'orbite regardent la musique.

C'est trop; nous redescendons comme des fugitifs à la Marine.

Depuis le matin, nous n'avons pris aucune nourriture; mais notre cœur déborde d'épouvante.

J'assiste au conseil du syndic, des conseillers municipaux, des députés, des officiers. Le ministre préside. Le conseil est réuni dans la baraque en bois, qui sert aussi d'hôpital. Des cris de blessés interrompent à chaque instant les orateurs. Le ministre prononce un long discours. Il soutient d'un ton calme, impérieux, avec des fleurs de rhétorique italienne, une effroyable thèse. C'est un bon avocat, M. Genala. Ce jour-là, il a rempli l'office d'un procureur général. Quel réquisitoire! Il condamnait à mort d'un coup deux ou trois cents victimes. Plus encore, il les exécutait. M. Genala soutient qu'il est impossible, après trois jours, que personne vive encore sous ces décombres : « Ils sont tous morts, dit-il, songeons aux vivants! Déblayer tant de ruines serait une entreprise chimérique ; enterrer régulièrement tant de morts est au-dessus des forces humaines. Tandis qu'on travaillera, la pourriture deviendra intolérable ; les cadavres tueront nos soldats. Il faut faire de Casamicciola un vaste cimetière, laisser la ville telle qu'elle est, et l'ensevelir dans la chaux vive. »

Un murmure d'horreur accueille cette proposition. Mais c'est le ministre qui a parlé : on s'incline. Un express est envoyé à Naples, qui doit réquisitionner assez de chaux vive pour engloutir toute une ville!

Cependant les soldats amenés la veille continuent à ne pas travailler : ils sont assemblés sur la place de la Marine, attendant le pain et la soupe. Ils n'ont pas mangé depuis Naples. L'intendance italienne n'avait pas prévu cette mobilisation.

Nous allons à Lago Ameno ; là, la discipline est moins bien observée ; les habitants ont déjà presque achevé le déblaiement. Nous assistons à l'extraction de bras et de jambes décomposées qui ne tiennent plus aux corps. Assez, assez !

Le ministre nous a engagés à monter à son bord pour visiter les ruines de Forio, à l'extrémité septentrionale de l'île. Nous revenons à la Marine : on apporte sur des civières deux jeunes filles qui respirent encore. M. Genala, les voyez-vous ? Elles respirent, elles vivent ; elles ont échappé au bain de chaux ! L'une est pâle comme une morte, gracieuse encore et décente : elle serre un chapelet dans sa main ; l'autre est rouge et animée ; son corps, secoué par des spasmes ; un peu d'écume tombe de sa bouche.

On a commencé enfin le travail : il est trois heures de l'après-midi. Nous allons voir. Un père suit d'un œil avide les soldats qui fouillent ; son fils, un petit garçon est là ; encore quelques grosses pierres à déplacer, il est sauvé. Mais un faux mouvement peut l'écraser ! Le visage du père fait horreur et pitié : c'est le comble de l'épouvante et de l'espérance. Enfin, la tête est dégagée ; tout à coup une petite voix grêle sort de ces décombres. Je l'entends encore : — « *Padre, padre! non aver paura.* Papa, papa, n'aie pas peur ! » Le pauvre petit est dans les bras de son père, qui l'emporte comme un fou. Je crois qu'il va l'étouffer. Encore un que n'aura pas la chaux vive !

Une coquette barque, bien pavoisée, bien rembourrée, attend le ministre. Il nous invite à y prendre place ; il y a un peu de confusion : le bon Guillaume s'y trouve jeté après moi : il n'y a plus qu'un poste libre, sur un coussin, à côté de M. Genala. Guillaume s'y installe sans façon.

Nous voguons sur le vapeur officiel vers Forio. M. Genala me prend à part et m'explique à nouveau son système de chaux vive, de Casamicciola transformée en nécropole et ses théories sur la santé publique. Je n'ai que faire de discuter : je refoule mon indignation. Le roi Humbert arrive demain ; il viendra avant la chaux. Il use largement du droit de grâce, même au profit des pires criminels ; il sauvera les innocents condamnés par M. Genala.

A Forio, le spectacle n'est pas moins terrible, l'odeur moins suffocante. Forio a souffert autant que Casamicciola ; on n'y a, par surcroît, envoyé ni soldats, ni vivres ; le ministre y vient pour la première fois. La promenade dans Forio est plus périlleuse encore. Epuisé de fatigue et d'horreur, je peux à peine me traîner. Le vénérable curé-doyen de Forio, me soutient. Il revenait au presbytère, le soir du désastre. Il allait vers sa demeure, lorsque, devant lui, à ses pieds, l'église tout entière chancelle et s'effondre ; il se retourne pour entrer dans sa maison, croyant à la fin du monde : le presbytère tombe à son tour ! Il est sans abri, comme le bon Dieu : le tabernacle est là, isolé au milieu des ruines ; on n'a pu encore l'atteindre. Forio peut recevoir la chaux vive ! Les mourants ne seront pas délivrés.

Il fait nuit quand nous revenons ; une table somptueuse est servie à bord. Nous dînons sans gaieté : la nuit se passe ; au matin, on nous annonce que le tremblement de terre continue. De nouveaux pans de mur sont tombés. On a retrouvé de nouveaux cadavres, mais la besogne n'avance guère. Les soldats sont en trop petit nombre ; ceux qu'on attend n'arrivent pas.

L'évêque d'Ischia vit encore ; il appelle ; on travaille à le sauver, mais il y a toute une maison sur sa tête. Enfin, on est parvenu jusqu'à lui. Il ne respire plus ; il est mort du moins, en espérant et en priant.

Assez ! assez ! Nous revenons à Naples avec d'autres

cercueils, pleins cette fois. Notre âme est en deuil pour longtemps.

Le soir, les forces me manquent ; l'odeur des cadavres me poursuit. Il faut me ramener en voiture à l'hôtel. Un an d'avance, j'ai le choléra ; une sueur glacée m'enveloppe. Guillaume me soigne, comme il peut ; mais lui-même est atteint ; à la douleur s'ajoute l'hallucination.

Tout à coup, à deux heures du matin, l'hôtel se remplit de tumulte, on parle, on crie dans les rues. « Sauve qui peut ! Sauve qui peut ! » Guillaume a la force d'aller voir ce qui se passe. On dit que le professeur Palmieri a prédit un tremblement de terre pour cette nuit. Naples tout entière s'est vidée : hommes, femmes, enfants, courent en chemise dans les rues, assiègent les places ; chacun emporte ses effets précieux. Les voleurs entrent dans les maisons et pillent le reste.

Que m'importent le professeur Palmieri et les tremblements de terre, et les paniques de Naples ? Je ne puis bouger.

Naples a veillé toute cette nuit. Guillaume et moi, seuls dans la grande ville, nous avons attendu la catastrophe dans notre lit. La réalité ne pouvait être pire que le cauchemar, dont nous étions encore épouvantés.

Le gouvernement piémontais, étendu à toute l'Italie par la Révolution de 1870, est une machine fort compliquée, dont les rouages sont empruntés à la centralisation jacobine française et à l'antique autocratisme autrichien. Joseph de Maistre appelait ce système le

Turinisme. La machine fonctionne assez régulièrement, quand rien n'arrive. Mais le moindre grain de sable la détraque. Les tremblements de terre ne sont pas prévus par le *Turinisme*. Pour parer à un accident, sur un point quelconque du territoire, il faut mettre en mouvement l'immense mécanique, tout comme s'il s'agissait de faire la guerre à l'Autriche ou à la France. Puis, les fonctionnaires habitués à l'oisiveté s'affolent. On en réfère au gouvernement central, qui veut faire grand, et, qui en attendant l'exécution des grands desseins, ne fait rien du tout.

Le préfet de Naples avait sous la main les innombrables ouvriers des chantiers de l'État à Castellamare, et tous les transports de l'État à Naples pour les diriger sans retard sur le lieu du sinistre.

En cinq ou six heures, dès le lendemain de la catastrophe, on pouvait conduire à Ischia deux mille travailleurs expérimentés, disciplinés, à la solde de l'État. Le déblaiement des ruines aurait dû être achevé en quatre ou cinq jours, des centaines de vies humaines eussent été sauvées, d'importantes propriétés mobilières, des valeurs considérables soustraites au pillage. C'était trop simple, pas assez grandiose.

Le préfet de Naples n'osa rien ordonner, sans l'autorisation du ministère, qui élabora un plan complet de mobilisation. A Rome, on adopta pour modèles les savantes opérations réglées par notre général Farre pour l'expédition de Tunisie. On recruta pour Casamicciola des volontaires dans tous les régiments de l'Italie. On en fit venir de Trévise, de Padoue, du fond de la Calabre, de la Sicile aussi, je crois. Pendant ce temps, le transport des troupes interrompait le service des chemins de fer, et l'évêque d'Ischia, des centaines d'autres mouraient de faim, d'asphyxie, de leur blessures, de la plus horrible des morts, sous les ruines de Casamicciola, de Lago Ameno, de Forio ! Le ministre faisait des discours, et sans l'humanité du roi Humbert qui rejeta le projet Genala, les soldats n'étaient employés qu'à l'incinération pêle-mêle des vivants et des morts. On a retrouvé des vivants jusqu'au septième jour !

De plus, cette organisation désastreuse et compliquée des secours a coûté des sommes énormes. On a dit que l'État s'en était remboursé, aux dépens des sinistrés. Il faudrait vérifier ce fait incroyable ! Il est sûr que les victimes d'Ischia ont reçu des indemnités dérisoires, un an ou deux après. J'ai rencontré depuis à Capri, un hôtelier de Casamicciola, qui avait échappé par miracle, dont l'immeuble était entièrement perdu. Il m'a dit avoir touché 200 francs d'indemnité, après en avoir dépensé 150 en papiers timbrés, requêtes, formalités de toutes sortes. D'ailleurs tous les secours n'ont pas été distribués. Des municipalités ont adressé à Palerme, pour le choléra, des secours provenant d'un reliquat de souscriptions pour Casamicciola ! Qu'est-ce à dire ? Est-ce que le produit de souscriptions françaises, si énormes, si fraternellement données, a passé tout entier au remboursement des avances faites par l'État, pour ses fonctionnaires et ses soldats ?

Mais en Italie, le *nil admirari* d'Horace est de mise plus qu'ailleurs. En 1882, des inondations désolaient la Lombardie et la Vénitie. Les dégâts montaient à 30 millions ; les souscriptions s'élevaient à peine à cinq ou six millions. Quand, après deux ans, on rendit compte de l'emploi de souscriptions, on accusa un « reliquat de caisse » de 1,200,000 francs. Pourquoi ce reliquat ? Où est-il ce reliquat ?

Les secours en argent, promptement et utilement distribués aux victimes d'Ischia, l'ont été par le cardinal Sanfelice, archevêque de Naples. On peut discuter, avec le respect dû à sa dignité, l'attitude politique de ce prélat, son amour de la popularité quand même; ce qui est indiscutable, c'est son immense et intelligente charité, la première vertu d'un apôtre.

Nous allons retrouver le cardinal de Naples, au chevet des cholériques.

Car le golfe radieux subit tour à tour l'épreuve des plus terribles fléaux.

Une année après, le choléra s'abattait sur Naples et y faisait plus de victimes que les tremblements de terre.

Ma famille était installée auprès de Castellamare, dans un site délicieux, à Pozzano, quand éclata le choléra. Pozzano est une pointe abrupte sur la mer, au-dessus de la route célèbre qui, taillée dans la montagne, mène de Castellamare à Sorrente.

Au pied, sur le rivage, des sources sous-marines prêtent à la mer elle-même de singulières propriétés médicales. Ici, sur l'espace de quelques mètres, l'eau marine est ferrugineuse; à quelques pas, elle devient arsénicale, un peu plus loin alcaline et sulfureuse. Quel serait la fortune d'un pareil établissement de bains, si la nature en avait favorisé nos côtes françaises ? Et sous un si beau ciel, au milieu d'un si grandiose paysage, on ignore Pozzano. Les Italiens négligent d'exploiter leurs innombrables richesses naturelles. La douceur de leur climat les invite à la sobriété et à l'indolence. Les lois et les mœurs rendent fort difficiles aux étrangers la colonisation et l'exploitation des biens que les Italiens dédaignent.

Lorsque nous vînmes nous établir pour l'été à Pozzano, le choléra n'avait pas encore éclaté à Naples; mais la panique y régnait. On ne voyait que visages bouleversés; on ne parlait que des ravages faits par le fléau asiatique à Marseille et à Toulon. On s'en prenait aux Français; on maudissait leur contagieux voisinage.

Quelques jours auparavant, à Rome, allant rendre visite à ma petite fille en son couvent, je l'avais trouvée toute en larmes. Ma douce et chère Marguerite est incapable d'aucune faute. Qu'avait-elle? Elle se résigna à m'avouer que ses jeunes camarades, depuis le choléra de Marseille, imputaient aux Français la responsabilité du mal « C'est votre faute; vous nous infectez. A la porte les Français! » La pauvre enfant n'en pouvait mais, et son jeune cœur était, pour la première fois, blessé à la fibre, si délicate à l'étranger, du patriotisme. Il est bien entendu que la très digne et très éminente supérieure, Française elle-même, sut mettre fin aussitôt à cette ridicule persécution.

Si les choses allaient ainsi dans la grave et paisible ville de Rome, qu'était-ce à Naples? Aux premiers cas de choléra, une stupeur se répandit dans toutes les cités qui bordent le golfe. Les mesures sanitaires les plus extravagantes furent aussitôt adoptées par les municipalités. A Castellamare, on organisa à la gare des fumigations, dont l'intensité alla jusqu'à l'asphyxie d'un enfant! Dans une promenade que je fis alors à Sorrente, mon jeune fils et moi, nous fûmes arrêtés deux fois sur la route, pour nous purifier dans d'ignobles granges, à la vapeur combinée du souffre et du phénol : A Sorrente, on ne daigna même pas nous *fumiger*; on nous intima avec menaces, l'ordre de rebrousser chemin.

Les nouvelles de Naples devenaient plus alarmantes. La statistique officielle accusait cent, deux cents, quatre cents victimes par jour. Nos hôtes de Pozzano furent saisis d'épouvante, d'autant plus que la municipalité de Castellamare établissait un lazaret à la porte de notre hôtel. Un beau matin, ils disparurent, laissant à notre disposition toute la maison et les domestiques également abandonnés.

A Naples, les émeutes étaient quotidiennes. La légende du poison jeté dans les puits circulait. On croyait que le gouvernement avait condamné à mort trente mille Napolitains! Des inspecteurs sanitaires ayant visité une école, faillirent être écharpés par les mamans napolitaines. On disait qu'ils venaient faire le recensement des enfants malingres, pour leur infuser le choléra. Quand le roi vint à Naples, on a cru qu'il apportait la grâce de quinze mille victimes désignées!

Cette année, en Sicile, la superstition populaire a commis bien d'autres excès. Mais je rapporte ici seulement ce que j'ai vu ou ce que je tiens de témoins oculaires.

L'île de Capri s'était fermée : elle avait rompu toute

communication avec le continent. On m'a raconté depuis un épisode curieux de cette séquestration volontaire.

Capri possède un saint spécial, un de ses anciens évêques, appelé saint Costanzo. L'église principale de Capri lui est dédiée, et on y conserve ses reliques dans un buste en argent, rehaussé de pierres précieuses.

Les Caprais résolurent de promener processionnellement leur saint, afin de conjurer le fléau. Excellente idée : mais, il y avait un obstacle. Dans un jour de détresse, la municipalité avait engagé le précieux reliquaire, et ce qu'il contenait, contre une grosse somme d'argent prêtée par un Napolitain. Le créancier avait consenti à ne pas entrer en possession du gage, à condition qu'on fît faire une serrure spéciale à l'armoire qui renfermait saint Costanzo. De la sorte, saint Costanzo ne pouvait sortir de son île, sans la permission, sans le tour de clef du prêteur qui lui avait fait crédit.

Grand embarras de la municipalité. Comment se procurer la clef? On délibéra et on résolut de solliciter, vu la gravité des circonstances, la générosité du prêteur. On lui écrivit une lettre officielle, à laquelle il répondit par un acquiescement. On décida d'envoyer une barque de Capri à la rencontre d'une autre barque venant de Naples. Sans accoster les deux esquifs, les mariniers de Naples devaient lancer à ceux de Capri la clef du salut. Ce qui fut fait; car le saint protecteur des Caprais ne permit pas qu'en cette manœuvre la clef de sa prison tombât dans la mer.

Voilà donc la clef aux mains des Caprais; mais à l'approche de la barque, portant leur salut, les habitants de l'île s'émurent; la clef était contaminée; elle devait porter en son forage des myriades de microbes et des virgules sans nombre. Le remède dont on attendait le salut pouvait être le véhicule de l'épidémie. Le conseil s'assembla et prit un arrêté ordonnant la désinfection préalable de la clef de saint Costanzo. Donc, à la Marine, la clef fut plongée dans le vinaigre ou dans d'autres préparations chimiques, et ses porteurs soumis aux plus formidables fumigations. Quand le syndic apprit que la désinfection était commencée, il osa descendre de la ville à la Marine; mais le trajet est assez long. Pendant ce temps, un des désinfecteurs voulant faire la besogne en conscience, imagina de plonger la clef dans un four ardent, afin de griller les virgules opiniâtres qui auraient résisté à l'action mordante des acides. Le syndic empressé de toucher la bienheureuse clef n'attendit pas d'être averti pour s'en saisir. Il y laissa la peau de ses doigts. Mais Capri était sauvée!

C'est ainsi que saint Costanzo, échappé de la prison pour dettes, put faire processionnellement le tour de son île, et la préserver du fléau.

Je tiens cette innocente et naïve histoire d'un solitaire de Capri, bien connu des Parisiens, et qui n'osa pas la raconter au journal voltairien, dont il était alors correspondant, dans la crainte de tourner en ridicule la religion des Caprais. Le scrupule me semble excessif; si certains détails prêtent au rire, en cette légende, ce qui impose à tous le respect, c'est la foi des Caprais en leur saint compatriote, c'est leur inébranlable confiance dans l'assistance céleste. Ce qui, dans les populations méridionales de l'Italie, sauve et entretient le bienfait inestimable de la religion, c'est précisément la superstition qui y est mélangée. Cette superstition-là vaut mieux que la superstition révolutionnaire de nos faubourgs, que les légendes malsaines et cent fois plus idiotes qui circulent dans nos ateliers. Les saints du calendrier napolitain méritent mieux d'être chômés que ceux du calendrier révolutionnaire, et je préférerai toujours saint Costanzo à saint Marat. Rappelé à Rome par mes devoirs professionnels, laissant ma famille en bonne santé et sans panique, je résolus de m'arrêter à Naples, pour juger de l'état moral de la population. J'y restai deux jours, les 8 et 9 septembre, au plus fort de l'épidémie, alors que le choléra tuait jusqu'à deux mille victimes par jour.

A peine descendu de la gare, je suis arrêté par une foule agenouillée devant les saintes images, que la révolution piémontaise avait fait badigeonner de chaux, et que la piété populaire avait grattées pour les honorer et les implorer. Les images datent du dernier siècle : à cette époque, les rues de Naples n'étaient pas éclairées la nuit; elles étaient donc alors moins sûres encore qu'elles ne sont aujourd'hui. Un célèbre prédicateur imagina d'exhorter la population à couvrir les murs de la ville de madones à fresques, et à brûler des lampes devant elles. Alexandre Dumas a égayé ce récit de son incomparable bonne humeur.

A Naples on a une façon spéciale de prier. On pousse des cris; on s'arrache les cheveux, on déchire ses vêtements, on se frappe la tête contre le sol ; on montre le poing aux saints qu'on supplie. Deux ou trois cents personnes se livrant à ces exercices de piété offrent un spectacle vraiment terrifiant.

Tout à coup, la foule des pleureurs et des pleureuses se relève; une procession va passer: on se précipite pour tomber de nouveau à genoux dans la boue. La procession parcourt les rues étroites des quartiers les plus contaminés. Le saint, décoré de couleurs extrêmement voyantes, est porté sur les épaules. Des hommes en grand nombre le précèdent, pieds nus, la corde autour des reins, en psalmodiant des cantiques; puis viennent les pénitents, blancs, bleus, noirs, avec leurs cagoules et des voix effroyablement sinistres. Derrière la statue, se presse la foule des femmes et des enfants; tout ce monde échevelé crie, hurle, pleure; on invective le saint, on l'accable d'injures intraduisibles, puis tout à coup on lui prodigue les noms les plus tendres, les plus naïvement amoureux.

Dans toutes les rues se renouvellent de si étranges spectacles. A Santa-Lucia, devant l'hôtel du Vésuve, on promène une immense madone, haute de près de trois mètres, avec une longue chevelure de filasse jaune. Autour d'elle, c'est une effroyable cohue. Sainte Madone, fermez vos oreilles; n'écoutez pas ce qu'ils vous disent, et exaucez leurs prières sans les entendre !

Auprès des municipalités, on voit d'horribles choses. D'énormes fourgons charrient les cercueils, pour être distribués aux morts qu'on vient d'annoncer. Les omnibus mêmes ont été réquisitionnés pour transporter les cadavres, et les voitures de place pour conduire les mourants au lazaret. Beaucoup de morts n'ont pas de cercueils, et leurs formes sinistres se dessinent sous des draps, sous des haillons.

A la place du Municipe, un homme tombe devant moi, se tordant ; il est frappé d'une attaque de choléra foudroyant. On n'ose le toucher ; il est emporté par les escouades de la croix bleue.

Par un contraste étrange, le café de l'Europe, au commencement de la rue de Tolède, le café aristocratique, est rempli d'une foule très tranquille. Je rencontre quelques-uns de mes amis, que j'avais vus terrifiés à l'approche du fléau, mourant de peur par anticipation, et qui sont devenus très calmes, très braves, presque indifférents, quand l'épidémie fait rage.

Ils font bien leur devoir : ils sont enrôlés dans les sociétés de la Croix bleue ou verte ; ils n'ont plus peur. Le fléau a d'ailleurs à peu près épargné les quartiers riches, ce qui confirme la population en sa croyance que le gouvernement est l'auteur de tout le mal. Elle ne peut imaginer que la misère et la saleté soient ses bourreaux : elle les aime trop pour les accuser.

Voici le roi qui rentre au Palais : les livrées rouges donnent une note gaie au milieu de la foule lugubre. Cinq ou six voitures, aux livrées royales, accompagnent celle du roi qui vient de visiter les lazarets et les demeures répugnantes des quartiers pauvres. Le roi est presque souriant, contre son habitude : au moins, sa placidité froide et correcte n'indique aucune émotion pénible. Il accomplit simplement, comme toujours, sa consigne de souverain, avec un air détaché.

Quoi qu'en aient chanté les journaux officieux, peu

d'enthousiasme récompense l'incontestable bravoure du fils de Victor-Emmanuel. On le salue poliment, voilà tout. Pas de cris, pas de hurrahs!

Le soir, toutes les rues sont éclairées des lueurs sinistres de la paille et de la résine qu'on brûle dans les rues pour assainir l'air. Beaucoup d'églises sont encore ouvertes; on y chante les psaumes de la pénitence.

Le cardinal Sanfelice est beaucoup plus populaire que le roi Humbert. Les journaux les plus révolutionnaires célèbrent ses louanges : on dit qu'il a embrassé le roi Humbert devant le lit des malades. On dit qu'il a embrassé aussi le chef de l'escouade garibaldienne.

Charité n'a pas de parti.

Cette extrême popularité du cardinal a commencé lors de son intervention en faveur du soldat condamné à mort, le célèbre Misdea. On sait que ce Calabrais s'étant pris de querelle, dans la caserne, avec un Piémontais, avait tiré sur lui et l'avait abattu mort. Des camarades ayant voulu saisir Misdea, il avait continué le feu et tué treize ou quatorze soldats; son fusil à aiguilles faisait vraiment merveille. Alors tous les soldats de la caserne, pris de terreur, s'étaient réfugiés sous les lits, dans les endroits les plus secrets, cachés partout. Misdea vainqueur, l'Italie méridionale triomphait des Piémontais. Pendant une demi-heure, le héros parcourut les dortoirs de la caserne, menaçant quiconque bougerait. C'est alors qu'un soldat, également Calabrais, eut le courage de passer un bras insidieux hors du lit sous lequel il s'abritait, de saisir la jambe de Misdea, de le faire tomber. La caserne aussitôt se releva d'un bond : Misdea fut saisi, garrotté, emprisonné, condamné à mort.

Mais toute l'Italie du sud se souleva en sa faveur. Naples fut remplie de meetings, pour implorer la pitié du souverain et réclamer l'abolition de la peine de mort, même dans l'armée. Le cardinal Sanfelice, Napolitain lui-même, partagea l'émotion générale, et il adressa au roi Humbert un télégramme fameux, où il s'adressait à l'âme généreuse, au cœur magnanime du prince, et lui demandait, dans l'intérêt de sa gloire immortelle, un acte de clémence qui permettrait à Misdea d'achever ses jours dans le repentir. Le roi, gardien de la discipline militaire, ne put qu'adresser un refus courtois à cette auguste et agréable injonction. Au Vatican, on fut un peu gêné ; mais j'ai déjà dit que les excès d'italianisme y passent pour peccadilles. Le cardinal devint le bien-aimé du peuple de Naples.

Misdea fut exécuté, mais plusieurs soldats du peloton, l'officier qui le commandait, et l'aumônier tombèrent pris de syncope, au moment fatal. Quant à Misdea, assis sur une chaise, le dos tourné aux balles, il était déjà mort de peur, quand trois ou quatre balles le frappèrent.

Misdea est un martyr : il a donné son nom à plusieurs cercles démocratiques. Sa maîtresse a été béatifiée par la révolution. Le soldat, couché sous un lit, qui lui a saisi la jambe et l'a fait prendre, a reçu du gouvernement une médaille et a été mis à l'ordre du jour de l'armée. Seulement, à peine rentré au pays, son service achevé, on l'a trouvé assassiné. Misdea était vengé.

Cette histoire tragique n'était pas oubliée au moment du choléra, et le cardinal Sanfelice, par son admirable dévouement, ne put rien ajouter à la gloire que lui avait conquise le télégramme au roi Humbert. Le cardinal Celesia, qui, à Palerme, cette année, fut également admirable, a eu le tort de n'avoir jamais embrassé ni le roi Humbert, ni aucun garibaldien, et de n'avoir intercédé en faveur d'aucun Misdea. Sa gloire est bien moindre et sa charité moins célèbre, même dans une certaine presse religieuse italienne. Ce n'est qu'un intransigeant. Aux intransigeants on ne fait pas de réclame.

Peu de jours après mon départ de Naples, c'était la fête de saint Janvier; le salut de la ville dépendait de la manière dont s'accomplirait le miracle. Il s'accomplit bien : Naples reprit confiance; l'épidémie était vaincue.

Elle avait fait des ravages dont on ne connaîtra jamais l'étendue; car une partie notable de la population napolitaine n'a pas d'état civil; un cinquième, dit-on : elle naît, vit et meurt dans la rue : elle a pour domicile la dalle du trottoir ou les marches des églises : elle mange ce melon d'eau, qui réunit les trois couleurs nationales, le rouge, le blanc et le vert; précieux fruit, dont une tranche pour un sou fournit au lazzarone le boire, le manger et la seule eau dont il lave sa figure, en mordant. Qui saura combien ce régime a fait de victimes dans ce peuple de philosophes ?

CHAPITRE DIXIÈME

LA PRESSE ROMAINE

SOMMAIRE

Les deux souverains de Rome. — Souveraineté indiscutable du Pape. Rome ne sera jamais une capitale politique. — Le Souverain Pontife n'a pas besoin de presse. — Le Pape, souverain politique, en a besoin. — Sa presse est assujettie aux lois de la monarchie piémontaise. — Les journaux les plus répandus s'impriment hors de Rome. — L'*Unità cattolica* et la *Civiltà cattolica*. — L'*Osservatore romano*. — Le marquis di Baviera. — Le marquis Crispolti. — La *Voce della Verità*. — Le *Mattino*. — Le *Divin Salvatore*. — Le *Moniteur de Rome*. — L'*Italie*. — M. Oblieght et la banque romaine. — M. Harduin. — Le commandeur Montferrier. — Journaux ministériels. — *Popolo Romano*. — M. Chauvet. — *Diritto*. — M. Mancini. — *Stampa*. — *Libertà*. — M. Arbib. — Journaux de droite : *Opinione, Gazzetta d'Italia*. — M. Pancrazi. *Rassegna*. — Simmaco. — Journaux pentarchiques. — *Riforma*. — M. Crispi. — Mesdames Crispi. — Gallophobie. — *Tribuna*. — Le prince Sciarra. — Journaux intransigeants : La *Capitale*. — M. Sonzogno. — Le *Fascio della Democrazia*. — Journaux fantaisistes. — Le *Fanfulla*. — Le *Capitan Fracassa*. — MM. Gentili. — Ma caricature. — Le *Messagero*. — Coccapieller et l'*Ezio II*. — Guet-apens au Trastevere. — Aux *Carceri Nuove*. — Les *Forche*

Caudine et le professeur Sbarboro. — Bataille de dames. — De hautes protections. — Fuite. — Arrestation. — Le *Nabab* et M. Sommaruga. — Un procès scandaleux. — Les millions d'Ancone. — Arrestation d'un avocat.

Il y a deux souverains à Rome. La loi des garanties le reconnaît. Quand elle ne le reconnaîtrait pas, la souveraineté du Pape n'en existerait pas moins indéniable, évidente comme le soleil. Car la royauté du chef de l'Église a été instituée par Jésus-Christ lui-même, lorsqu'il a distingué le domaine de Dieu du domaine de César, la puissance spirituelle de la temporelle, le monde des âmes qui relève de la patrie céleste, du monde des intérêts terrestres. Le vicaire du Christ, le lieutenant de Dieu sur la terre, est donc roi d'institution divine; la dynastie pontificale peut, sans aucune équivoque, se réclamer du droit divin. La royauté du Pape, seule, possède la plénitude de la légitimité et, par l'ancienneté, comme par la supériorité des attributions, le souverain pontificat attribue à l'homme qui en détient la charge, la dignité de doyen des rois. L'Église, considérée comme une société parfaite, distincte et indépendante de toute autre, par nature, par institution, par droit, veut avoir pour chef un souverain, et un souverain qu'elle seule peut désigner, qui ne relève que de Dieu, dans la limite de sa province spirituelle.

Les Églises schismatiques ou hérétiques, séparées du vicaire de Jésus-Christ, obéissant à des souverains politiques, ressemblent à des corps sans tête, à des membres épars. Seule l'Église catholique jouit de l'unité et de la perfection.

La souveraineté temporelle des Papes n'est pas aussi directement émanée de l'institution divine que leur souveraineté spirituelle. Cependant elle est de convenance supérieure, de nécessité impérieuse ; et lorsque la Providence a réglé le cours de l'histoire, de manière à assurer au roi de l'Église une souveraineté temporelle dont l'indépendance peut seule garantir absolument l'indépendance spirituelle des Papes, elle a parachevé l'œuvre du Christ, elle a porté à sa plus noble expression l'ordre dans l'Église. La Révolution a mis le désordre à la place de cet ordre providentiel, quand elle a usurpé, par les mains sacrilèges des Italiens, le domaine sacré, le domaine inviolable.

Aujourd'hui, on voit à Rome ce phénomène : deux souverains régnant dans une même ville. Ni l'un ni l'autre n'y sont à l'aise.

Rome n'est pas faite pour devenir jamais une capitale politique. On a beau y percer des boulevards à la façon de Paris, de Vienne ou de Turin, y bâtir des salles de spectacle et des ministères, le nombre et la beauté des églises éclipsera toujours les édifices profanes. Rome n'a ni promenades, ni jardins publics : on est obligé d'imposer par force à un particulier, au prince Borghèse, la charge de prêter aux habitants, même à la famille royale de Savoie, l'ombre et l'air de sa villa. Autour de Rome, s'étend une ceinture presque déserte de vingt kilomètres ; pas de gais faubourgs, pas de guinguettes. Cela convient à merveille à une ville de prêtres, à un vaste séminaire. Cette solitude s'harmonise avec le caractère grandiose et mélancolique d'une ville sainte ; mais autour d'une capitale politique ou mondaine, c'est un non-sens. Enfin Rome est la cité des ruines : le Colysée, le forum, le Panthéon, les aqueducs, les tombeaux y invitent à la méditation sur la fragilité des empires, sur la vicissitude des choses humaines, sur la caducité des puissances, et les grande ombres des vieux Romains planent à l'aise sur une ville sanctifiée, destinée au recueillement. Les cimetières sont à leur place à côté des églises. Mais « cette poussière de ruines » forme un étrange ornement pour une capitale qui veut être vivante, somptueuse, profane ! Aussi le roi Humbert, la cour, les ministres désertent-ils Rome, dès que les Chambres interrompent leurs travaux. La famille royale n'est pas chez elle dans ce palais pontifical du Quirinal. La majesté, la popularité du Pape, l'empressement des pèlerins relèguent à l'arrière-plan la dynastie de Savoie.

Quant au Pape, c'est trop peu dire que la royauté piémontaise le gêne : elle l'emprisonne.

On a dit que la presse est, de nos jours, la quatrième puissance. A coup sûr, ce n'est pas la moindre, et la presse est devenue l'instrument indispensable des partis et des pouvoirs publics. Toute force sociale s'exerce par la presse.

Il est donc naturel que chacun des deux rois de Rome ait à la disposition de son gouvernement une presse dévouée, qui fasse appel à l'opinion publique en faveur de leurs causes rivales.

A vrai dire, comme souverain spirituel, le Pape n'a pas besoin de journaux. Bien avant l'invention des journaux, l'Église avait adopté le plus admirable système de publicité, celui qui convenait seul à l'autorité indiscutable de ses actes. Les Encycliques du Pape sont transmises à tous les évêques, qui les transmettent aux curés, qui les lisent dans la chaire, aux jours où l'assemblée des fidèles est obligatoire. De même, les évêques ne sont pas embarrassés pour faire connaître leurs mandements. Tout dignitaire de l'Église est un hérault. Si donc le Pape se résignait à n'être plus que Souverain-Pontife, la presse lui serait inutile. Mais de graves intérêts politiques sont attachés au Saint-Siège. Outre les revendications temporelles auxquelles les Papes n'ont pas renoncé et ne pourront jamais renoncer, il existe quantité de questions mixtes d'où surgissent de perpétuelles affaires entre la Cour du Vatican et les autres Cours. La presse peut alors fournir au Pape, un secours fort utile pour éclairer, préciser les questions, et les discuter avec des contradicteurs.

Il serait naturel que la presse catholique du Pape ne relevât que du Pape, et que sa souveraineté, distincte de celle que s'arroge l'usurpation, s'exerçât sans mélange sur la presse qu'elle dirige. La confusion introduite dans Rome en 1870, a limité matériellement et moralement la souveraineté du Pape à l'intérieur du Vatican. On a même été plus loin dans l'affaire Martinucci, et la Cour d'appel de Rome a déclaré que les habitants du Vatican, le Pape lui-même, étaient justiciables des tribunaux italiens. En tout cas, la presse catholique romaine dépend des parquets italiens. Le *Journal de Rome* en a fait huit fois l'expérience ! C'est comme si M. de Bismarck prétendait traduire les journaux français devant les tribunaux prussiens. Enfin, c'est ainsi ; et par là, un désordre de plus s'est ajouté dans cette Rome profanée. La presse du Pape est soumise à la loi piémontaise de 1848.

Il est à remarquer, d'ailleurs, que les journaux les plus répandus, catholiques ou révolutionnaires, ne s'impriment pas à Rome. Pour la seconde catégorie, la chose n'a rien d'étonnant. J'ai dit que Rome ne serait jamais bien adaptée à sa fonction nouvelle de capitale politique d'un grand État. Naples et Milan sont des villes plus riches, plus peuplées, plus vivantes et plus gaies.

On appelle Milan, la capitale morale de l'Italie. Aussi, le *Secolo*, la *Perseveranza* de Milan, ont-ils plus de lecteurs et d'autorité que les journaux piémontais imprimés à Rome. Le *Secolo* tire à plus de cent mille exemplaires ; il pénètre jusqu'au fond de la Sicile. Les journaux libéraux romains, bien que publiés auprès du Parlement (quelques-uns sous la direction des ministres), ne dépassent guère les limites de la province.

Il est surprenant que le journal catholique le plus lu en Italie, soit rédigé à Turin et non à Rome. C'est l'*Unità Cattolica*. Faut-il en trouver la raison seulement dans le talent très remarquable, dans l'inépuisable ingéniosité, dans l'étonnante érudition de son directeur, dom Margotti ? C'est une cause ; mais la moindre. J'ai dit ailleurs, que la presse avait besoin pour vivre, d'une atmosphère spéciale ; elle se nourrit de liberté. A Rome, le voisinage trop immédiat du Saint-Siège, l'écrasante autorité du chef qu'elle sert, le respect absolu qui est imposé des hommes et des choses, la gênent, la figent dans l'immobilité, absorbent cette part nécessaire de liberté, sans laquelle elle ne peut respirer. Qui parle librement devant le Souverain-Pontife? Qui peut écrire librement à l'ombre du Vatican? Ecrit-on bien à genoux?

C'est pourquoi les jésuites n'ont jamais consenti à rédiger dans Rome leur magnifique revue, la *Civiltà Cattolica*. Ils l'impriment dans le voisinage, à Florence, assez près pour recevoir la salutaire influence, le courant d'air parfumé d'encens qui vient de Rome; assez loin pour n'être pas écrasés par la majesté du Saint-Siège, paralysés dans leurs mouvements par l'attitude d'adoration.

Le doyen des journaux romains est l'*Osservatore romano*, fondé par le marquis Auguste di Baviera, et qui est demeuré le plus officieux des organes du Saint-Siège. Le marquis di Baviera est un compatriote de Pie IX, qui l'a fait brigadier des gardes-nobles et journaliste. Léon XIII l'a mis à la retraite de ces deux emplois. Les manières rondes de l'excellent gentilhomme, son esprit jovial et primesautier, plaisaient au Pape défunt: il n'est pas jusqu'à sa prodigalité, défaut ou qualité si rare chez les Italiens, qui ne semblât une caricature de la générosité de Pie IX. Le marquis di Baviera n'est pas un écrivain, mais c'est un directeur ingénieux, qui connaît à merveille le monde romain, qui sait tirer de la direction d'un journal tout le parti possible. L'œuvre fondée par le marquis di Baviera subsiste, et il faut espérer qu'elle subsistera longtemps. Une vie est bien remplie, quand elle laisse après elle un journal vivant! Seulement, l'administration du brave marquis a toujours été un peu coûteuse, ruineuse, si l'on veut. Léon XIII se lasse plus promptement que Pie IX de délier les cordons de sa bourse, quand il les tient du moins ; car ses favoris sont plus larges pour leurs amis, s'il est vrai qu'ils règlent l'énorme subvention du *Moniteur de Rome*. L'*Osservatore romano* fut réduit à la portion congrue d'une subvention de dix mille francs par an. Le marquis passa la main ; il vendit l'*Osservatore romano* à la société qui fondait le *Journal de Rome*. Puis, après avoir essayé de continuer la direction sous ce nouveau régime, il se désintéressa à son tour d'une entreprise où il n'était plus maître absolu de la caisse, et son successeur, propriétaire de l'*Osservatore*, depuis la suppression du *Journal de Rome*, est le marquis Crispolti, garde-noble du Saint-Père.

Sous l'habile et intelligente direction de cet autre marquis, l'*Osservatore romano* accroît sa clientèle et son autorité. Les articles *leaders* sont pour la plupart, rédigés au Vatican même, sous la haute inspiration, quelquefois par la plume de Mgr Mocenni, substitut de la secrétairerie d'État, un maître journaliste. Sous le titre de : *Nos informations*, l'*Osservatore romano* a une partie vraiment officielle ; c'est là qu'on insère les communiqués agréables ou désagréables aux autres journaux. Le marquis Crispolti s'est attaché à rendre plus actuelles, plus vivantes, les parties de son journal qui dépendent de lui. Je n'ai jamais eu qu'à me féliciter du voisinage et de la confraternité qui m'unissaient au marquis Crispolti. Alors même que l'*Osservatore* était contraint de publier quelque note qui nous fût désagréable, j'ai toujours reconnu en ce distingué confrère, un homme loyal et courtois entre tous

L'*Osservatore romano*, malgré les efforts très efficaces de son nouveau directeur, est trop officieux, trop lié à la politique actuelle de la secrétairerie d'État, pour espérer une très large diffusion.

Il a pour rival la *Voce della Verità*, organe de la société primaire des intérêts catholiques, placé sous la haute direction du prince Lancelotti, frère cadet du prince Massimo. La *Voce della Verità*, bien que de grand format, est un journal populaire, à un sou. Il se publie le matin. Plus libre en ses allures que l'*Osservatore*, ses discussions sont plus vivantes, le style en est plus moderne. Aussi, le tirage en est-il assez considérable, sept ou huit mille. La nuance de la *Voce* est plus accentuée que celle de l'*Osservatore*. Cet excellent journal a même osé, un jour, prendre à partie, la *Rassegna nazionale*, cette revue du comte Soderini et du prince Paul Borghèse, l'organe le plus actif, après le *Moniteur de Rome*, des pontonniers qui veulent réunir le Vatican au Quirinal. Comme cette revue est subventionnée par Léon XIII, la *Voce della Verità* a reçu sur les doigts.

Les meilleurs amis de ce journal, les Jésuites mêmes qui le préfèrent à l'*Osservatore*, lui reprochent de donner une place trop large aux affaires italiennes, de mettre sur le même rang les affaires des deux cours. Mais la confusion n'est qu'apparente, et la *Voce* fait une guerre acharnée, irréconciliable au gouvernement intrus.

Je parle pour mémoire d'une petite feuille populaire, le *Mattino*, rédigé par M. Angelini, rédacteur de l'*Osservatore romano*, qui a coûté déjà beaucoup d'argent à Léon XIII, sans grand profit pour la cause.

Le *Divin Salvatore*, rédigé par M. le Comm. Mencacci, camérier participant de cape et d'épée de S. S., est une sorte de semaine religieuse pour le diocèse de Rome. Ce journal hebdomadaire publie le compte rendu des cérémonies, le texte des actes officiels, les travaux des congrégations, etc.. Elle est dirigée, autant que possible, dans le sens intransigeant; on y a même inséré la lettre du cardinal Pitra à M. l'abbé Brouwers!

Que reste-t-il? — Le *Moniteur de Rome*. J'aurais un volume à écrire sur le *Moniteur de Rome*. Je serai donc bref. Les fondateurs du *Journal de Rome* ont subi bien des vicissitudes, au début. M. le marquis di Baviera, voulant faire sa cour à Léon XIII, y avait appelé le comte Conestabile, le baron d'Yvoire, Mgr. Galimberti. Une mort prématurée enleva le comte Conestabile. Peut-être une intrigue de Mgr Galimberti, à coup sûr une querelle du baron d'Yvoire avec le marquis di Baviera, laissèrent la place libre à l'ambitieux prélat, qui réunit autour de lui une rédaction fort hétérogène composée de tous les correspondants de journaux étrangers, de tous les rédacteurs de journaux italiens capables ou incapables d'aligner des mots français. Cela ne marcha pas : l'entreprise du *Journal de Rome* avortait. Mgr Galimberti voulait se débarrasser des administrateurs français; ceux-ci ne demandaient rien de mieux que d'être délivrés de Mgr Galimberti. Le prélat offrit d'acheter le journal à un prix dérisoire; les administrateurs refusèrent de le vendre. Mgr Galimberti fonda le *Moniteur de Rome;* sa bande d'ordre composite passa armes et bagages au nouveau journal. On emporta aussi, par mégarde sans doute, avec le bagage, les listes d'abonnés du *Journal de Rome*, qui n'appartenaient pas à Monseigneur. Mais on n'emporta pas les abonnés.

Le *Moniteur de Rome* est-il payé par le Pape? est-il payé par l'Italie? A le lire, on pencherait vers la seconde hypothèse. A entendre Léon XIII, qui a déclaré quatre fois devant moi qu'il n'avait aucune relation avec le *Moniteur de Rome*, ce journal ne coûtait rien au denier de Saint-Pierre. Depuis, le cardinal secrétaire d'État a avoué qu'il recevait annuellement une somme fixe de cent cinquante mille francs, sans compter les petits suppléments que Mgr Galimberti vient mendier à la fin de chaque mois. Où sont pris ces fonds? Léon XIII en connait-il l'emploi? Mystère. Ce qu'il y a de sûr, c'est que le *Moniteur* n'a aucune recette avouable. Le nombre de ses abonnés est ridicule. Il n'a de publicité que celle qui lui est prêtée par l'*Agence Stefani* où quelques-uns de ses rédacteurs sont employés, et par les journaux étrangers avec lesquels ils correspondent. Le *Moniteur de Rome* est une succursale du *Français* et de la *Défense*, à moins que le *Français* et la *Défense* ne soient une succursale du *Moniteur de Rome*. M. de Falloux était le prophète commun de ces trois journaux, et l'*Univers*, leur bête noire. Avec la somme annuelle que touche le *Moniteur de Rome*, on entretiendrait plus de deux cents curés dépouillés par M. Goblet!

Le *Moniteur* est, avant tout, le véhicule dont Mgr Galimberti s'est servi pour avancer dans la carrière des honneurs. Grâce à lui, il s'est déjà poussé à la secrétairerie des affaires ecclésiastiques extraordinaires, et si Léon XIII vit longtemps, il décrochera le chapeau. Il n'est donc pas surprenant que le *Moniteur* soit rédigé sur le ton d'une infatigable courtisanerie. Elle n'est ni spirituelle ni adroite. Mais les courtisans sont les gens du monde qui savent le mieux se passer d'adresse et d'esprit.

En quelle langue est rédigé le *Moniteur de Rome?* C'est un problème à résoudre. Les rédacteurs appartiennent à toutes les nationalités, peut-être même en est-il un ou deux bien subalternes qui sont français? J'ai cru longtemps qu'il n'était rédigé en aucune langue; je me suis aperçu enfin qu'il était écrit en suisse; mais j'ai peur de faire injure aux compatriotes de M. Toppfer. La Suisse est du moins la patrie de son rédacteur en chef nominal, ancien collaborateur de journaux libéraux plus ou moins vieux-catholiques, en son pays. Mais cette langue est bien suffisante pour les quatre ou cinq prélats italiens qui se délectent des louanges quotidiennes qu'on leur prodigue : toute langue est bonne, quand elle flatte.

Si on lisait le *Moniteur de Rome*, on y trouverait d'étranges propositions : celle-ci, par exemple, que le protestant Chabaud-Latour et le théiste Victor Hugo appartiennent à l'âme de l'Église catholique, et bien d'autres encore non moins inattendues dans un journal payé par la caisse du Saint-Siège. Mais qu'importent les doctrines, pourvu que les hommes soient exaltés? Un cardinal italien, fort considérable, s'était complu à relever chaque jour les hérésies du *Moniteur de Rome*. C'est un divertissement anodin et inutile; anodin, parce que les hérésies du *Moniteur* demeurent sous le boisseau; inutile, parce que, fussent-elle connues, Mgr Galimberti, les neveux et beaux-frères de prélats en place, n'en auraient pas moins besoin de leur prébende. Et toute la raison d'être du *Moniteur* est là.

Depuis qu'il dispose sans partage des faveurs pontificales, le *Moniteur de Rome* essaie de se guinder à la grande politique! Il concilie, concilie, concilie, comme l'abbé Trublet compilait. Il a entrepris de marier le fils de don Carlos avec la fille de don Alphonse, l'évacuation du Tonkin avec le patriotisme français, la majorité radicale de la Chambre des députés avec le Concordat. Mgr Galimberti est un marieur infatigable, en politique s'entend; car, dans la vie privée, il a sur la conscience au moins un mariage manqué, en des circonstances tragiques, et c'est une vilaine histoire. Mais son journal n'a-t-il pas entrepris aussi de marier le Quirinal avec la Papauté, et le libéralisme catholique avec l'orthodoxie?

Cette grande politique du *Moniteur* ne serait que ridicule, si un journal aussi coûteux ne compromettait ceux qui les paient. Si on lisait le *Moniteur de Rome*, Léon XI*I* perdrait son renom de grand politique. Lorsque les historiens futurs feuilleteront la collection du *Moniteur* pour y retrouver les traces du génie diplomatique de *Lumen in cœlo*, ils auront besoin de fortes loupes.

En attendant, le *Moniteur de Rome* prend les allures d'un journal œcuménique. On dit que Léon XIII rêve la constitution d'un immense organe du Saint-Siège, qui serait aux autres journaux catholiques du monde ce que le Pape est aux simples évêques : un journal-Pape. Le *Moniteur* voudrait déjà passer pour être ce journal fantastique. Il n'y réussit pas, et ses prétentions forment un contraste comique avec sa rédaction.

Depuis qu'il habite le Vatican, Mgr Galimberti ne peut plus avouer la direction effective du *Moniteur*; il est suppléé par le petit abbé Bœglin, Alsacien, qui a peut-être opté pour la France. On ne sait pas, tant il est resté allemand. Tout est louche dans ce journal.

C'est là que le comte des Dorides émargeait sur le trésor pontifical, après avoir émargé au *Fanfulla* sur le trésor royal du roi Humbert. M. des Dorides m'a succédé en la cellule des *Carceri Nove*, non Npour avoir trop bien servi le Pape, mais sous l'inculpation d'espionnage au profit des gouvernements étrangers. Paix aux malheureux !

Je ne daigne pas raconter toute l'histoire du *Moniteur de Rome*. D'autres prendront ce soin. Beaucoup disent tout bas que cette entreprise fait tache et scandale dans la Rome catholique. Le jour viendra où on pourra le dire tout haut et où seront chassés les vendeurs du temple.

Le journal que le *Moniteur de Rome* a pris pour modèle sans parvenir à l'égaler, c'est l'*Italie*.

L'*Italie* appartient à M. Oblieght, un juif hongrois, homme d'affaires éprouvé. Le plus beau trait de la carrière de M. Oblieght, c'est la vente qu'il fit à M. Frémy, président de la Banque romaine de Paris, de sept journaux italiens, moyennant le prix de un ou deux millions, sur lesquels il toucha comptant une somme de cinq cent mille francs. Le malheur voulut que la livraison des sept journaux fût impossible, pour la bonne raison que M. Oblieght avait vendu ce qui n'était pas à sa disposition. Il avait traité les titres de journaux comme des titres de bourse; il avait vendu à découvert. Il n'a pu livrer les titres, mais il a empoché une belle et bonne provision de 500,000 francs, qu'il s'est engagé à rembourser en publicité au compte de la Banque romaine. Mais la Banque romaine ayant sombré après cette opération, M. Oblieght est ou se croit dégagé. M. Oblieght est le fermier d'annonces de la plupart des journaux romains; il entreprend aussi les loteries du royaume. Il paye les annonces en billets de loterie. Malgré tout, l'*Italie* forme encore le plus clair de son avoir.

La direction en est confiée à un aimable Français, M. Harduin, qui écrit avec le bon sens apparent d'un scepticisme absolu. C'est d'ailleurs un excellent rédacteur en chef, qui donne des soins spéciaux aux parties réputées accessoires du journal, celles qu'on lit le plus. Il est assisté, dans la rédaction des articles de fond, par un homme éminent, un vétéran très honoré de la presse, le commandeur Montferrier, le correspondant si connu du *Journal des Débats*. M. Montferrier s'est élevé dans la presse, par son esprit très fin, sa clairvoyance indéfectible, à un rang qui équivaut à un poste diplomatique. Comme son directeur, M. Harduin, il possède aux deux ambassades françaises un crédit moral de premier ordre. Le directeur de l'*Italie* a sous ses ordres aussi M. Ziegler, correspondant du *Figaro*, aimable Français, installé et marié à Rome, le seul qu'on ait laissé, dans ma prison, pénétrer jusqu'à ma cellule, alors qu'on m'en avait accordé une qui fût présentable. Le secrétaire de la rédaction est aujourd'hui mon ancien collaborateur, M. Maurice Jollivet, frère de Gaston, loyal et excellent écrivain, dont les opinions adoucies étaient un peu dépaysées au milieu des nôtres, et qui nous abandonna, avant nos épreuves finales.

L'*Italie* est ministérielle toujours et quand même. Mais elle l'est avec un franc parler et une indépendance d'allures qui font honneur à sa rédaction. M. Harduin a sagement arrêté la guerre que faisait son journal au Vatican, et aujourd'hui, la prélature italienne ne dédaigne pas de l'honorer de communications officieuses et empressées. Alors, à quoi bon le *Moniteur de Rome?* L'importance diplomatique de l'*Italie* s'est légèrement amoindrie, depuis que la jeune sœur a décliné la protection de son aînée en révolution. Le journal se sauve par l'habileté et l'intérêt de la rédaction.

Nous sommes entrés avec l'*Italie* dans les régions officieuses du Quirinal, bien que l'*Italie* devienne mixte. La presse libérale romaine se divise en plusieurs groupes, le groupe absolument ministériel, le groupe de la droite, celui de la pentarchie, celui du radicalisme républicain socialiste, enfin celui des journaux fantaisistes, on dirait à Paris : boulevardiers, la petite presse.

Le groupe ministériel comprend le *Popolo romano*, le *Diritto*, la *Stampa*, et un officieux de bonne volonté, la *Libertà*.

Le *Popolo romano* est un journal du matin, à un sou. Il est rédigé par M. Chauvet, un Piémontais qui eut jadis quelques aventures dans l'armée, qui depuis fit un commencement de fortune à s'entremettre, auprès du cardinal Antonelli, au nom de la comtesse Lambertini. M. Chauvet est un joueur effréné à la bourse de Rome. On raconte que dernièrement, un jour de Krach, M. Depretis a dû annuler, par ordre supérieur, les opérations de M. Chauvet, qui perdait cinq ou six cent mille francs. Car M. Chauvet est l'homme-lige de M. Depretis. Son journal est très bien fait, d'une gravité et d'une modération calculées. On le recherche surtout à cause des dépêches, qui chaque matin apportent aux Romains, très exactement, très complètement toutes les nouvelles du monde, notamment celles de Paris. On dit que le même fil télégraphique conduit au ministère de l'intérieur et au *Popolo romano*.

M. Mancini, l'ancien ministre des affaires étrangères, inspire le *Diritto*, journal hargneux. Le journal ne ressemble pas à son patron, qui passe pour être un aimable homme. Rien de plus pédant, de plus maussade que le *Diritto*, de plus médiocre aussi. Le *Diritto* a de fréquentes atteintes de gallophobie.

La *Stampa* a été fondée par M. Depretis, afin de pouvoir renier au besoin le *Popolo romano* et son directeur trop compromettant. Journal terne et gris, peu lu.

M. Arbib, ancien député juif, se guinde tant qu'il peut à l'officiosité. Il soutient les ministres *mordicus*, et son ardeur pour la subvention désirée, jamais obtenue, le rend parfois éloquent: *Plutus est qui disertos facit*. M. Arbib donne là un très mauvais exemple; on ne voudra plus payer les journaux, si leur platitude se donne *gratis*. La gallophobie est plus accentuée dans la *Libertà* que dans le *Diritto*; la moelle de M. Arbib fournirait à M. Pasteur un bouillon déjà très rabique. La *Libertà* se crie dans les rues à une heure de l'après-midi, en même temps qu'un journal ultrà-révolutionnaire, la *Capitale*. La *Capitale* est plus achetée.

La droite du Parlement s'est ralliée à M. Depretis; M. Minghetti, le favori de la reine, est depuis trois ans le ministre de demain. Son journal l'*Opinione* est grave, froid, solennel, acharné contre le Vatican. En réalité, comme on le sait, il n'y a pas de droite au Parlement italien, puisque les catholiques, par ordre du Pape, ne sont ni électeurs ni éligibles. Le groupe qui siège à droite est celui qui a conduit la Révolution à Rome, qui y a traîné Victor-Emmanuel. La gauche était derrière, sans doute; mais c'est la droite qui a mis la main à la pâte vénéneuse.

La *Gazzetta d'Italia* de M. Pancrazi défend aussi les idées de la droite, mais ce journal affecte un grand désir de réconcilier le Vatican avec le Quirinal. Son directeur est l'ami de Mgr Galimberti et il lui a prêté son aide en des circonstances graves. La tactique de la *Gazzetta d'Italia* serait la plus dangereuse de toutes, si le journal de M. Pancrazi pouvait avoir le moindre crédit. Ce n'est pourtant pas le talent qui manque à M. Pancrazi.

Dans la droite, il y a aussi des doctrinaires; les méthodes de M. le duc de Broglie et de M. Guizot, ont leurs adeptes dans le Parlement italien. Un petit groupe de raffinés entretient la *Rassegna*. Ils poussent bien loin les conséquences de leurs doctrines : c'est la *Rassegna* qui a menacé le Vatican d'être passé au pétrole le jour où une puissance étrangère s'immiscerait dans la question romaine. Le rédacteur le plus remarquable de la *Rassegna* est un certain *Simmaco* qui publie, chaque jeudi, des *notes vaticanes*. Ce pseudonyme cache des collaborations diverses Il y a à Rome nombre de prélats, même employés au Vatican, de prêtres attachés à des paroisses, qui rôdent dans les rédactions de journaux libéraux, pour essayer de vendre, au plus juste prix, le scandale clérical du jour, le « potin » du Vatican. La marchandise est trop abondante et l'offre surpasse la demande ; aussi les tarifs sont-ils très bas. Cependant la *Rassegna* paie bien, et n'est pas *Simmaco* qui veut. Parfois, pour exercer quelque vengeance, de très hauts personnages ecclésiastiques demandent et obtiennent le masque de *Simmaco*. C'est ainsi que la *Rassegna* a publié contre le cardinal Pitra l'article le plus méchant et le plus venimeux ; c'était un article de maître. Le *Simmaco* est donc comme le sabre de M. Prudhomme, destiné à combattre Léon XIII et, au besoin, à le servir. Depuis l'évolution accomplie dans la politique vaticane, *Simmaco* est devenu très habituellement papalin.

On appelle « la pentarchie » un groupe de cinq ministres, plus ou moins radicaux, congédiés par M. Depretis et qui ont signé à Naples, il y a deux ans, un pacte de vengeance ; ce sont : MM. Zanardelli, Baccarini, Crispi, Cairoli, Nicotera. Ce dernier s'est détaché ; M. Cairoli n'a pas perdu toute pensée de retour vers M. Depretis. Cependant le nom de pentarchie est resté celui de l'opposition au ministre éternel, au vieux mage Depretis.

Les organes les plus répandus de la pentarchie sont la *Riforma* de M. Crispi, et la *Tribuna* du prince Sciarra, si connu à Paris.

La *Riforma* ne décolère pas ; elle réclame l'expulsion du pape aussi ardemment que celle de M. Depretis. La note caractéristique de ce journal, c'est la *gallophobie* énergumène. De la moelle de M. Crispi, M. Pasteur tirerait des bouillons foudroyants. On a bien ri en Italie des honneurs rendus récemment par notre cour d'appel d'Aix, au fameux trigame Crispi, qui a passé toute sa vie à mordre les Français. Le cauchemar de M. Crispi, c'est la vieille madame Crispi, la seconde, qui s'exhibe avec toutes ses médailles garibaldiennes en toutes les promenades solennelles ; mais il déteste encore plus la France que l'antique cantinière épousée en Sicile.

La *Tribuna* est un journal jeune, alerte, pimpant, comme son fondateur. Le prince Sciarra a installé somptueusement son journal dans les annexes du théâtre Quirino, sa propriété attenante au palais du Corso. On connaît l'histoire du prince Sciarra, le procès relatif à la date, à l'heure, à la minute de sa naissance posthume. Il a obtenu gain de cause, et il a mis au service du parti révolutionnaire sa grande fortune et le nom illustre de Colonna allié à celui des Barberini. Son journal est très lu ; il fait une guerre acharnée, suivie, dangereuse au ministère.

La démocratie socialiste et républicaine a pour organes la *Capitale* et le *Fascio della Democrazia*. La *Capitale*, comme le *Secolo* de Milan appartient à la maison Sonzogno. On a gardé le souvenir de l'assassinat politique d'un des frères Sonzogno, à Milan, il y a quatre ou cinq ans. La *Capitale* est un journal très bien fait, très lu, parfois très logique, et très éloquent.

Le *Fascio della Democrazia* a succédé à la *Lega della Democrazia*, journal écrasé sous les procès. Même sort est réservé au *Fascio*, si déjà le sacrifice n'est pas consommé. C'est l'organe enragé du député ouvrier de Milan, M. Maffi.

Les deux principaux journaux de fantaisie sont le *Fanfulla* et le *Capitan Fracassa*.

Le *Fanfulla* est une feuille de Cour, le journal favori du roi et de la reine. Il fait le plaisant; il cherche l'originalité, il puise son esprit chaque matin dans nos journaux boulevardiers. C'est un Figaro lourd et mal élevé.

Le *Capitan Fracassa* fait une concurrence victorieuse au *Fanfulla*, mais ce journal fait opposition au ministère : il appartient à la nuance pentarchique. Sa caricature quotidienne est, en général, fort spirituelle. Il m'en a fait un jour les honneurs, au lendemain de la note de l'*Osservatore romano*, contre le *Journal de Rome*. J'étais représenté avec une auréole, tenant à la main une palme de martyr : derrière mon dos, une énorme pantoufle, surmontée d'une croix; en légende : « la gratitude du Vatican ». Un des principaux rédacteurs du *Fracassa* est M. Gentili, correspondant du *Temps* et du *New-York Herald*, frère de M. Hector Gentili, inspecteur des Beaux-Arts, attaché au cabinet du ministre, auteur d'études artistiques très remarquables.

Faut-il parler aussi du *Messagero*, sorte de « Petit Journal » romain, très répandu dans toute l'Italie, qui assaisonne ses faits divers de scandales, et ses romans-feuilletons de politique très pimentée? Le *Messagero* a des gérants de rechange; il est rare qu'il n'en ait pas un, occupé aux *Carceri*, à payer la note des fausses nouvelles. N'importe? Il est avidement lu par le petit peuple, qui le croit comme parole d'Évangile.

Cette nomenclature de la presse romaine serait incomplète, si je ne rappelais le souvenir des journaux disparus. Je ne parle pas ici du *Journal de Rome* qui mérite une oraison funèbre spéciale; mais de l'*Ezio II*, fondé par Coccapieller, des *Forche Caudine*, du professeur Sbarbaro, et de son frère le *Nabab*, de l'éditeur Sommaruga. Ces morts, mieux que les vivants, témoignent de l'état moral et social de la Rome contemporaine.

J'ai vu, j'ai entendu surtout, Coccapieller en prison. On lui avait accordé beaucoup de faveurs qui m'étaient refusées; il est vrai que le malheureux prenait domicile pour quarante ou cinquante mois aux *Carceri*. On l'y installait.

Coccapieller est une victime de la politique. Il n'était pas né homme d'État, mais palefrenier.

Élu député de Rome, le sort le désigna pour faire partie de la délégation chargée de saluer le roi Humbert, au premier de l'an; l'usage veut que le roi retienne à dîner les délégués. Le hasard fut malin et plaisant, quand il tira de l'urne, le nom de Coccapieller. Mais qu'est-ce que le hasard, sinon la Providence?

— Moi seul suis ici chez moi, disait Coccapieller, en franchissant le seuil du Quirinal, car j'y suis né !

Quel mot profond, admirable ! Oui, Coccapieller était chez lui au Quirinal, et le roi n'y est pas. Car, Coccapieller est né au Quirinal d'un suisse du Pape ; il a fait ses premières armes dans l'armée pontificale. Puis, le démon du garibaldisme l'a saisi ; il a déserté, s'est enrôlé dans les bandes. Par quelle suite d'aventures a-t-il été ensuite à Paris vaquer à des occupations, que par politesse je qualifierai d'infimes (avec un *i*), pour devenir ensuite palefrenier de Victor-Emmanuel, sans renoncer auprès de ce souverain à des fonctions analogues à celles qu'il occupait à Paris, c'est ce qu'un romancier pourrait expliquer, et la vie de Coccapieller tenterait la plume d'un Alexandre Dumas. Victor-Emmanuel mort, Coccapieller, toujours complaisant aux souverains, rendit d'autres services à son successeur. Il fonda un petit pamphlet intitulé l'*Ezio II*, du nom d'un célèbre tribun. Sous le pavillon de la démocratie à outrance, Coccapieller fit une guerre acharnée, sanglante, aux chefs de la franc-maçonnerie, aux ministres de M. Depretis, tous recrutés dans l'ancien personnel républicain. De ce jour, il devint rapidement populaire. Il conciliait une fidélité inébranlable à la couronne avec une implacable hostilité contre ceux de ses amis que le roi Humbert n'aime pas.

Un soir, dans une taverne de Trastevere, Coccapieller fut assailli par des sbires de la franc-maçonnerie. Il leur tint tête, blessa plusieurs de ses agresseurs, fut blessé lui-même. Peu s'en faut qu'il n'ait été le martyr de la monarchie. Mais la franc-maçonnerie a été plus forte que la Cour. Accusé de diffamation, Coccapieller fut condamné à un nombre incalculable de mois de prison : il se démit sottement de son mandat. Le roi le laissa appréhender au corps, incarcérer ; l'*Ezio II* disparut, la foule oublia son idole, et Coccapieller revint aux *Carceri nuevo*, où il continue à faire des harangues au parloir, ou dans le préau des détenus. Il y peut méditer, s'il est capable de méditation, sur l'ingratitude des rois et des peuples.

Le professeur Sbarbaro, fondateur des *Forche Caudine*, est un Coccapieller lettré. Ancien professeur de l'Université, érudit, littérateur élégant, Sbarbaro fut destitué, pour un méfait politique, par M. Baccelli, alors ministre de l'instruction publique. Il s'associa avec un jeune éditeur hardi, M. Sommaruga, et fonda un libelle hebdomadaire, où les ministres, leur famille, étaient traînés dans une boue classique. Le succès des *Forche Caudine* prit d'énormes proportions. Le peuple italien se complaît dans les personnalités ; la politique n'y est pas affaire de principes, mais affaire de personnes. M. Depretis a tellement embrouillé tous les partis, qu'on ne peut plus s'y reconnaître. La foule n'a conservé que des haines ou des amitiés. Sbarbaro prit violemment à partie M. et madame Baccelli, M. et madame Magliani, M. Mancini, sa fille, son gendre, etc. L'alcôve, pour lui, n'avait pas de mystères.

Si Coccapieller servait le roi Humbert, on dit que les *Forche Caudine* plaisaient à la reine Marguerite. Ce n'est pas un mystère que la reine préfère les hommes et surtout les dames de la droite à l'entourage intime, auquel la condamne la politique de M. Depretis. Mais

Sbarbaro allait un peu loin : le sang italien est chaud, quand l'intérêt personnel est en jeu. Un jour, au Corso, le neveu de M. Baccelli, passant dans la voiture de sa tante, madame Baccelli, rencontra M. Sbarbaro au bras de sa femme. Il descendit et frappa Sbarbaro ; madame Sbarbaro intervint, madame Baccelli aussi ; les deux hommes et les deux dames se livrèrent au pugilat, jusqu'à ce que la police mit fin au combat public. C'était l'heure où toutes les élégances se donnent rendez-vous au Corso. Une autre fois, à l'heure du déjeuner, chez M. Sbarbaro, on sonne : c'est le neveu de madame Magliani, femme du ministre des finances, qui vient cravacher à domicile le rédacteur des *Forche Caudine*. Il eut encore affaire à madame Sbarbaro.

Traduit en justice, comme Coccapieller, Sbarbaro subit aussi des condamnations énormes. On vint pour l'arrêter. Le gros homme s'échappa avec la même facilité que le maréchal Bazaine. De hautes influences le protégeaient encore. Il disparut ; on annonça qu'il avait passé la frontière, tandis qu'il datait du *Quirinal* de nouveaux pamphlets ! Les hautes influences se sont-elles lassées ? Le fait est que Sbarbaro fut trahi, livré, et qu'il a médité à son tour sur le danger de servir les grands. Une élection législative vient de le délivrer.

Mais la vengeance de ses puissants ennemis ne fut pas assouvie par l'arrestation de Sbarbaro. Il avait un complice, l'éditeur Sommaruga, propriétaire du *Nabab*. Ce journal faisait concurrence au *Fanfulla* et à la *Rassegna*. Son *dom Paolo* valait presque le *Simmaco* de la *Rassegna*. On arrêta Sommaruga, sous la prévention de tentative de corruption contre des fonctionnaires, de chantage et d'escroquerie à l'égard des premiers artistes de l'Italie. Le procès fut scandaleux : on établit que Sommaruga connaissait l'art de faire décerner par les jurys de l'État, les prix, les primes et les récompenses aux artistes qui l'honoraient de leur confiance et de leurs cadeaux. Il avait des intelligences au ministère des Beaux-Arts, la haute main sur les jurys appelés à primer les concours, à récompenser les exposants. Les artistes, les plus hauts fonctionnaires, durent défiler devant le tribunal, pour y faire de tristes confessions. Sommaruga fut condamné, moins que ses accusateurs !

Mais, ce n'est pas tout, et les ennemis de Sbarbaro voulurent épuiser la coupe de la vengeance. Au cours du procès, l'avocat de Sommaruga, dont le dossier était plein de scandales, fut arrêté à son tour ! Ce Lopez avait été complice ou receleur d'un vol de deux millions, commis il y a sept ans au préjudice de la Banque d'Ancône. Le recel de Lopez avait dû être connu de la justice. Car il s'éleva précisément une contestation entre Lopez et le commanditaire de son étude d'avocat, au sujet des profits revenant de la participation de Lopez au vol d'Ancône. Un tribunal arbitral, présidé par un magistrat, eut communication des livres de l'étude, et ces bénéfices étranges y étaient inscrits. La sentence arbitrale n'ayant pas été admise des parties, le différend fut plaidé en justice, et le tribunal fit, entre les associés, le partage équitable des gains illicites, des deniers d'Ancône !

On ne s'avisa de la complicité presque publique de

Lopez, qu'au moment où il devait plaider pour Sommaruga !

Le scandale étant d'ailleurs presque quotidien dans la Rome piémontaise, ces faits passent et cessent de surprendre. Il est utile cependant de les retenir au vol et de les consigner pour l'histoire.

La presse romaine, qu'elle relève du Vatican ou du Quirinal, mène en somme une existence assez difficile A part le *Capitan Fracassa* et le *Messagero*, d'autres peut-être, mais en petit nombre, les journaux romains ne suffisent pas à leurs frais.

Il faut reconnaître cependant à tous ces journaux, une vertu commune, qui n'existe pas au même degré dans la presse française. Tous sont d'accord sur les grands intérêts de la patrie en face de l'étranger ; tous, observent, quand il le faut, la réserve et la discrétion diplomatique ; tous discutent, avec une grave compétence, les questions extérieures. A cet égard, nos journaux parisiens devraient prendre modèle sur leurs confrères d'Italie.

CHAPITRE ONZIÈME

LES ASSISES ITALIENNES

L'*Osservatore cattolico*, l'intrépide journal catholique de Milan, avait dressé la liste des organes irréconciliables à l'Italie une et révolutionnaire. Le *Journal de Rome* figurait en tête de la liste. Le *Moniteur de Rome* n'était pas cité.

La *Gazzetta d'Italia*, organe de la droite piémontaise, a, comme je l'ai dit, pour directeur un certain M. Pancrazi, bien connu, trop connu à Florence et à Rome. Ce personnage était alors fort lié avec Mgr Galimberti. Il avait voulu vendre son journal à notre société qui avait décliné une offre trop onéreuse. Il prit prétexte de l'article publié dans l'*Osservatore cattolico* pour rééditer contre nous les accusations déjà portées contre le *Journal de Rome* par le *Moniteur de Rome*. — Nous étions à Rome des étrangers, des intrus, nous mêlant de ce qui n'était pas notre affaire. Le Pape et les Italiens devaient s'accommoder sans nous, et la question romaine était une question exclusivement italienne. Au surplus, nos attaques contre l'Italie constituaient une méconnaissance des lois de l'hospitalité, une ingratitude envers le pays qui nous accueillait, nous logeait, nous nourrissait — pas gratis, assurément.

Je répondis ce que j'avais déjà répondu au *Moniteur de Rome* : « Nous ne sommes pas étrangers à Rome, étant catholiques. Le baptême nous a conféré le droit de cité dans la Ville sainte. Nous ne sommes pas venus à Rome pour voir des Italiens, mais pour y servir le Père commun des fidèles. Ses infortunes nous regardent, car nous en souffrons avec toute l'Église. Il n'y a à Rome d'étrangers que ceux qui y sont entrés par violence, à travers une brèche. Il n'y a d'autres intrus que les spoliateurs, ceux qui se sont établis sur une terre et dans des palais volés. »

Cet article, signé de moi, paraissait le 28 juillet 1883 (1).

Aussitôt, le *Diritto*, organe de M. Mancini, ministre des affaires étrangères, somma le parquet de poursuivre le *Journal de Rome* et son directeur, sous peine de graves révélations personnelles contre ce magistrat.

Le 1er août, je partais pour Casamicciola, où le ministre des travaux publics, l'honorable M. Genala, me faisait grand accueil comme correspondant du *Gaulois* et me donnait l'hospitalité à son bord. Mes relations du désastre provoquaient dans le *Gaulois* et dans toute la presse parisienne une souscription en faveur des victimes du tremblement de terre. A mon retour, je trouvais un mandat de comparution devant M. le juge d'instruction Chiaia.

(1) Voir l'appendice I.

Je comprenais fort bien l'italien; mais alors je n'en savais dire que les mots les plus usuels, avec un très mauvais accent. Je dus me faire assister d'un interprète, et cet interprète était précisément M. le Dr Schumann-Walgreen, qui depuis éprouva, à son tour, les rigueurs du parquet italien. A ce moment, il jouissait d'un certain crédit auprès du Vatican, et aussi auprès des ministres du Quirinal.

M. Chiaia se montra d'une politesse excessive; sa bienveillance dépassa même les bornes de la courtoisie. Je n'étais plus un prévenu, j'étais un homme de haute valeur qui forçait l'estime de tous, même des adversaires politiques. Toute opinion à part, M. Chiaia me demanda, avant tout interrogatoire, la permission de de me serrer la main et de se dire mon ami. Les formules italiennes sont charmantes et indéfinies. Jamais procès ne fut plus aimablement engagé.

M. Chiaia trouvait bien l'article un peu vif, mais il souriait bonnement aux mots les plus forts, et il me félicitait de mon talent d'écrivain. Il se piquait de bien entendre la langue française et d'en goûter les finesses.

— Qu'avez-vous à dire pour votre défense, mon cher monsieur. Dites, je suis sûr que vous direz bien. Vous me comprenez? Voyez, vous connaissez l'italien à merveille; cela fait honneur à votre vaste intelligence.

— Je dis que j'ai été provoqué par la *Gazzetta d'Italia* jusque dans ma nationalité; si j'ai répondu avec vivacité, je suis bien excusable.

— Oh! certainement, illustre monsieur... Êtes-vous comte, baron, chevalier ou commandeur?... Pardonnez-moi d'ignorer votre titre.

— Passons, ce n'est pas l'usage français. Je dis encore que le *Diritto* est mon accusateur, avec menaces conditionnelles contre le parquet, et jamais des juges français n'eussent obéi à de pareilles sommations.

— Oh! dit le juge en souriant, le *Diritto* n'a pas été le premier à vous dénoncer. J'ai là plusieurs plaintes contre votre article. Si je vous disais d'où elles viennent, vous seriez bien surpris. Nous avons des amis et vous avez des ennemis là, où vous ne croyez pas.

Le juge chuchota bien bas des paroles que je préférai ne pas entendre. Je repris :

— Je n'ai pas attaqué le peuple italien, qui me donne l'hospitalité, mais son gouvernement qui lèse, par l'occupation de Rome, les catholiques du monde entier. A ce titre, j'ai le droit de lui demander compte d'une situation que le Pape, mon maître, juge intolérable. Mais je suis si peu l'ennemi du peuple italien, que je reviens de Casamicciola, et que j'ai ému la pitié de mes compatriotes, afin qu'ils viennent en aide aux vôtres.

— Avez-vous fait cela, excellent monsieur? Permettez que je vous remercie et que je presse encore une fois votre loyale main. La cause est entendue. Donnez-moi la collection de vos articles sur Casamicciola. Je me félicite de la bonne fortune qui m'a valu le bonheur de faire votre précieuse connaissance.

Tant de grâces m'avaient charmé.

M. le juge Chiaia rédigea contre moi un rapport fulminant.

J'ai appris depuis que le pauvre magistrat avait été destitué, ou déplacé avec disgrâce, pour je ne sais plus quel méfait. Il avait, s'il faut en croire la *Capitale*, journal radical, négocié quelque affaire d'argent avec un prévenu... Sa bonne amitié n'avait pas atteint avec moi ce degré de confiance. Je l'en remercie à mon tour.

L'affaire traîna, comme traînent les affaires en Italie. La justice française court la poste, en comparaison de la justice italienne.

Le dossier, accompagné du terrible rapport, passa à la chambre des mises en accusation. Un avocat de l'ambassade française, consulté par moi, avait pressenti un des membres de cette chambre. Au premier mot que le magistrat hasarda en ma faveur, ses collègues lui répondirent avec indignation : « Affaire politique, affaire de presse, affaire ministérielle : nous n'avons qu'à obéir au gouvernement. »

Pendant ce temps, au sein même du journal, tout le monde ne partageait pas mon enthousiasme pour la cause du pouvoir temporel.

J'avais accueilli, trop facilement sans doute, séduit par de réels services, par le choix qu'il avait fait de moi comme traducteur officiel des discours pontificaux, par une présentation faite au Pape en cette qualité, par l'éloge intarissable qu'il faisait de ses propres mérites et de son influence, un religieux italien du nom de Pasquale de Franciscis, qui exerçait au journal les fonctions de « censeur théologique ». L'ordre dont fait partie ce religieux est composé de trois membres. Ce Père compte parmi les plus distingués. Il cumule avec les fonctions de son ordre celle de sténographe du Saint-Père.

Notre censeur théologique n'épousait pas, je m'en aperçus bientôt, notre ardeur contre les spoliateurs du Saint-Siège. D'ailleurs, il censurait fort peu, et le premier usage qu'il fit de son traitement au *Journal de Rome* fut d'entreprendre à Paris un voyage d'agrément qui dura deux mois. Quand je pris moi-même un congé, il revint à Rome, et là, en mon absence, il essaya de transformer ses fonctions de censeur en celles de directeur effectif, tout-puissant et sans contrôle. C'est lui qui inspira, à la date du 20 septembre, anniversaire de la brèche sacrilège de la Porta-Pia, un déplorable article. Il y était dit que nous cédions à la force, que les rigueurs du parquet nous interdisaient de dire ce que nous pensions de la violence piémontaise, et que le *Journal de Rome* reculait devant l'autorité italienne. J'adressai de Paris une protestation contre cet article. Le P. de Franciscis prétendit en interdire la publication. Les administrateurs de Paris donnèrent l'ordre de passer outre et de publier. Le bon Père donna sa démission, réclamant une forte indemnité, outre le traitement courant. Il s'adressa aux tribunaux italiens, fit valoir, comme j'en ai la preuve dans sa plainte écrite et imprimée, notre hostilité contre le gouvernement du Quirinal, ses efforts impuissants pour tempérer notre zèle, la nécessité morale où il s'était trouvé de se séparer d'un journal si éloigné de toute concession à l'Italie. De tels arguments obtinrent naturellement gain de cause, et sa censure, les frais du procès compris, nous coûta environ 7,000 francs. Voilà le prix de la justice italienne! L'ordre du P. de Franciscis n'exige pas de ses membres le vœu de pauvreté. Au Vatican, on fut informé de la conduite du bon Père et des singuliers arguments qu'il fit valoir devant les juges italiens. Je n'ai pas entendu dire qu'on lui en eût su mauvais gré ; tout au contraire. J'avais dans Rome un ennemi de plus, voilà tout ; mais il était d'ordre infime. C'était une goutte d'acide ajoutée à un océan de fiel.

L'article, que les prudents conseils du P. de Franciscis avaient motivé, compliquait notre affaire d'un grief nouveau. Au mois de janvier 1884, je fus cité à comparaître devant les assises avec notre gérant, M. Miozzi. La liste des jurés était formidable ; tous fonctionnaires ou pensionnaires de l'État italien : un seul catholique, et c'était l'imprimeur du *Moniteur de Rome*, M. Befani, qui eut d'ailleurs le bon goût de se récuser.

J'avais pour avocat un membre de la presse italienne, un rédacteur de l'officieuse *Stampa*, qui entreprit de plaider utilement la question juridique. Il s'était fait assister d'un jeune procureur, M. Budetti, garibaldien catholique, âme généreuse, parole vibrante, qui devait être enlevé peu après par une maladie soudaine, à la fleur de l'âge et du talent. Garibaldien et catholique ! Ces antithèses de doctrine sont familières aux Italiens, race oratoire. J'avais résolu de présenter moi-même la défense de mes convictions. Peu m'importaient mes avocats devant un jury si soigneusement trié. Il me plaisait de communiquer le moins possible avec des magistrats et des juges, dont, *in petto*, je ne reconnaissais ni la compétence ni le droit.

Le président était le commandeur Cardena, homme aimable et poli, qui se vantait de bien connaître la langue française; au ministère public siégeait le comte Serra, fils d'un sénateur sarde, un fanatique de piémontisme.

On a installé la salle des assises romaines dans une antique église. Tous les édifices publics de la Rome piémontaise affirment ainsi l'usurpation et portent la marque du sacrilège. La plupart des ministères sont établis dans des couvents et attiennent à des églises. Le palais de justice occupe les bâtiments de l'ancien couvent des Philippins. On n'a même pas pris la peine d'effacer les emblèmes sacrés. Les spoliateurs ont bousculé le bon Dieu; mais ils n'ont pas osé effacer ses images. La révolution italienne a été pillarde, non pas iconoclaste. C'est ainsi que la statue de la Vierge surmonte encore la porte du Quirinal profané. Étrange destinée que celle des monuments romains; l'Église a purifié, sans les détruire, et consacré au vrai Dieu les temples païens; puis, à son tour, la Révolution s'intronise dans les églises et les souille!

C'est dans une chapelle qu'un journaliste catholique devait être jugé et condamné, sous l'œil des saints qui décorent encore les murailles, le prétoire occupant la place du chœur!

Le spectacle de la cour d'assises à Rome n'est pas aussi imposant qu'en France. L'appareil de la justice suprême y est mesquin. Les magistrats ne siègent pas en robe rouge. Leurs vieilles robes noires, négligemment déboutonnées, laissent voir des gilets ouverts et des cravates de fantaisie. Ils portent sur la tête des toques molles de velours noir qui ressemblent à des bonnets de bedeaux. Comme insigne de leur grade, ils portent, comme les officiers d'ordonnance français, des aiguillettes qui passent sous les manches de la toge.

Accusé libre, je n'avais d'ailleurs auprès de moi aucun carabinier; on m'avait fait grâce de l'enceinte réservée aux criminels; on avait même disposé, à mon intention, un bon fauteuil, en face du jury; à côté, une simple chaise de paille, pour mon gérant. Pourquoi cette différence? N'a-t-on pas inscrit au-dessus du prétoire ces paroles, hélas! si vaines en Italie et ailleurs : *La legge è uguale per tutti* : la loi est égale pour tous? On nous réservait la même cellule; on nous devait les mêmes sièges devant les assises.

L'auditoire se compose de mes amis, de mes rédacteurs, de beaucoup de prêtres, parmi lesquels le Père de Franciscis, qui me dévore de ses yeux noirs et me nargue de son sourire napolitain. Au banc de la presse, tous les rédacteurs judiciaires; dans le fond de la salle, dans l'enceinte destinée au vulgaire, le public ordinaire, des voyous dépenaillés, de misérables femmes, en petit nombre d'ailleurs, car ma cause n'est pas de celles qui passionnent ces abonnés de la cour d'assises.

On amène mon gérant auprès de moi. On l'amène, car, lui, n'est pas libre, le pauvre homme! Il n'est pas le prisonnier de la justice, mais celui des médecins. Depuis six semaines, il est enfermé à l'hôpital des fous ou *manicomio*. Son gardien ne le quitte pas. C'est un spectacle affreux, dont, en France, on ne peut concevoir aucune idée! On n'y traîne pas les malades en justice, surtout les malades de l'esprit, et on n'y a jamais condamné un pensionnaire de Bicêtre. Non seulement on a condamné l'excellent et honnête Miozzi, mais on l'a enfermé dans la plus rigoureuse prison; puis, on me l'a imposé comme compagnon de cellule.

Après le tirage au sort du jury, où le ministère public et mes avocats épuisent tour à tour leur droit de récusation, l'audience est ouverte. Je déclare tout d'abord ma volonté de ne répondre qu'en français. Le président fait un geste d'impatience; il n'a pas prévu l'interprète assermenté.

Les huissiers parcourent le palais de justice, vide d'interprètes. Il faut remettre l'audience à midi.

A midi, l'audience est reprise. L'interprète a été découvert; c'est un Autrichien, qui parle toutes les langues, et les enseigne toutes. Il glisse dans ma poche des cartes de visite où sont énumérées toutes ses connaissances philologiques, avec le prix des leçons; il me demande de les distribuer à mes nombreux amis. Je ne puis contrôler sa science allemande, anglaise, russe ou turque; mais je constate qu'il parle un français et un italien de fantaisie. Au cours de l'interrogatoire, je suis obligé plus d'une fois de le reprendre, même en italien, ce qui porte au comble la fureur de l'avocat général, qui me soupçonne de jouer l'ignorance, de me moquer de la justice italienne, d'affecter le mépris de la langue nationale. « Voilà bien l'orgueil français, le voilà! »

Je ne suis pas du tout intimidé; je ne sais pourquoi, cet appareil ne m'impose pas. Tout cela ne me paraît pas très sérieux. Il m'est cependant difficile de suivre, en parlant, ma pensée. L'interprète m'interrompt à chaque mot, soit parce qu'il ne comprend pas, soit parce qu'il a peur d'oublier. C'est un dialogue entre lui et moi, assez comique, mais fort gênant. Je suis contraint parfois de presser les mots pour devancer l'inquiétude de mon bourreau le philologue, et achever quand même la phrase commencée. Si je m'arrête, je ne saurai plus ce que je veux dire. Alors, l'interprète sue sang et eau; il se livre au désespoir, lève les bras au ciel et invoque les juges. J'aurais voulu voir Berryer ou Gambetta plaider en cette posture !

On connaît mon système de défense; je le développe de mon mieux. Le président fait assaut d'interruptions avec l'interprète. Je n'attends pas leur inutile traduction pour répondre.

L'interprète est anéanti. Il finit par ne plus pouvoir placer son mauvais italien, et, comme il est consciencieux, il se désole.

A un moment, j'entame une discussion grammaticale avec le président. Celui-ci insinue que je prévoyais le procès, quand je suis parti pour Casamicciola, et que j'ai voulu ainsi me préparer un système de défense.

— Monsieur le président, dis-je alors avec indignation, m'accuse d'avoir spéculé, dans un intérêt privé et judiciaire, sur un désastre public !

— Qui vous parle de spéculation? s'écrie le président. Je ne vous ai pas insulté; je n'ai pas dit que vous fussiez un agioteur.

— Mais, monsieur le président, vous vous méprenez sur le sens du mot *spéculer*.

— Je ne me méprends point; je comprends le français aussi bien que vous. Si je ne le parle pas, c'est que la loi me le défend. Je sais bien ce que veut dire *spéculer*.

Me voilà réduit à expliquer les nuances de la langue française à un Italien, et à recommencer devant la cour d'assises mon ancien métier de professeur de rhétorique !

Ce débat achève de me concilier l'antipathie du président. Il l'a visiblement fatigué. Il veut y mettre fin. Il m'interpelle brutalement :

— Finissons-en. Reconnaissez-vous, oui ou non, la légitimité du plébiscite de 1870 ? Admettez-vous que Rome n'est plus au Pape, que les Italiens la possèdent, en vertu des lois, que le roi Humbert est le souverain légitime de Rome ? Dites oui ou non.

A cette apostrophe, je répondis par la déclaration suivante :

« Cela, monsieur le président, vous ne me le ferez
» jamais dire. Je ne puis pas le dire : j'écris tous les
» jours le contraire.

» Et voyez un peu ma situation ? Si je disais, si j'écri-
» vais ce que M. le procureur général et M. le président
» déclarent la saine doctrine, j'encourrais la censure
» de mon Maître, de mon Chef, de mon Souverain, le
» Pape ; j'encourrais même en mes écrits, l'interdic-
» tion de l'*Index*.

» Si je dis que je ne reconnais pas comme légitime
» l'ordre de choses italien, on me mène en cour
» d'assises.

» Eh bien ! entre les deux censures, je choisis la
» vôtre. »

Je m'assis ; la cause était entendue ; je n'avais plus rien à dire.

M. l'avocat général Serra se leva. C'est un type parfait du montagnard sarde, au visage enluminé ; l'œil est féroce sous des sourcils en broussailles ; il lance par-dessus un vieux lorgnon des regards farouches ; il parle lourdement ; il roule les *r*, il vibre comme dans les mélodrames. Quand il prononce le : *Signori giurati* d'une voix caverneuse, l'oreille supplée au *tremolo* d'un orchestre absent.

M. Serra commence par m'invectiver sur mon ignorance affectée, dit-il, de la langue italienne. « Si j'avais dû rédiger un journal à Paris (quelle bizarre hypothèse !) j'aurais pris mes précautions et j'aurais d'abord appris la langue de votre pays ! »

Ce mot de *précaution* me rappelle à une importune et ridicule réalité.

Oserai-je rapporter ici un souvenir grotesque de cette audience solennelle ? Comment dire cela à mes lecteurs et surtout à mes lectrices ? Enfin, je dois faire ma confession tout entière. Racine a intercalé le mot dans les *Plaideurs* et on le prononce au Théâtre français. « Tirez, tirez, etc... » Je ne pouvais faire, comme les petits enfants de Citron, cet autre accusé, et manquer, comme eux, de respect à la justice !

M. l'avocat général promettait d'être long. Je ne pouvais attendre. Les grandes émotions déterminent ces défaillances soudaines. La parole de M. Serra produisit sur moi un effet impérieux. Sa belle parole, qui coulait toujours, était étrangement contagieuse !

D'ailleurs, peu au fait des usages de la cour d'assises, j'ignorais les formalités requises en pareille aventure. J'adoptai le parti le plus simple : je me levai, je passai fièrement devant les sentinelles ébahies, à qui je dis rapidement : « *Ritorno subito.* » Je ne sais ce qui serait arrivé, si la sentinelle, au lieu d'ouvrir une grande bouche et de grands yeux, eût voulu parlementer.

Je vaquais amplement à cette imitation du Mankenpis dans les stalles réservées de la cour du Palais, quand on me frappe l'épaule. C'est un abbé de ma rédaction qui me surprend en flagrant délit. — Malheureux, crie-t-il, que faites-vous ? — Hélas ! vous le voyez. — Mais on vous cherche partout ; les issues du palais sont gardées par la troupe. L'avocat général est demeuré, la mâchoire béante, au milieu d'un de ses plus beaux mots : le président a interrompu l'audience. On est à votre poursuite. N'achevez pas... — Impossible... mais *farò presto.*

Nouveau Regulus, je revenais en effet me présenter à mes juges. Le tumulte était au comble dans la salle d'audience. Le président montrait un air navré : l'avocat général assis, la toque sur l'oreille, me lançait de formidables œillades. Le jury était tout désorganisé, car plusieurs de ses membres avaient estimé l'exemple utile à suivre et avaient pris la place de l'accusé dans la cour du palais. Les soldats et les huissiers rentraient tout essoufflés, étonnés de me revoir à ma place, après m'avoir vainement poursuivi. Le P. de Franciscis me regardait d'un air plus sardonique et plus méchant. D'un geste, je m'excusai devant le président, qui s'était résigné à comprendre.

M. Serra eut la générosité de m'épargner sur cet incident. Il acheva son terrible réquisitoire, tout rempli d'hyperboliques oraisons à la famille royale, à Garibaldi, à Mazzini, aux géants de la Révolution italienne, aux plébiscites, à la monarchie constitutionnelle.

Car j'étais accusé d'un double grief : Offense à la loi plébiscitaire de 1870, vœux tendant au renversement de la monarchie constitutionnelle.

Ce que dirent mes avocats, je ne m'en souviens plus guère. Ils parlaient fort bien. Cette langue italienne a conservé toutes les sonorités oratoires de la langue de Cicéron. Elle retentit majestueusement ; les périodes s'y développent, relevées sans cesse par des accents impétueux et des sons magnifiques. A la lecture et traduits, ces plaidoyers semblent incolores et diffus. C'est un charme de les entendre. C'est une musique superbe qui ne dit pas grand'chose ; une symphonie sans thème.

Je vois encore M. Budetti l'œil en feu, le geste fulgurant, réconciliant le Christ et Caracalla, apostrophant l'empereur Commode, invoquant à la fois Pie IX et Garibaldi, sautant de Julien l'Apostat à M. de Cavour, mettant le grand *Vittorio Emmanuele* sur le piédestal du *Principe degl' apostoli, divo Santo Pietro!*... Toutes les grandeurs romaines depuis Romulus jusqu'à M. Depretis, se donnaient rendez-vous en son discours. C'était une danse macabre de tous les grands morts, une apothéose universelle, dans laquelle j'avais aussi ma place, une bien petite place. Car il était question de tout, en cette plaidoirie du genre sublime, — même de la cause, même des accusés.

Le succès de M. Budetti fut très grand.

Il n'empêcha pas le président Cardena de débiter d'un air froid et compassé, sous forme de résumé, un réquisitoire écrasant, où il comblait les vides de l'accusation, élargissait ceux de la défense ; il mettait en pièces mes arguments, et, reprenant la déclaration qu'il m'avait arrachée, la présentait comme une révolte ouverte contre toutes les lois de la monarchie, contre tout l'édifice constitutionnel.

Les jurés délibérèrent.

J'étais assuré de la condamnation.

Les amis du *Moniteur de Rome* ont eu beau dire que j'avais joué avec la justice, que j'avais été au-devant de l'amende et de la prison, j'ai souvenir que mon rôle ne m'amusait guère.

Les prisons sont divertissantes pour les lecteurs de Silvio Pellico, et encore!... Elles ne le sont pas pour les prisonniers.

Regardant en moi-même, je me voyais surtout occupé de chercher une contenance calme ou indifférente, et de comprimer les battements de mon cœur.

Mon pauvre gérant n'avait guère compris ce qui s'était passé. A l'interrogatoire du président, il n'avait répondu que par une parole : « J'adhère à tout ce qu'a dit, à tout ce qu'a fait mon directeur, l'illustre M. des Houx. » Brave et excellent serviteur, il apportait aux juges non seulement sa fidélité d'homme du peuple, de chrétien, de catholique convaincu, mais aussi la fidélité à son devoir professionnel ; il ne reniait ni sa conviction ni sa responsabilité, pourtant fictive.

Bien que j'eusse revendiqué pour moi seul, signataire de l'article et directeur du journal, la plénitude du crime, pas plus que moi, cet innocent ne trouva grâce devant les jurés fonctionnaires.

Le verdict était affirmatif pour l'offense aux lois plébiscitaires, négatif pour le vœu tendant au renversement de la monarchie constitutionnelle, le tout mitigé par les circonstances atténuantes.

M. Serra demanda pour le gérant et pour moi un mois de prison et cinq cents francs d'amende, le maximum de la peine correspondant au verdict.

La Cour accéda immédiatement à sa demande.

Déjà j'entrevoyais la longueur du mois de prison, et on m'a dit que j'avais fait un geste d'impatience. Je n'en sais rien.

Tandis que mes amis me félicitaient, le Père de Franciscis disait à un de ses voisins que mon attitude avait été ridicule et mes déclarations lâches!

Quand le compte rendu du procès fut publié, je dois dire que la presque unanimité des catholique du monde entier ne partagea pas l'opinion du bon Père, le Pape non plus; car il daigna me faire écrire par Mgr Mocenni la lettre suivante :

« Monsieur,

» Le Saint-Père a reçu la lettre que vous lui avez adressée en date du 26 courant, et a accueilli avec une particulière bienveillance cette nouvelle protestation de votre obéissance et de votre dévouement. Ces sentiments vous honorent grandement et font croire que vous voudrez persister, malgré les épreuves adverses, dans la défense de la religion et du Saint-Siège. A cet effet, Sa Sainteté a daigné vous accorder la bénédiction que vous avez implorée comme encouragement dans la susdite lettre.

» A cette occasion, il m'est agréable de me déclarer, avec des sentiments d'estime très distingués, etc.. etc.

» † MARIO, archevêque d'Héliopolis. »

Rome, 30 janvier 1884.

A M. Henri des Houx-Morimbau, directeur du *Journal de Rome.*

Un seul mot à propos de cette lettre. Je ne sais comment il se fait qu'elle me fut apportée chez moi, non par un courrier de la secrétairerie d'État, suivant l'usage, mais par un religieux, également ami du *Journal* et du *Moniteur de Rome*, qui s'était trouvé à point au Vatican pour se charger de l'ambassade.

Après m'avoir félicité du grand honneur que j'avais mérité, il ajouta : « Il est bien entendu, mon cher ami, que cette lettre est toute privée, et nullement destinée à la publication. C'est un titre de gloire qui vous est personnel, et que vous devez garder en poche. »

Je ne dis rien; mais je courus auprès de Mgr Mocenni pour lui exprimer ma gratitude, et le prier d'en transmettre l'expression au Saint-Père. Incidemment, je lui demandai si la publication était permise.

— Quelle question posez-vous-là, imprudent? C'est de toute évidence : la lettre est faite pour être publiée dans le *Journal de Rome*. A quoi pensez-vous donc? hâtez-vous.

Oh ! les ambassades italiennes !

Une telle condamnation indigna l'univers catholique. Je reçus de toutes parts des adresses et des encouragements (1). L'honneur qui m'était fait dépassait de beaucoup mon mérite ; il s'adressait à la sainte cause que je me trouvais défendre à Rome, à cette cause dont le *Journal de Rome* rajeunissait, à son détriment, l'actualité. C'était un incident nouveau et retentissant ajouté au conflit permanent entre le Saint-Siège et l'Italie usurpatrice. Nous n'étions que les faibles instruments de cette grande œuvre de revendication poursuivie depuis 1870 par les catholiques du monde entier. Les instruments ont été rejetés par ceux mêmes qu'ils servaient. Malgré tout, la revendication subsiste : aucun tempérament, aucune diplomatie ne la fera taire. Il n'y aura de repos dans le monde des âmes, que le jour où les Papes seront rentrés dans leur souveraine indépendance.

Les années, loin de consolider l'édifice révolutionnaire de l'Italie, en dissolvent l'incurable fragilité. Le droit des Papes ne supporte aucune prescription, et loin d'accommoder des choses contradictoires, le temps ne sert qu'à en faire ressortir avec plus d'évidence l'irréfragable contradiction.

Il se trouve même que tous les efforts des hommes et de la politique, pour adopter un *modus vivendi*, toutes les tentatives de conciliation essayées de part et d'autre, n'ont d'autre effet que celui de stimuler l'impatience des catholiques et de faire ressortir les impossibilités. Tous les remèdes appliqués activent la crise. Ni le Pape, ni le roi ne sont libres de s'accorder. Le roi se heurte à la révolution républicaine, le Pape à

---

(1) Voir les appendices II, III et IV.

ses serments, aux traditions de l'Église, à la fidélité des catholiques, dont pas un seul, s'il est sincère, n'admettrait pour souverain un Pontife dépendant d'une puissance civile, surtout de la puissance italienne.

La prison du Pape est la garantie de sa liberté spirituelle. Que, par impossible, il en sorte pour vivre en paix avec l'Italie, il cesse d'être libre et souverain. S'il ne veut quitter Rome, pour chercher un asile où sa liberté morale soit mieux à l'abri, il est condamné à demeurer prisonnier dans sa propre ville. C'est une situation impossible et qui ne peut se prolonger pendant plusieurs règnes. Une succession de Papes prisonniers de l'Italie jetterait dans l'Église le trouble le plus profond. Car, à mesure que le temps s'écoule, les futurs Papes sembleraient à la fin accepter leur internement, s'y complaire, et reconnaître que l'Église s'y peut résigner.

Cette situation, insoluble sans l'affranchissement de Rome ou le départ des Papes, s'imposera, en son urgente nécessité, au prochain Conclave.

Les aventures et les procès du *Journal de Rome* ont prouvé déjà que le Saint-Siège ne peut faire défendre ses droits, dans la ville même de Rome, par des journaux franchement hostiles à la révolution italienne. La presse pontificale doit choisir entre l'écrasement sous l'amende et la prison, ou la complaisance hypocrite au Quirinal.

Jamais le *Journal de Rome* ne s'est départi de la mesure, de la politesse dans la revendication. Il suffisait que cette revendication fût réelle et explicite, pour attirer sur nous les foudres du parquet. Nous avons été saisis huit fois, traduits trois fois devant les assises, acquittés une fois, condamnés deux fois; la dernière condamnation est postérieure de six mois à la disparition du journal. Les rigueurs même de Léon XIII contre ses zouaves de la plume n'ont pas désarmé la haine du fisc italien.

Cette haine persistante, sauvage, survivant à notre ruine, constitue notre plus grand titre d'honneur. Nous avons été les témoins du Saint-Siège devant les juges italiens et dans les prisons romaines. Nous y avons payé le droit de parler franc. Ceux qui ont affronté le péril, ceux qui ont souffert pour la plus sainte des causes, doivent être crus en ce qu'ils rapportent.

L'usurpation italienne a entraîné des troubles profonds à la tête et au cœur de l'Église. Si tout allait bien à Rome, nos revendications seraient vaines et la loi des garanties serait justifiée. Mais il n'en est pas ainsi, et les misères que nous dénonçons jusque dans le centre de la catholicité, sont l'effet inévitable d'une situation impossible. Si l'horizon du Vatican s'est rétréci, c'est que le Vatican est cerné par une triple garde de séides de la Révolution. Si la vérité y pénètre difficilement, c'est que les abords en sont encombrés par la Révolution : si les dévouements y sont méconnus, c'est que la Révolution, après quinze ans, a réussi à s'y infiltrer. Comment en serait-il autrement, quand à l'intérieur et à l'extérieur du Vatican, vivent des frères italiens, des enfants d'une même race et d'une même patrie, des hommes d'un même génie? Comment empêcher la communication, les ententes secrètes, les compromis détournés?

Depuis trois siècles, le Saint-Siège est italien. Pour l'accomplissement des promesses divines, il faut, de toute nécessité, ou que l'Italie se retire de Rome, ou que l'Église universelle intervienne et refoule l'italianisme qui la déborde.

Ces grands problèmes seront résolus par le Saint-Esprit. Mais il n'est pas défendu aux fidèles de les étudier.

Rien ne sert de se bander les yeux pour ne pas voir le mal, ni de s'astreindre à un béat optimisme.

L'Église catholique souffre partout de la Révolution qui l'assiège et la mine. A Rome, où la Providence a placé son âme et son cœur, la Révolution a établi aussi son centre d'influence et d'action.

La première œuvre qui s'impose aux catholiques, c'est l'affranchissement du Saint-Siège et la pacification de Rome.

Il faut prier, agir, dénoncer le mal sous toutes ses formes, même brutalement, s'il le faut pour être entendu. Car la crise approche, et l'heure est aux remèdes héroïques.

CHAPITRE DOUZIÈME

LES DERNIERS JOURS DU *JOURNAL DE ROME*

SOMMAIRE

Sans rancune, — Le ciel et la boue de Rome. — L'œuvre du *Journal de Rome*. — La calomnie organisée. — Trêve conclue et rompue. — La note de l'*Osservatore romano*. — Ma démission. — Instances du cardinal Sacconi. — Ordre du cardinal-vicaire. — La démission retirée. — Le procès d'un prélat devant le Pape. — Voyage en Sicile. — Dernière saisie. — Éloges donnés par l'*Osservatore romano*. — L'abbé Brouwers. — Lettre du cardinal Pitra. — Lettre de Mgr Freppel. — Visite à Porto. — Belles paroles du cardinal Pitra. — Sa sérénité. — Fonctions de Mgr Battandier au *Journal de Rome*. — Inquiétudes et irritation du Pape. — Réserve commandée au *Journal de Rome*. — Lettre du Pape à l'archevêque de Paris. — Visite à saint Calixte. — Le cardinal Lavigerie. — Ses conseils. — Ses engagements. — Je donne ma démission au Saint-Père. — Douloureuse surprise. — Mon dernier article. — Soumission du cardinal Pitra. — La journée des dupes. — Le cardinal Parocchi exécuteur des ordres de Léon XIII — Ma démission acceptée. — Retraite imposée à la rédaction. — Interdiction de la remplacer. — La nécessité suprême annoncée. — Le dernier numéro du *Journal de Rome*. — Notre mission était finie. — Evolution dans la politique pontificale. — Avances de l'Italie — Nomination de cardinaux agréables à la cour du Quirinal. — *Mori lucrum est.* — Note préparée contre nous. — Dernières paroles du Pape. — Humble protestation.

J'essaierai de raconter cette histoire, dont les témoins sont vivants, avec une entière impartialité. Une de mes faiblesses, c'est l'impuissance à la rancune. Je sais d'ailleurs que rarement les inimitiés sont personnelles. Nous sommes des soldats; la balle qui nous frappe ne vise pas notre personne, mais notre armée. A Rome, j'ai gêné par ma situation beaucoup de monde; on m'a bousculé comme un obstacle. J'ai le sentiment que personne n'en voulait à mon *moi*; pas même les spadassins de presse qui m'ont lâchement poignardé par derrière, pas même ceux qui ont épuisé contre moi toutes les invectives de la calomnie vraisemblable et invraisemblable; pas même ceux qui m'ont poursuivi encore dans le silence de ma retraite et m'ont piétiné dans ma disgrâce. Tous ces gens-là luttaient pour l'argent, pour la carrière, pour leur secte : ils ne m'en voulaient pas, à moi. Pourquoi leur en voudrais-je ? Je dirai d'eux ce que je pense de bien et de mal : je suis un témoin, non un juge.

Dès le lendemain de mon arrivée à Rome, je prévis la fin prochaine et certaine du journal, que j'eus l'honneur insigne de diriger pendant trois ans. Je ne me mépris pas une minute sur le caractère du *Moniteur de Rome*, qui venait d'être créé en concurrence avec le *Journal de Rome*. Je pressentis, dans cette nuit romaine où je m'aventurais, toute la coterie italienne acharnée à mes trousses. Je n'eusse même jamais cru que notre résistance dût être si longue. J'ai campé à Rome comme les Turcs en Europe. J'ai tenu longtemps; j'aurais tenu indéfiniment, s'il m'avait plu, mais au prix de mon honneur, en désertant mon mandat. Je suis tombé, en choisissant l'heure et le terrain de la chute, non pas quand je fus épuisé, ni même las, mais quand il me parut que l'honneur était sauf dans une bataille impossible à gagner.

Lorsque je quittai Paris, ma situation dans la presse était excellente et devenait fructueuse. J'ai donc été attiré uniquement par le prestige de Rome et de la cause romaine, non par nécessité ni cupidité. Les avantages matériels qui m'y furent faits, n'équivalaient pas à ceux que j'abandonnais. Le terme de mon expédition était fixé à un mois; je le prorogeai; mais je croyais le délai de prorogation fort court. Il fut de trois ans; mes espérances étaient dépassées. Je ne regrette donc rien, et n'ai aucune raison d'inimitié. J'étais à Rome un intrus, un *étranger*, comme on dit le premier jour, un *barbare*, comme on pensait. Je n'ai cessé d'y vivre en *forestiere*; tout est permis à Rome contre cette proie appelée le *forestiere*. Je n'ai jamais daigné prendre place dans les coteries; j'allais droit mon chemin, tâchant de ne pas voir la boue qui m'éclaboussait, les yeux fixés vers le ciel radieux de Rome, ce ciel plus voisin de la terre que partout ailleurs, sans la toucher cependant.

Par les jours de printemps, l'air de Rome est bleu; on se promène dans l'azur : il ne faut pas regarder la terre; le pied la foule dédaigneusement, tandis que l'œil baigne dans la lumière. De même, au Vatican, je ne voulus connaître et voir que le vicaire du Christ, non pas l'homme qui change de nom, de politique, de favoris, de courtisans; mais le Pape éternel, surnaturel, à qui le surnom de Pierre est sous-entendu. *Tu es Petrus.* A celui-là seul, j'ai voulu avoir affaire; je n'en ai pas servi d'autre; si l'homme m'a frappé, ou si l'on m'a frappé au nom de l'homme, que m'importe? Je servais Pierre; je servais le Maître de Pierre.

A Rome, il faut choisir : vivre dans l'abstraction ou dans la coterie : dans le ciel ou dans la boue. Le ciel y est d'une incomparable pureté, la boue d'une invraisemblable ordure.

Il arrive parfois que le Tibre, subitement débordé, refoule les égouts vers la ville : alors il faut compter avec le Tibre. On s'en va, sans garder rancune au limon du vieux fleuve.

Pendant deux ans et demi, j'ai dédaigné cette boue romaine qu'on m'a lancée en guise de bienvenue, et dont on a salué mon départ.

Je venais dans la Ville éternelle, avec tout mon enthousiasme et toute ma foi. J'ai gardé la foi; je l'ai augmentée encore et fortifiée. Ce sont les sots ou les faibles qui disent : *Roma veduta, fede perduta.* L'humanité des gens d'Église est la plus forte preuve de la divinité de l'Église; les hommes qui l'incarnent n'ont pu réussir à en éliminer l'étincelle divine qui l'anime et la conserve; sur les eaux troubles plane éternellement le souffle de Dieu, et à Rome plus qu'ailleurs éclate avec évidence, par l'excès même de la défaillance humaine, l'omnipotence de la Divinité.

J'arrivais à mon tour, après les zouaves pontificaux,

monter la faction à la porte du Vatican. L'œuvre que j'étais appelé à l'honneur de diriger était noble et grande. Il ne s'agissait en effet, ni pour moi ni pour ceux qui m'appelaient, de rédiger un journal d'antichambre, destiné à pousser la carrière ou à garnir la poche de ses rédacteurs, à faire aux puissants du jour une cour plus ou moins adroite, à plaire à tel ou tel *Monsignore*. Nous venions, au nom des catholiques du dehors, demander compte à la Révolution italienne de l'indépendance de notre Père, de notre Maître. Nous venions revendiquer, au péril de notre propre liberté, la liberté du Pape. Nous venions affirmer que la question romaine est universelle; qu'en vain l'Italie garde la prétention de la résoudre à elle seule; que tous les catholiques du monde sont les citoyens légitimes de cette capitale de la chrétienté, que nous y sommes chez nous, comme des fils dans la maison de leur Père, et que ceux-là seuls y sont intrus qui y ont porté le trouble et la profanation.

Il me semblait que la terre, trempée du sang des martyrs, devait nourrir l'enthousiasme, que les pierres de ces monuments, témoins éloquents de l'héroïsme apostolique, devaient garder l'écho des grandes paroles et des pensées sublimes.

Pendant sept ans à Paris, j'avais défendu l'Église de mon pays contre les haines et les désordres de la république; il me semblait plus beau de défendre à Rome la tête et le cœur de l'Église universelle contre les mandataires de la Révolution universelle. Je me croyais ainsi monté en grade; je voulais gagner là, au seuil des apôtres, mes éperons d'or de chevalier chrétien.

Dès le lendemain de mon arrivée, le *Moniteur de Rome,* organe des favoris du Pape, lançait contre moi l'épithète d'*étranger.* Nous étions des « étrangers » venant nous interposer entre les Italiens. Par ce mot, on cherchait à nous rendre odieux à l'Italie tout entière, blanche et noire, à celle du Vatican comme à celle du Quirinal.

Ce n'était pas assez. Faisant allusion à un procès commercial que j'avais soutenu et perdu quatre ans auparavant contre les acquéreurs de la *Défense,* lorsque je fondais la *Civilisation,* pour protester contre un changement de propriété que je jugeais funeste à l'œuvre et contraire aux intentions du fondateur, le *Moniteur de Rome,* payé par le Pape, déclarait que je venais chercher à Rome un refuge, étant « condamné par les tribunaux de la Seine! » Le *Fanfulla,* organe de la cour du Quirinal, dont plusieurs rédacteurs, entre autres le fameux comte des Dorides, faisaient aussi partie de la rédaction du *Moniteur de Rome* organe de la cour vaticane, reproduisait plus naïvement cette calomnie, en disant que j'étais condamné « par les tribunaux *correctionnels* de la Seine (1). » Je rectifiai dans le *Fanfulla;* le *Moniteur de Rome* fut muet sur ma réclamation.

Le *Moniteur de Rome* insinua encore que le *Journal de Rome* était l'œuvre de spéculateurs! Étrange spécu-

---

(1) Cette calomnie a été reproduite récemment dans un autre organe du Pape, la *Rassegna nazionale.* L'auteur de ces articles, M. Joseph Grabinski, n'a pas même l'excuse de l'ignorance. Au moment où s'engagea mon procès avec le *Français,* il collaborait à la *Civilisation.*

lation, qui prodiguait les billets de la Banque de France dans les poches italiennes, pour défendre à Rome la cause du Pape, sans compensation matérielle ni morale, et qui, pour prix des services rendus, obtenait la calomnie la plus ignoble!

Ce système d'outrages continua pendant deux ans et demi. Pendant deux ans et demi, les correspondants de journaux étrangers que Mgr Galimberti entretenait auprès de lui, m'accablèrent d'infamies de toute sorte. J'étais parti en congé pour un mois, après un an de labeur ininterrompu à Rome, avertissant le Vatican et mes amis de mon départ. On fit insérer dans une petite feuille de scandale, le *Messagero*, que j'avais abandonné à Rome ma femme et mes enfants, pour m'enfuir au bras d'une « belle catholique ! » Spontanément, le *Messagero* démentit la calomnie, en avouant que *des catholiques* en étaient les auteurs, et avaient surpris sa bonne foi. Mais les amis du *Moniteur* la reprirent à leur compte dans la *Germania* de Berlin, égout naturel de leurs immondices. La légende de « la belle catholique » subsista, au point que dix-huit mois après, un *fattorino* du télégraphe venant apporter un télégramme à mon adresse, demanda à nos garçons de bureau, si j'étais celui-là même qui avait enlevé « la belle catholique. »

Je n'opposais qu'un dédaigneux silence à ces turpitudes. Ce silence enhardit la calomnie. On vint à dire et à imprimer que ma prison n'était qu'une frime, que j'étais vendu à l'Italie et à la Prusse !

Je fatiguai alors de mes réclamations le Vatican, qui payait ces ignominies. Toujours gracieux, le cardinal-secrétaire d'État me disait en haussant l'épaule : « Qu'y puis-je ? Avons-nous le pouvoir de diriger notre presse ? Pouvons-nous arrêter par censure préventive tous les mensonges qui se disent dans nos journaux ? — Au moins, devez-vous ne pas payer, ne pas encourager les calomniateurs, qui viennent chez vous, qui y sont bien accueillis, qui se donnent comme vos protégés, qui s'autorisent de Votre Éminence. — Vous croyez vraiment que ce pauvre Galimberti ?... — J'en suis sûr. — Avez-vous des preuves matérielles ? — J'ai toutes les preuves morales. *Is fecit cui prodest.* — Oh ! ces Français... » Et le bon cardinal éclatait de rire. Et le Pape continuait à prêcher la concorde dans la presse catholique, la charité mutuelle entre écrivains, etc., etc.

J'ai parlé ailleurs des correspondances du *Reichsbote*. La *Germania* me les imputa. Je protestai sans dévoiler le très illustre et très admirable auteur de ces belles lettres. J'allai encore trouver le cardinal ; je lui dis que s'il ne faisait pas taire la presse qu'il dirigeait, j'allais me décider à parler et à dénoncer les auteurs de ces infamies. Une trêve fut conclue ; le cardinal promit d'user de son influence pour arrêter la calomnie. Il me demanda en échange de ne pas répondre aux calomnies passées : je reprendrais toute ma liberté, s'il en survenait de nouvelles.

Je consentis : trois jours après, le *Français*, dont le correspondant romain est M. Carry, rédacteur en chef du *Moniteur de Rome*, me signalait dans une correspondance de Berlin comme entretenant des relations intimes avec M. de Bismarck.

La trêve était rompue ; je reprenais ma liberté. Il fallait que cela finît. Le duel s'engagea.

J'écrivis, le 8 avril, un article en réponse au *Français*, où Mgr Galimberti était dénoncé comme l'inspirateur de cette guerre déloyale, faite dans tous les organes de la secte catholique libérale, dont il est le choryphée (1).

Cela fait, pour éviter toutes les machinations, toutes les instances, toutes les câlineries, dont ces actes d'énergie sont toujours suivis à Rome, me méfiant de ma faiblesse excessive en face des vaines promesses de la diplomatie italienne, et de ma bonhomie naturelle, j'allai me cacher à Frascati, dans le voisinage de mon fils, élève du collège de Mondragone.

Peu de jours s'étaient écoulés, quand je reçus de nos rédacteurs affolés une série de dépêches. L'*Osservatore romano* du 11 avril, publiait une note terrible, dont voici le texte :

« Quelques correspondances insérées en des journaux étrangers ont donné lieu, ces jours derniers à un regrettable incident entre deux journaux qui se publient à Rome, le *Journal* et le *Moniteur de Rome*.

» Il nous est pénible de devoir dire que le *Journal de Rome* n'a pas, en cette occasion, suivi une ligne de conduite régulière et correcte.

» Si, à propos de ces correspondances, il avait sujet de se croire lésé, il y avait un moyen d'en appeler légitimement à l'autorité supérieure, qui aurait avisé suivant la justice.

---

(1) Voir l'Appendice V.

» Au lieu de cela, il a préféré rendre publiques les accusations, en les faisant dégénérer en une controverse d'une nature personnelle, et, par suite, très délicate ; d'autant plus que les accusations n'étaient ni certaines, ni prouvées, et que la personne prise à partie appartient à la prélature romaine. On devait réfléchir en outre que, mettant en doute la bonté des doctrines librement professées et paisiblement propagées à Rome par la presse catholique, on va indirectement jusqu'à atteindre l'autorité suprême de l'Église elle-même, qui la tient sous sa vigilance et lui accorde protection et faveur.

» Quand le *Journal de Rome* a mis ses soins à défendre les intérêts de la religion et du Saint-Siège, il a pu mériter des encouragements et des éloges. Mais quand sa conduite doit servir à rompre l'union si nécessaire entre des journaux qui défendent la même et très noble cause, on ne peut faire moins que de trouver que cette attitude est tout autre que louable. »

Je revins en toute hâte. Je fis publier la note de l'*Osservatore* dans le *Journal de Rome*, et l'accompagnai de ma démission, motivée dans les termes suivants :

« Tous les blâmes qui sont contenus dans cette note communiquée à l'*Osservatore romano*, frappent personnellement le directeur du *Journal de Rome* et lui seul. Nous revendiquons la pleine et unique responsabilité des articles écrits pour notre défense ; mais l'œuvre du *Journal de Rome* doit demeurer indépendante de toute personnalité.

» C'est pourquoi, nous acceptons pour nous, et pour nous seuls, la note de l'*Osservatore romano* et nous donnons au Saint-Siège, une preuve suprême de notre obéissance et de notre absolue soumission, en attribuant à cette note la seule sanction qu'elle comporte.

» Nous avons donc le regret d'adresser, aujourd'hui même, notre démission de directeur aux administrateurs du *Journal de Rome*.

» Il y a un an, le 9 avril, nous sortions des *Carceri Nuove*, où nous avons eu l'honneur d'être enfermé pour la cause du Saint-Siège.

» Aujourd'hui, 11 avril, nous quittons la direction du *Journal de Rome* par respect pour cette même autorité pontificale, à laquelle nous ne cesserons jamais de donner tout notre dévouement. »

Ma ferme intention était de maintenir cette démission. La crise prévue sévissait. Je connaissais le piège où l'on m'avait attiré. Les amis du *Moniteur de Rome* et le parti pérugin m'enfermaient dans un dilemme: ou garder le silence et permettre à la calomnie de s'accréditer, c'était le déshonneur; ou me défendre et encourir l'accusation de rompre la concorde imposée aux catholiques; c'était le désaveu. J'avais vu la fourche, et préféré la pointe qui me perçait, à celle qui me salissait. Mgr Galimberti triomphait: du moins je partais le front haut; j'avais démontré la partialité de nos chefs. J'avais obligé les masques à tomber, la faveur dont les Italiens libéraux jouissaient à s'affirmer d'une manière éclatante. Les calomniateurs avaient raison contre les calomniés; mais c'était la raison du plus fort, et la solennité des circonstances, en rendant leur triomphe plus retentissant, le faisait aussi moins dangereux.

Je reçus plus de deux cents lettres de chaude adhésion et de sympathie. En même temps, des cardinaux interpellaient vivement le secrétaire d'État, lui demandant compte de cette hiérarchie nouvelle introduite dans l'Église, qui attribuait à de simples prélats de cour, et à des prélats journalistes, une inviolabilité à laquelle, jusqu'ici, les ordinaires et les pasteurs ayant charge d'âmes, avaient seuls dû prétendre. On faisait remarquer l'anomalie de la situation accordée à Mgr Galimberti. Ce prélat, en assumant la direction d'un journal, en se mêlant aux polémiques, en les inspirant, n'abdiquait-il pas en fait l'immunité invoquée en sa faveur?

Le cardinal Jacobini se contentait de répondre : « Je ne suis pour rien dans la note de l'*Osservatore*; c'est *en bas* qu'on l'a rédigée. » En bas, au second étage : chez Mgr Boccali, ou...... Dans une de ces conversations entre Éminences, le secrétaire d'État laissa échapper cet aveu que le *Moniteur de Rome* coûtait au Saint-Siège 150,000 francs par an, sans compter les suppléments que Mgr Galimberti réclamait à la fin de chaque mois pour insuffisance de crédit! Or, ce journal tire à quatre cents exemplaires. Ni l'impression, ni l'expédition n'en coûtent bien cher. Où passe une si énorme somme? De quel côté étaient les spéculateurs?

J'allai prendre congé de l'Ém^me Sacconi, doyen du Sacré Collège, qui m'avait toujours témoigné une infinie bonté. Ancien nonce à Paris, au temps du coup d'État, avant la nomination du cardinal Chigi, ce prélat a gardé une prédilection pour le caractère français. Son noble visage a un aspect un peu rude, que ne contredit pas sa parole. J'aime cette rudesse chez les Italiens; elle est si rare! Je ne l'ai rencontrée que chez le cardinal Sacconi et chez Mgr Morenni. C'est ce qui me la fait aimer.

Ce n'est pas un mystère que le doyen du Sacré Collège et le Pape Léon XIII ne vivent pas dans les termes d'une mutuelle cordialité. Jadis, au temps de Pie IX, le cardinal Joachim Pecci avait brigué le poste lucratif et envié de Pro-dataire du Saint-Siège. Le cardinal Sacconi fut préféré par Pie IX. Lorsque la mort du cardinal di Pietro éleva par droit d'ancienneté le cardinal Sacconi à la dignité de cardinal-doyen, Léon XIII n'oublia pas l'injure faite au cardinal Pecci. Il supprima au nouveau doyen, sur les rentes diverses qui revenaient à ses fonctions, une somme annuelle d'une vingtaine de mille francs! Les compliments que le doyen du Sacré Collège adresse à la veille de Noël, suivant l'usage, au Pape régnant, se distinguent par une froideur marquée, et le Pape prend grand soin de glisser rapidement sur les compliments qu'il est d'usage aussi de renvoyer au cardinal-doyen (1).

L'Ém^{me} Sacconi m'adjura de retirer ma démission. Il me fit voir que ma retraite réjouirait trop les libéraux, qu'à Rome il ne fallait pas être susceptible, que ces bourrasques étaient passagères, qu'il ne convenait pas d'abandonner un poste d'honneur et de combat, ni de m'avouer vaincu. J'essayai de démontrer au cardinal que la bourrasque durerait, que le coup

---

(1) Au dernier Noël, le discours du cardinal Sacconi a été un peu plus chaleureux. Mais on le lui a imposé en cette forme, par raison d'Etat.

porté contre moi était prémédité, que mes adversaires s'étaient déclarés trop puissants, trop augustes, pour qu'il me fût encore possible de continuer la lutte. Le Pape s'était découvert. Je devais me retirer. Le cardinal daigna insister encore sans ébranler ma résolution.

Plusieurs jésuites du Collège romain voulurent bien renouveler auprès de moi de si flatteuses instances. Malgré tout mon respect et toute mon affection pour ces éminents personnages, je ne pus me résoudre à leur donner satisfaction.

Cependant les administrateurs du journal avaient rejeté ma démission. Je la maintenais plus fermement que jamais.

Le cardinal Parocchi, vicaire de Sa Sainteté, était absent de Rome, quand partit le coup de foudre. Dès son retour, j'allai me jeter à ses pieds. La bienveillance de cet illustre prélat me toucha jusqu'aux larmes. Je ne puis relater ici notre entretien. Je n'ai le droit de révéler que ce qui m'est personnel. Mais sur mon refus persistant de retirer ma démission, le cardinal, prit cet air de haute et douce autorité qui lui sied si bien et qui force l'obéissance; il me rappela que, vicaire du Pape, évêque de Rome, il était mon ordinaire, celui du *Journal de Rome*. Il alla jusqu'à prononcer avec un paternel sourire, le mot : « J'ordonne et je veux être obéi sans délai, aujourd'hui même. Je veux aussi qu'en rentrant en fonctions, vous fassiez acte de soumission et d'adhésion au coup, même immérité, qui vous a frappé. »

Il ne me restait qu'à m'incliner, à baiser sa main qui me relevait, et à obéir. Je le fis, le jour même, dans les termes suivants, par une lettre adressée aux administrateurs du journal :

Rome, 16 avril 1885.

« Messieurs et chers collaborateurs,

Les membres du Conseil d'administration ont bien voulu insister de nouveau pour me faire retirer la démission que j'ai cru devoir donner à la suite de la *note* publiée dans l'*Osservatore romano* du 11 avril.

D'autre part, des personnes très puissantes et très autorisées ont daigné m'avertir que ma retraite ne semblait à personne nécessaire et justifiée, comme elle me le semblait à moi-même. Elles ont même ajouté qu'il ne leur paraissait pas que j'accomplisse un devoir en abandonnant, pour des motifs purement personnels, une œuvre périlleuse dont l'objet essentiel se trouvait d'ailleurs loué par la *note* même qui motivait ma retraite.

Mon intention était précisément d'effacer absolument ma personne, d'en dégager l'œuvre du *Journal de Rome*, d'emporter avec moi, seul responsable, seul auteur des actes réprimandés, tous les blâmes encourus, enfin que l'œuvre fût plus libre de poursuivre la mission glorieuse qui lui est assignée et reconnue. Comme, par une bienveillante exagération, on veut bien croire que ma personne peut encore rendre des services à la grande et sainte cause de l'Église et du Pontificat Romain, je fais encore une fois abdication de moi-même, et je reste avec vous tous, ne voulant en rien mesurer les limites de mon dévouement.

Par ma démission, j'avais cru accomplir l'acte suprême de soumission envers le Saint-Siège. La retirant, il me reste à donner un autre genre de sanction à la note de l'*Osservatore romano*, sanction que je veux spontanément donner.

Je déclare donc que je retire toutes les paroles échappées à ma plume, qui, en ces regrettables polémiques, ont pu affliger Notre bien-aimé Maitre et Souverain, et motiver les justes reproches de Son autorité. Nous voulons renoncer, plus encore que par le passé, à toute considération personnelle dans la rédaction de ce journal et ne nous laisser distraire par aucun incident accessoire du but moral de l'œuvre qui est la revendication constante des droits de l'Église en tout pays et du droit du Souverain Pontificat sur le domaine de Saint-Pierre.

Au reste, cette déclaration n'implique en rien l'abandon du recours à la justice pontificale, que la *note* autorise les administrateurs et les directeurs du *Journal de Rome* à porter devant l'autorité ecclésiastique.

Me voici donc revenu parmi vous, uni de cœur et d'intention avec vous, ne voulant plus combattre ici d'autres ennemis que ceux du Saint-Siège et de l'Église.

Croyez à mes sentiments de fidèle et dévouée affection.

Le Directeur du *Journal de Rome*
Henri des Houx-Morimbau. »

Ce n'était pas assez; peu de jours après, j'expliquai dans un article spécial le devoir des journalistes romains, de ceux qui ont le privilège sur les autres d'être non seulement les fils du Père commun des fidèles, mais encore des sujets, comme soumis plus directement à cette autorité temporelle, dont nous ne reconnaissons pas la spoliation.

On m'a dit que cet article avait ému Léon XIII. Je fus mandé chez Mgr Mocenni, et officiellement averti que le *Journal de Rome* était rentré en grâce complète auprès du Souverain-Pontife.

Restait la question du procès à intenter à Mgr Galimberti devant la cour de Rome.

La note de l'*Osservatore romano* nous invitait à poursuivre nos calomniateurs devant la seule juridiction déclarée compétente. Nous acceptions cette juridiction, qui nous était inconnue. J'avais déjà pris soin de recueillir des témoignages sur les relations intimes du correspondant de la *Germania*, M. Marsorati, avec Mgr Galimberti et le *Moniteur de Rome*. J'avais en main les preuves de la participation des autres rédacteurs du *Moniteur*, aux correspondances romaines des journaux belges, allemands, suisses, français, qui se faisaient l'écho de tant d'infâmes calomnies. Mais il fallait un débat contradictoire devant un tribunal, la production de témoins ; notre seule garantie était dans la forme judiciaire, attribuée devant les Congrégations ordinaires aux différends entre catholiques : j'aurais même accepté d'inaugurer par cette procédure, le tribunal pontifical institué après l'affaire Martinucci, et dont Mgr Galimberti est l'un des juges.

Je fus encore mandé à la secrétairerie d'État. Le

cardinal me fit savoir que le tribunal auquel j'appelais, n'existait pas.

— Mais la note de l'*Osservatore ?*

— Oh ! c'est une manière de parler, une figure de rhétorique, une boutade : les Français prennent tout à la lettre...

— Cependant...

— Il n'y a pas de cependant. Tel est l'ordre du Pape qui retient l'affaire à lui et la jugera. Présentez un mémoire au Saint-Père contre le *Moniteur de Rome* et contre lui seul ; car le Pape n'admet pas la cause contre d'autres journaux que les journaux romains.

— Mais c'est dans la presse étrangère que Mgr Galimberti nous fait calomnier...

— Ne voulez-vous pas que le Pape juge la *Germania* à Berlin ?

— N'est-il pas le maître des catholiques à Berlin, comme à Rome ?

En somme, toute précaution était prise pour nous empêcher de faire la lumière sur les intrigues d'un prélat chaudement appuyé auprès du Saint-Père. Cependant les administrateurs du *Journal de Rome* ont travaillé à réunir les preuves et commencé la rédaction du Mémoire. Les événements se sont précipités, et leur gravité a dépassé de beaucoup les limites du conflit primitif.

Les choses étant ainsi arrangées, les hostilités demeuraient forcément suspendues de notre côté. La note de l'*Osservatore* nous avait désarmés. La *Germania*, le *Journal de Bruxelles*, le *Français*, la *Défense*, la presse catholico-libérale de l'Espagne et du Canada, tous dévots de Mgr Galimberti, n'en continuaient pas moins à aboyer à nos trousses. Mais nos dents étaient limées. Nos relations avec le Vatican semblaient d'ailleurs redevenues plus cordiales que jamais, et le Pape, en des entretiens familiers, avec les gens de sa cour, daignait faire mon éloge.

Moi, fatigué, écœuré, dépouillé d'illusions et d'espérances, contraint presque par force à rouler de nouveau le rocher de Sisyphe, je demandai un répit avant de reprendre l'ingrate besogne. Aucune illusion n'était possible, malgré le replâtrage. Il valait mieux tomber et choisir le terrain. Mais, en attendant, j'avais besoin d'air pur, de distractions littéraires et artistiques : il me fallait reprendre haleine, avant de fournir la dernière course, et rassembler mes forces pour tomber avec grâce. J'entrepris un voyage de circumnavigation autour de la Sicile.

Pendant ce temps, le gouvernement italien saisissait pour la dernière fois le *Journal de Rome*, en raison d'un article signé G. B. et rédigé par M. Gabriel Beyaval, secrétaire de la rédaction. La saisie coïncidait avec mon retour. Elle fut solennellement faite, à l'aube, par une escouade d'agents de police.

Le Vatican, désireux de réparer, autant que possible, l'effet désastreux de la dernière note de l'*Osservatore romano*, ordonna au marquis Crispolti, rédacteur en chef de ce journal, de prendre occasion de cette saisie pour faire l'éloge et comme la réhabilitation du *Journal de Rome*. Une note fut donc publiée, où il était dit que la persécution dont nous étions l'objet, nous valait la sympathie des catholiques, et que nos saisies presque quotidiennes, constituaient pour nous comme un calendrier d'honneur. Seulement, cette note si flatteuse était publiée dans la partie de l'*Osservatore* qui est censée appartenir à la rédaction libre de ce journal, et non pas dans celle réservée aux communications officieuses. Le *Moniteur de Rome* osa, bien qu'il connût l'origine de la note, souligner cette nuance et déclarer que l'approbation reçue par nous émanait seulement des rédacteurs de l'*Osservatore*. Ainsi le Pape ordonnait ; le *Moniteur* payé par le Pape, contredisait.

D'autre part, Léon XIII, à quelques jours de là, se promenant dans ses jardins, adressait la parole au marquis Crispolti, garde noble qui l'escortait, et lui reprochait en termes affectueux d'être demeuré, dans la rédaction de cette note, en deçà de son intention bienveillante pour le *Journal de Rome*.

L'*Osservatore romano*, pour se disculper de ce reproche, publia alors, en notre faveur, un article de première page.

Au moment où le Pape se trouvait en de telles dispositions, éclata l'incident Pitra qui fut pour nous, à la fois, le comble de l'honneur et le coup de grâce.

Après ma condamnation aux assises de Rome, tous les journaux catholiques de la Hollande, à l'exception du *Tijd* d'Amsterdam et d'un petit journal de Bois-le-Duc, m'avaient honoré d'une magnifique adresse, à laquelle adhérèrent toutes les sociétés catholiques des Pays Bas (1). L'initiateur de cette noble manifestation était M. le chanoine Brouwers, curé d'Overbeck, près d'Amsterdam, directeur de l'*Amstelbode*. Je n'avais pas

(1) Voir l'Appendice II.

encore l'honneur de le connaître. Je lui vouai dès lors une vive reconnaissance, qui, tout de suite, se changea en profonde amitié, dès notre première entrevue, à Maëstricht, peu de jours après ma sortie de prison.

La démonstration de la Hollande catholique, en ma faveur, excita une indicible fureur dans le camp de nos ennemis. On y connaissait le généreux dévouement de ces Hollandais au Saint-Siège. On a gardé à Rome le souvenir des zouaves hollandais, héros parmi des héros. On craignait que le *Journal de Rome* ne trouvât là-bas de solides appuis. On n'épargna aucune vilenie pour me dénigrer, et le *Tijd*, ainsi que le petit journal de Bois-le-Duc, dont j'ai oublié le nom, ramassèrent avec une infatigable complaisance toutes les ordures prussiennes dont le pesant M. Marsorati encombrait la *Germania*.

Le chanoine Brouwers s'était porté mon garant devant la presse et les associations catholiques des Pays-Bas. Il consacra des volumes éloquents à ma défense. Cependant, à la fin, il s'émut d'une telle opiniâtreté dans la calomnie, et il eut la pensée d'invoquer pour ma cause des autorités indiscutables. Il écrivit, à mon insu, au cardinal Pitra, sous-doyen du Sacré Collège, seul cardinal français résidant à Rome, et à Mgr Freppel, le plus illustre des évêques français.

Les réponses lui parvinrent, tandis que j'errais en Sicile, ignorant tous ces incidents.

J'appris à mon retour que le cardinal Pitra avait bien voulu adresser une longue lettre à l'abbé Brouwers; mais je n'en connus pas la teneur.

Un matin, avant de me rendre à la fête pittoresque

de la Cervara, où l'on célèbre la fondation de Rome, je reçus de l'abbé Brouwers, un extrait de la lettre du cardinal Pitra, celui qui était relatif à ma personne. Je ne voulus pas le publier, avant d'avoir consulté le cardinal ; le soir, en rentrant, je lus dans le *Journal de Rome*, la lettre entière du cardinal Pitra, dont le texte complet avait été inséré sur la demande expresse de l'auteur. On y avait joint un billet adressé par le secrétaire du sous-doyen au directeur du *Moniteur de Rome*, où une relation donnée par ce journal d'un incident relatif à M. Mommsen était taxée de mensongère.

Je n'étais donc pour rien ni dans la rédaction ni dans la publication d'une lettre dont j'avais ignoré l'envoi, dont je n'avais même pas fourni le texte à mon journal, quand je le connus.

Le lendemain, l'abbé Brouwers m'adressait la réponse qu'il avait reçue de Mgr Freppel (1).

Les incidents auxquels a donné lieu la lettre de l'Ém^{me} Pitra seront relatés dans un chapitre spécial, si je donne au public une seconde série de ces *Souvenirs*.

Cinq ou six jours après la publication de la lettre, j'allai remercier le cardinal Pitra, alors en villégiature dans son diocèse de Porto. Je passai auprès de ce prince de l'Église une de ces journées délicieuses dont le souvenir embaume l'âme pour la vie entière. A la veille de tant d'orages encore imprévus, déjà amoncelés, le vénérable cardinal jouissait d'une inaltérable sérénité.

(1) Voir l'Appendice VI.

— Je viens d'être gravement malade, disait-il : j'ai senti l'approche de Dieu, et les médecins m'ont averti que mes jours étaient comptés. Je veux consacrer le peu qui m'en reste à dire toute la vérité, à servir l'Église et le bon droit sans précaution lâche ou vaine. Après avoir publié ma lettre, j'ai consulté le directeur de ma conscience (il me nomma un membre illustre de l'Ordre bénédictin, dont le cardinal est une des gloires) ; il m'a entièrement approuvé ; il m'a rassuré dans mon inquiétude ; il m'a complimenté même, au nom de l'Ordre. Depuis ce temps, je suis tranquille et content. Advienne que pourra. Je ne changerais pas un mot à ma lettre, si j'avais à la refaire.

Cette paix de l'âme ne quitta jamais le cardinal, même au plus fort de la tempête, même sous les plus odieuses menaces. Il a conscience d'avoir accompli, d'une manière digne d'un prince de l'Église, un grand devoir d'avertissement et de prévoyance. Il a regretté les commentaires injurieux pour Léon XIII, injurieux pour lui, dont une presse stipendiée a défiguré son grand acte. Il a déploré le malentendu qu'on a cherché à élever entre le Souverain Pontife et un cardinal ; il s'est soumis à l'autorité de son auguste maître. Mais sa conscience n'a pas fléchi un seul instant.

Il s'est rencontré à cette époque que le cardinal Pitra fut constitué dépositaire d'une somme importante, destinée à assurer l'avenir du *Journal de Rome*. L'évêque de Porto chargea son aimable et savant vicaire général, Mgr Battandier, d'administrer cette somme, suivant l'intérêt du journal et l'intention des donateurs.

Mgr Battandier, à qui j'étais et demeure uni par les liens d'une cordiale amitié, rédigeait au *Journal de Rome* des chroniques scientifiques fort remarquées. Il n'était donc pas surprenant qu'il parût souvent dans nos bureaux.

Mais Rome, même la Rome ecclésiastique, est une très petite ville. Les maisons y sont de verre. Je crois que le *Moniteur de Rome* a toujours pris la peine bien inutile, d'entretenir avec notre personnel inférieur des intelligences suivies.

Quand on apprit que Mgr Battandier faisait les paiements pour le *Journal de Rome*, que les reçus étaient libellés à son nom, on s'empressa d'en porter la nouvelle au Saint-Père.

Sur ces entrefaites, on menait un tapage énorme de la lettre du cardinal Pitra. On la présentait comme un acte de rébellion déclarée, et le Pape la considérait ainsi. On m'a rapporté qu'en la lisant dans le *Journal de Rome*, Léon XIII s'était renversé sur son fauteuil : la feuille lui était glissée des mains, et il s'était écrié : « M'ha trafisso ! M'ha trafisso ! Il m'a transpercé ! »

Par la généreuse ingérance de Mgr Battandier, mandataire du cardinal Pitra, le *Journal de Rome* devenait donc, aux yeux du Saint-Père, l'organe de ceux qu'il regardait comme des rebelles.

La presse italianissime, maçonnique, s'associait à la presse du libéralisme catholique pour invectiver le cardinal et défendre le Pape contre de prétendues attaques. La *Libertà* du juif Arbib, ouvrit le feu. Le *Simmaco*, de la *Rassegna*, rédigea un article fulminant, sous la dictée, dit-on, de Mgr Boccali. Quoi d'étonnant, si Mgr Ferrata, nonce en Belgique, était réellement l'auteur de la lettre publiée par le *Journal de Bruxelles?*

Mgr Mocenni m'intima l'ordre de ne pas répondre à ces attaques, et j'obéis. Nous n'avons pas pris la défense de la lettre du cardinal écrite en notre faveur. Nous l'avions publiée sans commentaires; nous feignîmes d'ignorer la polémique à laquelle elle donnait lieu. Cependant la responsabilité en pesait d'autant plus sur nos épaules, que le cardinal était représenté au Pape comme le commanditaire direct du *Journal de Rome,* comme celui qui alimentait de son argent ce foyer de rébellion.

Le bruit commença à courir que le Pape allait condamner solennellement la lettre du cardinal Pitra.

On l'avait officieusement soumise à des membres de l'*Index*, qui n'y avaient trouvé aucune hérésie, ni aucun motif de blâme. L'affaire ne pouvait donc être dénouée que par voie disciplinaire. Le cardinal Pitra, sollicité d'implorer la miséricorde du Pape et de rétracter sa lettre, avait répondu tranquillement qu'il n'y avait mis aucune injure et qu'il n'avait rien à rétracter.

Alors on imagina de faire écrire par l'archevêque de Paris la lettre que l'on sait, afin d'y adapter une réponse du Pape, rédigée d'avance.

L'*Osservatore romano,* propriété de notre société, qui partageait avec nous les bureaux de la via *Nazzareno,* eut communication de la lettre pontificale le 19 juin, mais avec défense expresse de nous la laisser connaître. Je respectai la consigne : mais on me fit un résumé verbal de la lettre à l'archevêque de Paris, et je m'empressai d'en porter la nouvelle au palais de Saint-Calixte, habitation du cardinal Pitra. Le cardinal était à la promenade. Averti par un billet, il dut faire acheter le soir l'*Osservatore romano* pour connaître sa condamnation.

Il me paraissait évident que la foudre passait au-dessus de notre tête. Dans ce différend public entre un Pape et un cardinal, qu'avions-nous à voir, nous chétifs, nous, simples soldats de l'Église militante ? J'oubliais le vers d'Horace :

Quidquid delirant reges, plectuntur Achivi.

Aucune phrase, aucun mot de la lettre pontificale ne s'adressait au *Journal de Rome*.

Affligé pour un de nos plus illustres protecteurs, dont les saintes intentions paraissaient méconnues, désolé surtout du trouble qu'un acte si retentissant allait jeter dans les cœurs, de la joie bruyante que la parole du Pape exciterait dans le camp libéral et maçonnique, je ne voyais nullement, aveugle que j'étais, le sort du *Journal de Rome* compromis.

J'ignorais aussi les intentions du cardinal Pitra, que je n'avais pas rencontré à Saint-Calixte.

Or, le cardinal Lavigerie se trouvait à Rome depuis quelques semaines.

L'apôtre de l'Algérie et de la Tunisie venait d'achever cette quête glorieuse, nécessitée par la détresse où un vote de la Chambre réduisait les églises naissantes à l'abri du nom français. D'anciennes relations, d'anciens bienfaits m'unissaient au cardinal Lavigerie. Je tâchai en vain de le voir à l'hôtel Costanzi, où il prenait ses appartements, ou bien à Saint-Louis des Français, où il donnait ses audiences. Mgr Puyol, supérieur de Saint-Louis, ami et protégé du cardinal, m'avait fait dire de sa part que, fatigué, malade, surchargé d'occupations, le cardinal ne voyait personne, pas même moi, à son grand regret.

Le samedi matin, 20 juin, Mgr Puyol vint m'avertir que le cardinal Lavigerie m'attendait à Saint-Louis des Français. Je m'y rendis en toute hâte, charmé d'exprimer ma gratitude à ce grand apôtre, ignorant le motif de sa convocation.

Le cardinal me témoigna une affection extraordinaire; il me donna un baiser paternel, et j'avais les larmes dans les yeux quand il me pressa sur sa poitrine. Comme je le remerciais de tant de bontés qu'il avait eues pour moi, notamment de la croix de commandeur de Tunisie, qu'il m'avait envoyée peu après ma sortie de prison, il me dit que le bienfaiteur s'attachait à l'obligé, en raison même des services rendus, et qu'il allait m'en rendre un, le plus précieux de tous.

Il me représenta, avec son éloquence pénétrante, le sort de Lamennais et de ses disciples, dont les plus orthodoxes, comme Mgr Gerbet, ne s'étaient jamais guéris de la blessure ouverte à leur réputation par la condamnation de l'*Avenir*. Il me fit entrevoir que le blâme qui frappait le cardinal Pitra nous atteignait, nous, ses amis.

— Mais, Éminence, il n'y a pas dans la Lettre pontificale un seul mot qui nous vise.

— Si, vous êtes visé, vous êtes frappé; j'ai vu le Pape hier soir, je le sais. Vous êtes perdu, mon pauvre enfant, si je ne vous sauve. Sans mon secours, vous ne pouvez vous échapper qu'à des conditions qui vous répugneraient. Vous sentez-vous la force de vilipender vous-même le cardinal Pitra, votre protecteur, de vous joindre à ses insulteurs? Alors, on vous ferait grâce peut-être.

Je fis un geste de dégoût.

— Eh bien! suivez mes conseils; vous ne doutez pas de mon amitié. Écrivez au Pape sans aucun retard; mettez votre démission à ses pieds; protestez-lui de votre dévouement. Donnez comme sanction à sa Lettre qui vous condamne, je l'affirme, le sacrifice volontaire de votre situation. Je me charge du reste.

Je représentai au cardinal que j'étais lié à la Société propriétaire du *Journal de Rome* par un traité qui sauvegardait mes intérêts et ceux de ma famille, dans cette expédition de Rome à laquelle j'avais consenti; que ma brusque retraite soulignerait, aux yeux des catholiques, une condamnation qui ne se trouvait pas explicitement contenue dans la Lettre pontificale; que j'allais fuir comme un réprouvé.

— Non, non, s'écria le cardinal Lavigerie, laissez-moi faire. Envoyez votre démission aujourd'hui même; je vois le Pape ce soir. Je lui représenterai l'étendue de votre sacrifice. Tous vos droits matériels et votre dignité morale seront sauvegardés. Vous sortirez de Rome tranquille et grandi. Les questions d'argent ne sont rien; le souci de votre honneur me regarde. Fiez-vous à moi. Revenez me voir demain matin: ou le Pape n'acceptera pas votre démission, ou il l'acceptera de la manière la plus honorable pour vous.

Je n'avais qu'à remercier et à obéir.

Sans perdre une minute, je cours à mon bureau.

Je trouvai sur ma table de travail le texte de la lettre de soumission du cardinal Pitra, et une note de Mgr Battandier, me demandant un article d'adhésion simple et sans réserve à la Lettre pontificale, article où je ferais remarquer toutefois que, nous et notre école, nous avions toujours donné aux autres l'exemple de l'obéissance et du dévouement.

La soumission du cardinal Pitra changeait la face des choses. Ma conversation avec le cardinal Lavigerie impliquait l'hypothèse d'une résistance possible du cardinal Pitra, dans laquelle le *Journal de Rome* se trouvait forcément engagé, en raison des liens, même administratifs, qui nous rattachaient, au moins provisoirement, à Saint-Calixte.

Cependant, j'avais donné ma parole. Je m'exécutai et j'adressai ma démission au Pape. Elle fut portée au Vatican à une heure de l'après-midi.

Je rédigeai l'article : *Unus pastor, unum ovile* (1), le dernier que j'aie écrit au *Journal de Rome*, et dans ma lettre au Pape, j'annonçais cet article comme un dernier acte de soumission et d'obéissance à ses volontés.

Le cardinal m'avait parlé de son entrevue de la veille avec Léon XIII. Je ne doutais pas une minute que la demande de ma démission ne vînt, par son entremise, du Pape lui-même. Des lettres du cardinal

(1) Voir l'Appendice VII.

Lavigerie m'ont appris depuis que j'étais dans l'erreur et que le cardinal n'avait pris conseil de personne pour une démarche si grave.

Je fis part à Mgr Battandier de ma démission, et il fut convenu de la tenir secrète jusqu'à la réponse du Pape.

Le lendemain matin, suivant ma promesse, je me rendis à Saint-Louis des Français, pour trouver le cardinal Lavigerie au rendez-vous fixé.

Une douloureuse surprise m'y était réservée. Le cardinal venait de partir brusquement pour Naples, où l'attendait le vapeur de l'État français qui le transportait à Tunis. Mgr Puyol m'informa que l'Ém^me Lavigerie avait rendu visite, la veille, au secrétaire d'État. Il avait trouvé celui-ci fort irrité de l'article *Unus pastor, unum ovile* : article proclamé *insolentissimo!* L'Ém^me Lavigerie avait objecté ma démission, si galamment accordée. L'Ém^me Jacobini ne la connaissait pas ; il la niait. A l'audience pontificale, mon protecteur, croyant sans doute que j'avais manqué à ma promesse, n'osa pas affronter la colère du Pape : il ne fut question ni de moi, ni du *Journal de Rome*. Le lendemain matin, le cardinal Lavigerie devançait, par un départ immédiat, le rendez-vous donné, mes explications possibles, l'arrangement promis.

De la négociation officieuse ou spontanée de l'archevêque de Carthage, il ne restait plus qu'une démission offerte sans conditions, sans compensations, aggravée de tous les inconvénients objectés par moi au cardinal. Nous étions rendus à merci.

Il y a ainsi des journées néfastes, mal engagées, mal

continuées, mal finies: Telle fut pour Gaston d'Orléans celle qui porte dans l'histoire le nom de la Journée des dupes : telle fut pour moi celle du samedi 20 juin 1885.

La réponse du Pape ne se fit pas attendre. Le soir même, j'étais appelé au Vicariat auprès du cardinal Parocchi, chargé de me transmettre les ordres de Léon XIII.

Le choix était habile : le Saint-Père n'ignorait pas la bienveillance spéciale de son vicaire pour le *Journal de Rome* et son directeur. En le substituant à Mgr Mocenni, jusque-là officiellement chargé de correspondre avec moi, on épargnait au Vatican ma présence importune; on marquait la rupture définitive des relations. Enfin on me ménageait la consolation de recevoir le coup mortel d'une main qui m'était plus particulièrement chère et vénérée, celle dont j'eusse pu attendre le secours.

Le cardinal Parocchi s'acquitta de sa pénible mission, comme un tendre père envers un fils à qui il garde toute sa tendresse. Le Pape acceptait ma démission; il me réservait sa bénédiction pour le jour où je quitterais Rome, manière délicate et polie de déguiser le bannissement. Il me remerciait d'ailleurs des services rendus, et il avait recommandé au cardinal de me traiter avec douceur: recommandation bien superflue, car mon émotion égalait à peine celle de l'excellent vicaire de Sa Sainteté.

Le lendemain j'écrivis au Pape. Ma démission était donnée, acceptée du Saint-Père, définitive. Mais j'avais à remplir mes devoirs envers mes administrateurs, envers la propriété du journal à qui j'étais lié par contrat. Il me fallait, avant de publier mon irrévocable retraite, laisser le temps aux administrateurs de pourvoir à ma succession, à la marche de l'œuvre. Je demandai donc au Souverain-Pontife le délai nécessaire pour assurer l'existence d'une propriété, qui avait épuisé déjà tant de dévouements, tant de sacrifices.

Aucune réponse directe ne me fut adressée.

Le premier mouvement de mes rédacteurs avait été d'unir leur sort au mien, et d'associer leur démission à la mienne. Je les détournai de cette résolution. Jusqu'ici j'avais assumé toutes les responsabilités, offert ma poitrine à tous les coups. J'aimais à porter les péchés d'Israël. Il fallait que l'œuvre continuât, et fût fortifiée, même par mon départ.

Mais le Pape ne l'entendait pas ainsi. Le cardinal-vicaire informa Mgr Battandier qu'il y avait malentendu. Le Saint-Père croyait que ma retraite entraînait celle de mes rédacteurs. A cette nouvelle, ceux-ci se rendirent au Vicariat. Le cardinal leur confirma l'intention du Pape. — Encore faut-il, demandèrent-ils, que les administrateurs puissent nous remplacer. — Le Pape croyait que vous ne seriez pas remplacés !

C'était l'arrêt de mort; non par le coup de hache, ni par la guillotine, mais la mort par interdiction de vivre. Nous étions à Rome, et la mémoire de Sénèque me revint à l'esprit. Tacite appelait cela : *ultimam necessitatem denuntiare*. Un ordre de l'empereur arrive; le disgracié a le choix entre le poison, le lacet, l'ouverture des veines dans un bain chaud; il peut préférer le suicide cruel ou le suicide voluptueux; il peut se couvrir de roses ou de cendres. Peu importe à César, pourvu que le mourant bénisse le nom de César et l'institue son légataire!

Le suicide était obligatoire pour le journal; pour les rédacteurs, l'exil.

J'imitai Sénèque; ma dernière parole fut un compliment à Léon XIII.

Je rédigeai, suivant ses désirs, la petite note qui ouvrait notre dernier numéro et la soumis au Saint-Père. En voici le texte :

« M. Henri des Houx, croyant se conformer à l'opportunité des circonstances, a spontanément fait part au Saint-Père, il y a quelques jours, de l'intention qu'il avait de résigner ses fonctions de directeur du *Journal de Rome*. Le Saint-Père a daigné approuver cette résolution, et, depuis le 22 juin, la démission de notre directeur est devenue irrévocable.

» M. Henri des Houx charge ses anciens collaborateurs d'exprimer à tous les amis du *Journal de Rome* le témoignage public de sa gratitude pour les innombrables marques de sympathie qu'il a reçues d'eux.

» Au moment où il quitte cette Rome où il a eu l'incomparable honneur de lutter et de souffrir, il tient à renouveler devant tous l'expression de son inaltérable dévouement à l'Église et au Saint-Siège, ainsi que celle des sentiments d'obéissance, de fidélité et de filiale vénération qu'il a voués à la personne auguste du Souverain-Pontife, *le Pape Léon XIII*. »

Le Pape n'avait fait qu'un changement à ma rédaction; il ajoutait son nom à la dernière phrase; il ne voulait pas d'équivoque; il désirait être personnellement honoré dans ce dernier soupir du journaliste romain. Je ne pouvais lui refuser une telle satisfaction. Si ma retraite pouvait être dite spontanée, après mon entrevue avec le cardinal Lavigerie, on ne pouvait en dire autant de la disparition du *Journal de Rome*, voulue et ordonnée par le Pape lui-même. Sur ce dernier point, aucune équivoque ne demeure possible, bien qu'on ait essayé d'en soulever, pour esquiver les responsabilités morales ou matérielles.

Ainsi périssait une œuvre, désirée par le Pape avant sa naissance, bénie par lui à ses débuts, encouragée pendant deux ans, soutenue même par sa munificence en quelques circonstances critiques : une œuvre qui avait coûté beaucoup d'argent, beaucoup de peine, soutenu la plus redoutable des concurrences, réveillé et popularisé la question romaine, une œuvre qui remplit le monde entier du bruit de ses luttes, de ses épreuves, de ses revendications. Elle périssait par la volonté de celui qu'elle servait, et par l'effort même tenté pour la sauver.

Il faut avouer qu'à ce jour la mission du *Journal de Rome* semblait finie. En trois ans, il avait retourné, épuisé la question romaine sous toutes ses faces; nous avions connu toutes les grâces et toutes les disgrâces possibles : les procès et la prison, la faveur du Pape et son désaveu. Nous ne pouvions que nous recommencer; nos revendications mêmes devenaient monotones comme nos procès. Nous avions tenté de donner à nos articles une sanction pratique. Le Pape avait interdit *la Ligue pour les droits du Pape*. La question romaine était donc condamnée à l'immobilité; elle devait, par ordre supérieur, demeurer un sujet de perpétuels articles et de nobles discours. Aucun espoir de la voir aboutir, sous ce Pontificat, à une efficace maturité. Le *Journal de Rome* disparaissait au moment où la question romaine allait reculer, où il nous était désormais interdit de la traiter avec une entière liberté.

Quoi qu'on en ait dit, il est indéniable que notre chute était la conséquence d'une évolution dans la politique de Léon XIII. Jusqu'à la mort du cardinal Bilio et à l'élévation du cardinal Laurenzi, le Pape s'était contenté de nier le libéralisme catholique. Il n'avait encore ni encouragé ni approuvé publiquement les survivants de l'école. Il avait toujours franchement revendiqué les droits du Pontificat. L'évolution commença avec la querelle relative au livre de l'abbé Lagrange. D'une manière encore timide et dissimulée, le Pape intervint et prit parti pour sauver les défenseurs de l'œuvre intégrale de Mgr Dupanloup contre les attaques de M. le chanoine Maynard. Cette politique se dessina avec la condamnation officielle du *Siglo Futuro*, les admonitions secrètes à l'*Univers*, la note contre le *Journal de Rome*. La lettre du cardinal Pitra et son influence prépondérante au *Journal de Rome* firent croire au Pape que sa politique nouvelle rencontrait des résistances déclarées et publiques. Il frappa à coups redoublés et sans relâche. Il frappe encore, alors que ses prétendus adversaires se taisent, et il continue à faire mettre en pièces le cardinal Pitra, qui ne se défend plus.

En même temps, le gouvernement italien multipliait les avances au Vatican. On proposait au Sénat la loi qui exempte les jeunes missionnaires du service militaire : on promettait de restituer à la Propagande et aux Instituts des missions leurs biens incamérés. On signait un accord tacite pour favoriser, à l'aide des missions italiennes substituées aux françaises, l'influence coloniale de l'Italie. Est-ce pour détourner cette menace de la Tunisie que le cardinal Lavigerie se fit l'instrument bénévole de notre perte? Avait-il d'autres desseins? C'est ce que j'ignore.

A ces avances de l'Italie, le Pape a répondu par la création de trois cardinaux agréables au Quirinal : les Ém^{mes} Schiaffino, Capecelatro, Battaglini. J'ai entendu dire que ces deux derniers ont offert au Pape d'employer leur crédit à faire attribuer à la Propagande la donation annuelle que refuse le Saint-Siège.

Lorsque je dus quitter Rome, je profitai de la suprême faveur qui m'était accordée. J'allai m'agenouiller devant le cardinal-vicaire, à qui le Pape avait délégué la bénédiction apostolique, réservée à moi et aux miens. Le cardinal y joignit, comme souvenir, deux petites médailles d'argent que le Pape avait daigné bénir à mon intention. Il y ajouta son propre portrait, sur lequel il inscrivit ces paroles de saint Paul, dont l'application était ingénieuse et étrange: *Mihi vivere Christus est, et mori lucrum est.*

Oui, la vie du *Journal de Rome* n'avait été qu'une longue épreuve chrétienne, et sa mort pouvait à bon droit et à tous égards être regardée comme un bénéfice. C'était la fin de sacrifices ingrats : c'était une dispense de soutenir une politique qui ne pouvait plus être la nôtre.

Le cardinal me révéla que la secrétairerie d'État avait reçu l'ordre de rédiger une nouvelle note qui eût écrasé le *Journal de Rome*. « Vous avez donc trois fois bien mérité de votre journal, ajoutait-il, par votre talent, par vos épreuves, par votre retraite opportune qui a prévenu une douloureuse exécution. »

Je revis depuis le cardinal-vicaire, à qui le Pape avait remis pour moi une très insuffisante compensation à la ruine qui m'avait frappé. Ce don était accompagné de sévères paroles : « Le *Journal de Rome* a été l'organe d'un parti que j'ai condamné, que je condamne encore. Cependant je rends hommage au dévouement dont M. des Houx a fait preuve dans la défense des droits du Pape. »

En mon âme et conscience, il m'était impossible de souscrire au jugement porté sur notre œuvre, et qui était contradictoire à celui que le Pape lui-même en avait porté pendant deux ans et demi, s'adressant à ma propre personne, contradictoire aussi aux encouragements publics prodigués. Je sais bien ce que j'ai voulu, les sentiments qui m'ont animé. J'ai conscience de n'avoir travaillé que pour le bien de l'Église, d'avoir adhéré de cœur et d'âme à tous ses enseignements publics, et obéi filialement aux actes de l'autorité pontificale. Je sais que les associés de notre œuvre, mes collaborateurs, mes protecteurs et mes amis n'ont apporté à l'œuvre commune d'autre intérêt que l'intérêt supérieur de l'Église, et que les inimitiés auxquelles nous avons succombé avaient en vue de moins nobles objets. Les hommes passent, les politiques changent; l'Église est un roc sur lequel on peut bâtir des édifices divers : mais la pierre qui la porte est éternelle. C'est à cette pierre que nous sommes attachés : l'ouragan a renversé notre cabane, notre fortin ; mais nous sommes encore debout sur le roc, prêts à verser notre sang et à donner ce qui nous reste de forces à l'œuvre de Dieu.

APPENDICE I

Article incriminé du 28 juillet 1883.

La *Gazzetta d'Italia,* organe des modérés féroces de la droite italianissime, nous adresse une menace.

Notre excellent confrère, l'*Osservatore cattolico*, a fait au *Journal de Rome* l'honneur de le ranger parmi ceux qui ne transigent pas sur les droits de l'Église à l'égard de l'Italie, et n'établissent aucune comparaison entre l'intérêt général du monde catholique et les prétentions d'une puissance factice qui a la fragilité du verre sans en avoir l'éclat. La *Gazzetta d'Italia,* après avoir constaté avec dépit le grand nombre des journaux défenseurs du droit, et souligné deux exceptions dont l'une au moins est imméritée, nous dédie les paroles suivantes :

« Nous sommes surpris de trouver sur cette liste le *Journal de Rome* qui ne devrait pas oublier les devoirs de l'hospitalité, puisque étant rédigé par des étrangers, il ne peut échapper au soupçon que la question romaine soit, dans son intention, un moyen d'alimenter une discorde, que ses coréligionnaires de France seraient fâchés de voir assoupie.

» Nous réclamons donc plus spécialement sur ce groupe de journaux dévoués au pouvoir temporel *usque ad destructionem Italiæ* la viligance impartiale de l'autorité judiciaire, non pour qu'on leur offre l'occasion de crier au martyre, mais pour enseigner à ceux qui n'ont pas une patrie en Italie qu'il n'y a pas là une majorité disposée à tolérer aucune tentative de parricide. »

Tel est le langage enragé d'un organe moderé?

Nous n'en remercions pas moins notre excellent confrère de l'honneur qu'il nous fait. Sa violence nous fournit un nouveau témoignage de l'incurable débilité de la puissance qu'il sert. Nous savons d'ailleurs cette puissance capable de tout. Ceux qui ont contre le droit des gens et sans déclaration de guerre, dépouillé un vieillard de ses États et des milliers de religieux de leurs propriétés, ceux-là sont bien capables de violer aussi la propriété d'un journal et la liberté individuelle de quelques journalistes.

Qu'ils fassent donc comme il leur plaît! Leur courage est capable de cet acte.

L'an dernier, on menaça d'une pareille proscription tous les correspondants des journaux anglais résidant à Rome à propos des affaires d'Égypte. On a dû reculer devant l'indignation de la presse indépendante et aussi devant ce prestige universel qui s'attache à la qualité des citoyens anglais.

Mais ce que nous ne pouvons admettre, c'est qu'on nous accuse de violer les lois de l'hospitalité.

L'hospitalité de qui? On donne l'hospitalité chez soi, et, à Rome, les Italiens ne sont pas chez eux: ils sont en terre conquise, en terre volée. Ils peuvent y demeurer, mais en faire les honneurs aux étrangers, non pas!

Ce n'est pas eux que nous sommes venus voir. Nous ne visitons pas la Rome italienne, mais la Rome éternelle, celle dont la grandeur écrase leur petitesse de conquérants d'un jour, dont la sainteté indélébile efface chaque jour leurs misérables profanations.

Nous sommes sur la terre papale et nous n'y reconnaissons qu'un souverain, qu'un hôte et qu'un maître, le Pape, le Pape-Roi ! C'est à lui seul que nous avons à faire, comme ces cinquante mille pèlerins qui, chaque année, viennent dans la Ville sainte, sans se soucier d'y coudoyer les intrus, et qui s'en retournent heureux d'avoir vénéré les apôtres et leur successeur, honteux d'avoir vu jusque dans la capitale de l'Église le sacrilège et l'impiété triomphants !

Nous, étrangers à Rome ! Jamais. Nous sommes citoyens de Rome, étant chrétiens ; le baptême nous a conféré le droit de cité dans la capitale de l'Église ; nous sommes de la famille dont le Père règne aux cieux et dont la capitale terrestre est Rome.

Il n'y a d'autres étrangers à Rome que les profanateurs et les sacrilèges ; il n'y a d'intrus ici que les spoliateurs et les geôliers de l'Église. Et quand ceux-là, avec l'audace de Tartufe se redressent et s'écrient : « C'est à vous de sortir ! » nous leur retournons l'apostrophe.

M. de Montalembert, à la tribune du Corps législatif, disait aux fils de Voltaire qu'ils ne faisaient pas peur aux fils des croisés. Et nous, sur la terre romaine, nous disons aux fils et aux héritiers des envahisseurs barbares, qu'ils ne font pas peur aux fils des apôtres.

S'il plaît aux conquérants de Rome de nous chasser de la capitale de l'Église, nous serons honorés, au delà de notre mérite, de leur fournir une occasion de poser à nouveau la question romaine devant l'Europe et devant le monde, et de lui restituer, en notre personne de citoyens français et de chrétiens, son véritable caractère international.

Henry des Houx.

APPENDICE II

Adresse des journaux catholiques néerlandais

A MONSIEUR HENRY DES HOUX

Monsieur le rédacteur,

Nous venons d'apprendre la sentence qu'un tribunal d'Italiens, siégeant pour le moment à Rome, vient de lancer contre vous, monsieur le commandeur. Nos correspondants de Rome nous ont appris votre héroïque réponse, en défense de la cause que nous connaissons déjà.

Qu'il nous soit permis de vous offrir, en reconnaissance de cette réponse, si conforme aux sentiments de nos âmes, l'expression de nos principes politiques et de nos sentiments catholiques.

Au cœur de la Hollande, au centre d'Amsterdam, se trouve le *palais*, ce qui sur les lèvres fidèles du peuple, veut dire le *palais du roi*.

Quiconque viendrait à la tête ou à la suite d'une troupe de garibaldiens ou d'une armée de Piémontais, par un coup de main, ou par une guerre injuste, s'emparer de notre capitale aussi pacifique que la Rome papale, et forcer notre roi à ne pouvoir sortir en roi de son palais du Dam, celui-là ne serait, à nos yeux et à nos cœurs fidèles, fût-il roi de Piémont, qu'un agresseur injuste, qu'un usurpateur criminel. Nous continuerions à dire : la couronne des Pays-Bas appartient à son seul légitime roi, Guillaume III. A la défense de cette légitime royauté, nous vouons notre cœur, notre front, notre plume, notre bras.

Et comme il n'y a de roi légitime des Pays-Bas, avec Amsterdam leur capitale, que S. M. Guilllaume III, de même il n'y a d'autre roi de Rome et des États écclésiastiques que le Pape légitime, Léon XIII. Enfants de la Néerlande, nous revendiquerions jusqu'à la mort pour S. M. Guillaume III Amsterdam et la Néerlande : enfants de l'Église catholique, nous revendiquons pour Léon XIII Rome et les États de l'Église.

Osons dire que le socialiste dénué de moyens d'existence aura plutôt des droits sur les diamants de la couronne du roi de Piémont, que le roi de Piémont n'en a sur les États de l'Église : sans craindre que le droit du plus fort ne passe ci et là des armées de roi et d'empereur aux mains des conjurés armés de dynamite, et demandons ce qu'il y a de plus coupable et de plus dangereux à l'ordre social du monde, ou la Commune qui s'empare de la caisse de l'État et des millions des millionnaires, ou un royaume d'Italie qui s'empare des biens de la Popagande ?

Nos hommages à tout généreux et vaillant défenseur de la royauté du Pontife-Roi ; nos plus saintes sympathies à tout noble confesseur des devoirs de la presse catholique ; nos chants d'acclamations, nos cantiques de victoire à qui paie de sa personne, quand il s'agit de défendre, en face des usurpateurs, les droits du monde catholique ! Que votre noble réponse, chevalier de France, au tribunal romain, rappelle à qui l'oublie que tout chrétien a deux patries, celle de son berceau civil et celle de son infaillible foi romaine. Proclamons notre conviction : la couronne royale sera gardée au front du Pontife-Roi de Rome, ou le châtiment du ciel éclatera et tout front couronné sera, hélas ! brisé, et tout trône dispersé, et tout ordre social dispersé.

Commandeur des Houx, en nous, les soussignés, reconnaissez des défenseurs dévoués de cœur et d'âme au Pontife-Roi, prêts à marcher sur vos pas vers la prison, la honte des coupables, mais la gloire des innocents ; et veuillez agréer les hommages et les vœux de cœurs aussi inébranlablement dévoués au Pontife-Roi que le sont tous les collaborateurs des rédacteurs Néerlandais soussignés :

Le *Amstelbode*, d'Amsterdam, directeur l'abbé Brouwers,

Le *Nieuwe Noord-hollander*, d'Alkmaar,

La *Post*, d'Arnhem,

Le *Boxmors Weekblad*, de Boxmeer,

L'*Écho van het Land van Cuyck*, de Cuyck,

Le *Meyerysche Courant*, d'Eindhoven.

Le *Graafsche Courant*, de Grave.

Le *Wetens chippelyke nederlander*, d'Haarlem,

Le *Nieuwe-haarlemsche Courant*, d'Haarlem,

Le *Limburger Courier*, de Heerlen,

Le *Weeckblad h. Tamilie*, de Helder.

L'*Ons Noorden*, de Leeuwarden,

Le *Pter*, de **Maëstricht**.

Le *Gelderlander*, de Nimègue,
Le *Weeckblad Kanton C.* d'Oosterhent
Le *Grandwet*, de Rotterdam.
Le *Kath Limburger*, de Sittart.
Le *Silburgsche Courant*, de Silburg.
Le *Maas en Peel*, d'Uenzay
Le *Kanton Weert*, de Weert
Le *Kath-hed-Stemmen*, de Zivelle
L'*Écho v. d. Maas*, de Maëstricht
Le *Leidche Weeckblad*, de Leyde,
Le *Nieuwsblad Kanton C.*
Le *Nieuws Isselbode* de Zwolle.

APPENDICE III

Adresse de la presse catholique de Fribourg au directeur du *Journal de Rome*

A MONSIEUR HENRY DES HOUX

Rédacteur en chef du *Journal de Rome* (Rome)

Monsieur le rédacteur en chef,

La sentence du tribunal italien qui vient de vous frapper vous donne des droits à la sympathie, nous dirons même aux félicitations de la presse catholique. Vous êtes un des blessés de cette grande lutte qui se poursuit depuis vingt-cinq ans, et dont l'enjeu est l'indépendance du Saint-Siège et la liberté religieuse de deux cent cinquante millions de consciences catholiques.

Vous avez aimé la vérité et la justice, et vous avez souffert pour ces causes saintes et immortelles.

Vos épreuves rendront vos efforts plus honorés et plus puissants et vous continuerez, avec une ardeur encore plus généreuse, à éclairer les peuples trompés par les sophismes de la révolution et à préparer, pour la défense des droits du Saint-Siège, des intelligences droites, des cœurs dévoués et des volontés qui ne défaillent point.

Au nom des conseils de rédaction des publications catholiques de Fribourg.

L. Wuilleret, *président*

Pour la rédaction de la *Liberté*
Em. Soussens

Pour la rédaction de l'*Ami du peuple*
Pie Philipona

Fribourg, le 14 février 1884.

APPENDICE IV

Adresse du Cercle catholique de Québec

A MONSIEUR HENRY DES HOUX

Directeur du *Journal de Rome*

> Cercle catholique de Québec. *Inmanifestatione veritatis.*

> Québec, 21 février 1884.

Honoré monsieur,

« Bienheureux ceux qui souffrent persécution pour la justice. » : telles sont les paroles que nous croyons devoir vous adresser, du fond du cœur, en apprenant que par votre dévouement à la sainte Église, vous avez mérité d'encourir la haine des ennemis du Christ et de souffrir persécution à cause de Lui.

Vaillant défenseur d'une grande et noble cause, se pouvait-il, en effet, que vous ne fussiez pas en butte à la colère de ceux qui, incapables de vous réduire au silence, ne peuvent non plus permettre que la vérité soit proclamée, le droit défendu et leur iniquité dévoilée? Non sans doute. Aussi quelle n'est pas votre gloire! Quelle ne doit pas être votre joie ! Comme l'illustre chef des apôtres, voilà que vous êtes jugé digne d'être jeté en prison parce que vous avez défendu le vicaire de Jésus-Christ contre ses lâches spoliateurs. Comme lui aussi, vous en sortirez plus fort et plus ardent à la lutte, en même temps que votre exemple sera, dans l'univers entier, un puissant encouragement à tous ceux qui forment la grande armée catholique.

Veuillez donc recevoir nos plus sincères félicitations au sujet de cette faveur insigne qu'il a plu à Dieu de vous accorder à la gloire de son nom.

Pour nous, qui combattons ici en faveur de la même cause et contre le même esprit pervers, nous ne demandons qu'une chose : c'est qu'il nous soit donné de souffrir en toute patience et douceur, les injures et les humiliations dont on veut bien nous abreuver.

En attendant que le Seigneur daigne venir au secours de son Église persécutée, nous vous prions d'agréer les hommages de notre admiration et de notre respect.

C. VINCELETTE

Chevalier de l'ordre de Saint-Sylvestre, président,

J. B. BOULET, *secrétaire*

APPENDICE V

Article en réponse à une correspondance du *Français*, ayant motivé la note de l'*Osservatore romano*, du 8 avril 1885.

En Italie, le *Journal de Rome*, contre qui est organisée cette étrange croisade du catholicisme libéral, n'a que deux ordres d'ennemis : le gouvernement italien, d'une part ; Mgr Galimberti et son entourage d'autre part. Cet entourage est en relations intimes avec le *Français* et sa succursale actuelle, la *Défense*, puisque ce sont MM. Carry, Bœglin, Guthlin, etc., rédacteurs ou amis intimes du *Moniteur de Rome*, qui fournissent à ces journaux leurs correspondances romaines, ainsi qu'aux autres organes dont la secte libérale catholique dispose en plusieurs pays. Mgr Galimberti est le choryphée de cette agence. C'est donc de lui ou de son entourage que partent ces attaques, à moins que ce ne soit du gouvernement italien, ce qui serait invraisemblable. Le gouvernement italien nous écrase, sans nous calomnier.

Le correspondant de la *Germania*, M. Marsorati, dont on reproduit quelques-unes des calomnies (reconnaissons à l'éloge de la pudeur du *Français*, que ce sont les plus anciennes), est un familier de Mgr Galimberti et des bureaux du *Moniteur de Rome*. C'est là, et là seulement qu'il puise ses renseignements. Car il partage avec quelques personnes la persuasion que le *Moniteur de Rome* est une annexe du Vatican; mieux que cela, un autre Vatican plus puissant que le vrai. C'est de là en effet qu'on télégraphie au *Matin* de Paris que Mgr Galimberti rédige des Encycliques publiées ensuite sous le pseudonyme de Léon XIII.

C'est de là aussi, et de là seulement, qu'on prend le mot d'ordre contre le *Journal de Rome*; c'est là qu'on affirme que nous sommes vendus à la Prusse et à l'Italie.

La *Germania*, reproduite par le *Français*, a remarqué l'importance et la sûreté d'information des correspondances romaines du *Reichsbote* (1). « Il y a là des choses de nature très intime, des informations sur le Saint-Père, sur son opinion touchant telle ou telle question, telle personne, tel organe de la presse, etc., etc. Nous-mêmes, dit la *Germania*, bien que beaucoup plus familiers avec les hommes et les choses du catholicisme, nous ne sommes pas en état de contrôler même bon nombre de ces informations. Il y a là des choses de nature si intime, que le *Reichsbote* ne peut évidemment le tenir, directement ou indirectement, que du rédacteur en chef du *Journal de Rome* ou de son entourage le plus immédiat. »

Si cela était, que deviendrait cette autre affirmation de la *Germania*, du *Journal de Bruxelles*, de la *Défense*, du *Français*, en un mot de tous les journaux dont un des

---

(1) Ces correspondances sont, en effet, de Mgr Mocenni, substitut de la secrétairerie d'État, qui les a rédigées avec le plein assentiment du Pape et pour le bien de l'Eglise.

dogmes est la croyance à l'infaillibilité de Mgr Galimberti et de son organe, affirmation maintes fois renouvelée que le *Journal de Rome* et son directeur, sont mal informés, n'ont aucune relation avec le Vatican, y sont réprouvés, désavoués, *persona ingrata*, etc., etc! Mais nous renonçons de grand cœur au bénéfice très superflu de cette contradiction. Car ni le directeur du *Journal de Rome*, ni ses rédacteurs n'ont aucune relation avec le *Reichsbote*, et c'est le *Français* qui nous apprend le nom du directeur de ce journal. Il est vrai que, cet été, nous avons reproduit, *par ordre*, plusieurs correspondances romaines du journal allemand, correspondances très remarquables, très concluantes, sur les points controversés entre le Saint-Siège et la Prusse, et qui ont été aussi pour la plupart reproduites par l'*Osservatore romano*. Mais elles n'émanaient, en aucune façon, du *Journal de Rome*, qui n'a même cessé de combattre et de réfuter les réponses qui y étaient faites par le *Reichsbote*.

Ainsi tombe donc le seul argument que la *Germania*, le *Français* et leurs inspirateurs aient pu trouver pour prêter la plus petite vraisemblance à leur grosse calomnie que le *Journal de Rome* est vendu à la Prusse.

Reste un point : « les relations du rédacteur en chef du *Journal de Rome* avec ce fameux Schumann, dit Walgreen » qualifié à tout hasard « d'agent prussien » par la *Germania* et le *Français* (1). Nous nous sommes expliqué jadis sur nos relations avec ce *reporter*, en effet employé

---

(1) Dans la *seconde série* de ces Souvenirs, au chapitre relatif aux négociations du Saint-Siège avec la Prusse, nous mettrons les lecteurs au courant des relations de M. Schumann, dit Walgreen, avec la chancellerie du Saint-Siège, et de son rôle en Italie et à Rome.

par nous, *reporter* très bien renseigné, très actif, et nous ne craignons pas de le dire, très précieux.

Nous n'avons rien à désavouer de nos relations avec ce *reporter*, qui ont toujours été celles qui doivent exister entre un directeur de journal et un fournisseur d'excellents renseignements. Et après? nous ne sommes juges que de ses renseignements. Il fut, il est vrai, mis en prison préventive par le gouvernement italien et relâché à la suite d'une ordonnance de non-lieu. Pendant qu'il était ainsi sous les verrous, le *Moniteur de Rome* a publié contre ce malheureux, reconnu ensuite innocent par ses accusateurs eux-mêmes, les plus ignobles imputations. S'il y a honte en cette affaire, elle n'est pas pour nous. Nous aimons mieux avoir affaire aux diffamés qu'aux diffamateurs.

Si le *Français* a la moindre bonne foi, il publiera notre réponse.

On remarquera que nous restons sur la stricte défensive; nous nous contentons de jeter bas les masques de nos adversaires. Si nous ne prenons pas à notre tour une offensive qui nous serait trop facile, c'est parce que nous avons horreur de ces polémiques, auxquelles on ne cesse de nous entraîner, malgré notre répugnance. Mais nous devons parer le coup qu'on nous porte. La tâche est aisée; celle de la riposte le serait encore plus. Nous ne désirons qu'une chose, c'est de n'y être jamais contraints.

APPENDICE VI

Lettre de son Éminence le cardinal Pitra

A MONSIEUR L'ABBÉ BROUWERS

Directeur de l'*Amstelbode*, à Amsterdam

Cher et vaillant Abbé,

Je vous sais bon gré de me rappeler le souvenir de 1866 : je ne l'avais pas oublié, car rien n'est plus tenace pour moi que les souvenirs de la Hollande. Je vous ai suivi de loin, avec le regret de ne vous avoir pas revu depuis bientôt vingt ans. Mais vous étiez sur la brèche, avec votre légion de zouaves néerlandais, combattant avec eux le bon combat.

Aujourd'hui seriez-vous découragé ? Votre lettre porte l'empreinte de la tristesse qui de plus en plus s'exhale des rangs catholiques, et surtout dans notre meilleure presse. N'est-ce pas forcer la note lugubre ?

Vous vous étonnez des calomnies qui poursuivent notre *Journal de Rome*. Laissez-moi vous demander si c'est un spéculateur celui qui joue avec le *carcere duro*, avec un fisc impitoyable, avec sept procès en trois mois; avec l'exil et l'expulsion pendante; si c'est un hypocrite celui qui démasque les sectaires, déjoue les complots et saisit les faux apôtres avec le denier de Judas dans la main?

Mais il est accablé d'outrages. N'est-ce pas la noble part de tous nos plus vaillants champions? J'ai vu Dom Guéranger blanchi à trente ans dans sa lutte pour la liturgie romaine. J'ai partagé les chagrins qui ont accablé Louis Veuillot, au point d'éteindre ce flambeau dix ans avant le souffle de la mort. Vous avez dû consoler l'agonie si longue et si prématurée de William Cramer. Vous n'êtes pas sans connaître les épreuves de David Albertario et de Ramon Nocédal.

Peut-être devrais-je citer William Brouwers? Nul ne sait mieux que lui que si le journaliste catholique est de nos jours un apôtre, il lui faut dire comme saint Paul : « En tout nous souffrons tribulation, sans être déconcertés; nous sommes troublés, mais non désespérés; persécutés sans être délaissés; abattus, sans périr. » Et encore : « Nous combattons avec le verbe de vérité, avec les armes de la justice, à droite et à gauche, par la gloire et le déshonneur, par l'infamie et le bon renom; réputés séducteurs, et pourtant véridiques; rebutés comme inconnus, bien que très connus. Nous semblons mourir, et nous vivons; nous sommes châtiés, mais non mortifiés; on nous croit tristes, et nous sommes enthousiastes; pauvres, et beaucoup sont enrichis par nous; n'ayant rien, et possédant tout. »

Ce serait d'ailleurs un jeu que d'avoir à souffrir des ennemis déclarés; souffrir des siens, de ceux qui nous connaissent, qui ne peuvent pas se méprendre sur nos intentions, il faut encore s'y résigner. Et pour revenir aux journaux catholiques, si les feuilles frivoles, impies, hostiles de parti pris, poursuivaient nos défenseurs, ce serait leur rôle ; mais qu'au sortir de la prison, à la veille de sept procès, un champion de la bonne cause soit vilipendé jusque dans les graves journaux de la Hollande et de l'Allemagne, peut-être dans le *Tijd*, et certainement dans la *Germania* qui, hélas! n'a plus son abbé Majuncke, cela vraiment est le signe d'un temps de confusion. Au reste, saint Paul adressait ses graves paroles, humainement tristes, non pas aux juifs de Jérusalem, non pas aux sophistes d'Athènes, non pas aux païens, mais à ses fils, ses frères, ses convertis de Corinthe.

Comme nous sommes loin, Monsieur l'abbé, du vœu que vous exprimiez en 1867, et que j'ai salué de Rome avec les acclamations de votre auditoire! Vous disiez :

« J'ai entendu à Rome, sous la coupole de Saint-Pierre, sur le tombeau des Apôtres, le jour de la résurrection du Christ, retentir la voix majestueuse de Pie IX. Il chantait: Gloire à Dieu et paix sur la terre. Et l'écho de la vaste basilique répétait ces paroles d'amour et de vie, de gratitude et d'espérance ; la coupole les redisait à la nef, et la nef les répétait à l'autel. Puisse ainsi chaque pays catholique ressembler à une coupole, à une nef, à un autel de Saint-Pierre de Rome. Puisse à la gloire de Dieu et pour la paix du monde la voix du Saint-Père trouver partout des échos vivants et fidèles. »

Vous dirai-je, Monsieur l'abbé, que plus de vingt ans avant vous, votre vœu était mon rêve? J'avais pu de 1830 à 1840, mesurer degré par degré une sorte d'ascension catholique comparable à la marée de votre Océan. Pour ne citer qu'un point, Solesmes voyait, durant des mois entiers, se succéder sous ses cloîtres les célébrités catholiques, Montalembert, Louis Veuillot, Lacordaire, de Falloux, Charles Sainte-Foi, une foule d'autres, tous dans un parfait accord, et jusqu'à l'enthousiasme. Il en sortit *Sainte Élisabeth*, *les Frères prêcheurs*, *Saint Pie V*, *la Mystique* de Görres, *les Institutions liturgiques*, les premières brochures sur la liberté de l'enseignement. L'élan rayonnait au loin et grandissait à distance. Je le constatais, de 1845 à 1855, par de nombreux voyages ; et jusque dans votre chère et froide Néerlande, je retrouvais ce rayonnement universel et vraiment électrique.

Il semble que ce siècle, condamné à l'avortement, aurait pu être privilégié : Dieu lui a prodigué ses dons à pleines mains. Il lui a donné des génies incontestés, des écrivains maîtres, des orateurs antiques, des polémistes sans égaux, des savants hors ligne. Même nos poètes pouvaient monter aussi haut qu'ils sont tombés bas. Et comme couronnement des dons divins, ce siècle plus que d'autres présente, jusqu'à nos jours, une suite non interrompue de grands Papes.

Dites-moi, dites-moi, vaillant et clairvoyant abbé, ce qu'on pouvait rêver, ce qu'on devait espérer, ce qui serait arrivé, si toutes les forces catholiques avaient convergé constamment vers Rome, si tous ces princes de l'éloquence, de la presse, de la polémique, de la science avaient marché partout à notre tête, si tous les enthousiasmes s'étaient enflammés avec l'héroïsme des zouaves du Pape-Roi, si toutes les grandes voix catholiques s'étaient unies pendant trente-quatre ans à « la voix majestueuse de Pie IX », si cet incomparable concert avait duré jusqu'au concile du Vatican : votre vœu, mon rêve était accompli. Non pas chaque pays, comme vous le disiez à Malines, mais le monde catholique entier eût été et serait peut-être encore « une coupole, une nef, un autel de Saint-Pierre, où la voix pontificale trouverait partout des échos vivants et fidèles. »

Hélas ! où en sommes-nous ? et qui osera compter les défaillances, les missions trahies, les plus belles vocations avortées? L'un, destiné à être le chef, meurt après vingt ans d'apostasie; un autre veut mourir en libéral impénitent; un autre est mort, peut-être l'imagination hantée par l'idole du Vatican ; celui-ci n'emporte du séminaire que des blasphèmes bibliques ; celui-là sort du cloître par la porte de Luther; un apôtre de la *Pacification*, même après sa mort, sème dans nos rangs la discorde. Enfin, Pie IX abandonné est mort prisonnier; et au sommet de Rome, ce qu'on nomme encore l'*Autel du ciel*, *Aracœli*, s'efface devant un trophée du paganisme galvanisé.

Serait-ce, Monsieur l'abbé, que Dieu se joue de nos rêves, et qu'il n'a que faire de nos combinaisons humaines? Serait-ce qu'à toute époque il veut prouver que son Église est divine par la seule force de Dieu, sans aucun appui mondain, et en dépit de nos trahisons et de nos défaillances? Serait-ce qu'à chacun des vingt siècles recommence la démonstration de cette mission divine par l'impossible et l'absurde, comme disait déjà Tertullien? Serait-ce que même notre triste époque ne tombera pas dans sa fosse séculaire sans qu'un réveil soudain, un chant de résurrection, comme celui que vous entendiez à Rome, une aurore inattendue se lève sur la tombe du siècle de Pie IX?

Ce qui est certain, c'est qu'aux derniers jours du monde

au règne de l'Antéchrist, quand tout sera désespéré, le triomphe du Christ éclatera soudain, et les hommes de bonne volonté chanteront à jamais : « Gloire à Dieu au plus haut des cieux ! »

Votre longue et bonne lettre, Monsieur l'abbé, m'a entraîné jusqu'à ce dernier mot qui termine cette trop prolixe réponse.

Veuillez bien croire à la profonde estime de votre dévoué en N.-S.

† JEAN-BAPTISTE card. PITRA,
évêque de Porto.

Rome, Saint-Calixte, 4 mai 1885.

A Monsieur l'abbé Ch. W. Brouwers, directeur de l'*Amstelbode*

LETTRE DE S. G. MGR L'ÉVÊQUE D'ANGERS

A M. l'abbé Brouwers.

Monsieur le curé,

Au sujet d'accusations formulées dans certaines feuilles vous me demandez ce qu'il faut penser du *Journal de Rome* et de son directeur, M. des Houx. Je n'hésite pas à vous répondre que le *Journal de Rome* est une excellente feuille, combattant le bon combat et digne de l'estime des catholiques. S'il s'est attiré récemment un blâme par suite d'une polémique trop personnelle, cet oubli momentané, qui a fait éclater d'ailleurs son esprit de *soumission*, ne doit pas servir de prétexte à des accusations imméritées.

M. des Houx est un écrivain de grand talent, animé des meilleures intentions, et qui sert la cause de l'Église avec autant de zèle que de conviction.

Je veux profiter de l'occasion, mon cher curé, pour vous féliciter des services que vous rendez vous aussi à la cause de la religion dans le *Courrier de l'Amstel* et dans le *Néerlandais scientifique*. C'est pour moi une grande joie de voir avec quelle sagesse et quelle fermeté les catholiques de la Hollande savent défendre leurs droits et leurs libertés.

Agréez, mon cher curé, l'assurance de mes sentiments affectueux et dévoués en Notre-Seigneur.

† Ch. Émile, *évêque d'Angers.*

Angers, le 2 mai 1885.

APPENDICE VII

Dernier article écrit au *Journal de Rome* par M. Henry des Houx, le jour où il adressait sa démission au Saint-Père, et où était publiée la lettre de Léon XIII au cardinal-archevêque de Paris.

Unus Pastor, unum ovile.

Le Pape vient de parler et tous les fronts catholiques s'inclinent. Il a rappelé à tous les fils leurs devoirs d'obéissance et de soumission ; il a placé devant leurs yeux les degrés de la hiérarchie chrétienne, providentiellement instituée pour conserver l'unité de l'Église. Cette voix auguste sera écoutée de tous. Au milieu de la tempête, celui que le Christ a placé à la barre du gouvernail, a invité tout l'équipage à la stricte discipline. Il n'y aura pas de rebelles, et ce devoir d'obéissance absolue ne saurait être difficile à ceux qui ont été en tout temps les défenseurs les plus résolus de la suprematie pontificale, aux plus fermes adhérents du Syllabus, à ceux qui croient à l'assistance perpétuelle du Saint-Esprit dans le gouvernement de l'Église, et n'ont jamais hasardé de subtiles distinctions entre l'infaillibilité doctrinale du Pontife et l'autorité universelle du chef de l'Église.

Léon XIII ne veut pas que, dans sa famille, personne puisse être soupçonné, même injustement. Sa vigilance sévère et tendre ne sera pas exercée en vain.

Pour nous, qui nous sommes appuyés, sans cesse et sans relâche, sur les enseignements du Souverain-Pontife, qui avons toujours cherché en ses discours, en ses actes publics, la règle de notre conduite, nous ne pouvons être que réconfortés par les conseils renouvelés à la presse catholique dans la lettre que nous publions aujourd'hui. Ces enseignements, nous les avons toujours eu gravés au fond du cœur, et, toute part laissée à la faiblesse humaine, dans le rude combat que nous livrons chaque jour, nous ne croyons pas nous en être gravement écartés. Quand on nous a repris, nous nous sommes soumis et avons tâché de ne plus faiblir.

Notre soumission et notre obéissance, nous croyons les avoir témoignées autrement que par des paroles, et, toutes les fois que nous l'avons pu, nous avons supporté, sans mot dire, les plus sanglants outrages et les plus criminelles calomnies, heureux d'offrir notre abnégation à Jésus-Christ et à son vicaire. Cette soumission et cette obéissance. Dieu nous a donné la force de les proclamer en face même des juges de la révolution italienne, et de l'attester jusque dans une prison, au prix des plus ruineuses amendes, et nous pouvons l'avouer, au risque de notre pain quotidien.

A combien plus forte raison la proclamons-nous hardiment, sans réserve, en face de celui à qui nous la devons, de celui pour qui nous avons été heureux de souffrir !

Nous avons pleine et entière confiance dans la sagesse de votre chef, dans la lumière dont l'éclaire le Saint-Esprit.

TABLE DES CHAPITRES

I. — Sa Sainteté le Pape Léon XIII	1
II. — La Cour du Vatican. — La famille pontificale	37
III. — — Le secrétaire d'État	48
IV. — — Les Pérugins	68
V. — Promenade au pays des Étrusques	91
VI. — Les affaires du Canada	107
VII. — La musique à Rome	134
VIII. — Le cardinal Parocchi	150
IX. — La catastrophe de Casamicciola et le choléra de Naples	165
X. — La presse romaine	191
XI. — Les assises italiennes	218
XII. — Les derniers jours du *Journal de Rome*	240
Appendice : Pièces justificatives	279

F. Aureau. — Imprimerie de Lagny.

www.ingramcontent.com/pod-product-compliance
Lightning Source LLC
Chambersburg PA
CBHW071529160426
43196CB00010B/1711